高职高专财务会计类特色规划教材
国家示范性高职院校重点规划教材
高等职业教育校企合作特色示范教材

Preparation and Analysis of Financial Statement

财务报表编制与分析

（第二版）

主　编　杨鑫慧　张丽静
副主编　王　梦　梁　微
主　审　张　利

上海财经大学出版社

图书在版编目(CIP)数据

财务报表编制与分析/杨鑫慧，张丽静主编．—2版．—上海：上海财经大学出版社，2019.7
高职高专财务会计类特色规划教材
国家示范性高职院校重点规划教材
高等职业教育校企合作特色示范教材
ISBN 978-7-5642-3207-8/F·3207

Ⅰ.①财… Ⅱ.①杨…②张… Ⅲ.①会计报表-编制-高等职业教育-教材 ②会计报表-会计分析-高等职业教育-教材 Ⅳ.①F231.5

中国版本图书馆 CIP 数据核字(2019)第 030931 号

□ 责任编辑 廖沛昕
□ 封面设计 张克瑶

财务报表编制与分析
（第二版）

主　编　杨鑫慧　张丽静
副主编　王　梦　梁　微
主　审　张　利

上海财经大学出版社出版发行
（上海市武东路 321 号乙　邮编 200434）
网　址：http://www.sufep.com
电子邮箱：webmaster @ sufep.com
全国新华书店经销
上海天地海设计印刷有限公司印刷装订
2019 年 7 月第 2 版　2019 年 7 月第 1 次印刷

787mm×1092mm　1/16　15.75 印张　403 千字
印数：8 501—12 500　定价：42.00 元

前　言

本教材选取典型学习情境安排教学内容，以培养学生的职业技能为核心，开展理论实践一体化教学，运用一系列专门分析方法，结合实际工作案例，系统地阐述了会计报表的编制与分析的基本框架、主要分析方法、主要财务指标的计算及应用。

本教材在编写过程中主要突出了以下特点：

(1)内容新颖。按照新会计准则体系及相关法律法规编写，避免教学与实务脱节。

(2)采用校企合作的方式开发教材，面向就业岗位，努力做到理论联系实际。编写过程中与企业专家研讨，汲取企业在实际会计工作中的案例，突出了教材的实用性和实践化。

(3)遵循会计工作过程系统化的课程开发理论，采用学习情境式教学单元。本教材采用职业含义更加丰富的“学习情境”搭建教学单元。学习情境以“情境引例”导入，明确了“职业能力目标”和“典型学习任务”，每个学习情境中都加入了必要的“帮你学”，为了强化学生的实践能力，在每个学习情境中都安排了“学中做”和“做中学”，进一步帮助教材使用者巩固所学知识。

本教材由黑龙江职业学院的杨鑫慧、张丽静主编，王梦、梁微任副主编，张利主审。具体分工如下：杨鑫慧编写了情境一、情境二、情境三；张丽静编写了情境四、情境五、情境六，情境八的子情境一和子情境二；王梦编写了情境七；中国工商银行的梁微编写了情境八的子情境三，并参与教材编写方案的设计与资料的收集。

在本教材的编写过程中，我们学习和参考了大量的相关专著、教材和文献资料，借鉴了同行的研究成果，得到了鞠永红、张振和、吴艳秋、张利、刘鹏、孙海涛、许红、蒋玮琳的大力支持，在此一并表示感谢！由于作者水平有限，不足之处在所难免，恳请各位读者批评指正，并通过电子邮件与编者联系(邮箱：1152514494@qq.com)，以便在今后的修订中进一步完善。

编　者

2019 年 6 月

目　录

情 境 一

认识财务报表编制与分析

情境引例

会计学之父卢卡·帕乔利(Luca Pacioli,1445—1515)于1494年在威尼斯出版了会计学的鼻祖之作《算术、几何、比与比例概要》,系统地介绍了"威尼斯会计方法",也就是所谓的"复式会计"(double entry bookkeeping)。帕乔利所提倡的会计方法,可以把复杂的经济活动及企业竞争的结果,转换成以货币为表达单位的会计数字,这就是公认的所谓"帕乔利密码"。这些密码拥有极强大的压缩威力,即使再大型的公司(如通用电气、微软及联想),它们在市场竞争中所创造或亏损的财富,都能压缩汇总成薄薄的几张财务报表。这些财务报表透露的讯息必须丰富、充足,否则投资人或银行不愿意提供公司资金。对于投资者来说,也能透过薄薄的几张财务报表,充分读懂企业透露的信息,提升投资报酬率。

作为世界500强的美国沃尔玛公司创办人山姆·沃尔顿(Sam Walton,1918—1992)正是解读了财务报表中成本收入关系和利润关系,发现某种商品定价1元比1元2角销量大约多3倍,由此做出了低价营销策略,从而使沃尔玛的营业收入由1971年的7 800万美元增加到2013年的1 691.62亿美元,获利则由290万美元提高到206.4亿美元。从本情境开始,我们将带领大家走进财务报表的世界!

职业能力目标

通过本情境的学习明确财务报表编制与分析的内涵、目的和内容,财务报表分析的程序和方法。

典型学习任务

本情境的典型学习任务主要有阅读资产负债表,能够编制资产负债表;根据资产负债表编制比较资产负债表,并对其进行分析。

子情境一　初识财务报表编制与分析

一、财务报表编制与分析的内涵

财务报表是企业在日常会计核算资料的基础上，利用统一的货币计量单位，按照财务报表规定的格式、内容和编制方法定期编制的，综合反映企业财务状况和经营成果、现金流量状况的书面文件。这些文件中所反映的财务信息既有对外的一面，也有对内的一面，即既可以满足企业外部用户的信息需求，又可以同时作用于企业的内部管理。因此，财务报表具有报告的性质，是以表格为主要形式，反映、提供和传输财务信息的书面报告文件，是财务报告的核心组成部分。《企业会计准则第 30 号——财务报表列报》中指出："财务报表至少应当包括资产负债表、利润表、现金流量表、所有者权益（股东权益）变动表和附注。"

二、财务报表编制与分析的主体

企业进行会计核算，编制报表、撰写财务报告，形成一个比较完备的财务信息体系。这个信息体系是为财务信息的用户服务的。不同的财务信息的用户，其利益的视角不同，他们关注的焦点和目的也就不同，故对财务信息的需求也就不完全相同，各有所侧重，主要信息用户如下：

（一）投资者

投资者按其是否已经投资可分为现有投资者和潜在投资者两种。现有投资者是指已在企业投资成为企业所有者的投资人。在不同组织形式的企业中，现有投资者的形式各不相同：在独资企业中，就是企业的业主；在合伙企业中，就是企业的各方合伙人；在股份制企业中，就是企业股份的持有人，即股东。潜在投资者是指尚未在企业投资，但有可能向企业投资的投资人。在向社会公开发行股票的股份有限公司中，凡是有可能购买本公司股票的投资人都可以称为潜在的投资者。

投资者作为企业风险的最终承担者，他们最关心的是其所投资的或将要投资的企业在未来能否取得相应的利润，因而他们需要通过财务报表来了解企业的获利能力。

（二）债权人

债权人是指那些对企业提供需偿还的融资的机构或个人。企业的债权人包括非商业债权人和商业债权人。非商业债权人是指向企业提供融资服务，并得到企业承诺（经常是书面承诺），在未来的特定日期偿还贷款并支付利息的机构或个人；商业债权人是指以出售货物或提供劳务形式，向企业提供短期融资的机构或个人。

非商业债权人最关心的是债权的安全，包括贷款到期的收回和利息的偿付。因此他们需要了解企业的获利能力和现金流量，以及有无其他需要到期偿还的贷款。

商业债权人最关心的是企业准时偿还货款或劳务款的能力。因此，他们需要了解企业短期偿还债务的能力，即流动资产的状况及其变现能力。

（三）企业内部的使用者

企业内部的各级管理人员和全体职工，也是财务信息的使用者。企业内部的管理者是履行经营和管理职责的直接责任人，他们不仅要适应市场需求的变化，制定明确的营销策略和技术创新战略，搞好企业的营销和发展；他们还要制定和完善企业内部的各项规章制度，搞好企业管理，不断提高管理水平，提高工作效率和经济效益。而企业的各项经营管理工作也离不开全体职工的辛劳，他们应在企业中发挥应有的管理和监督作用。企业各级管理人员和全体职工与企业的命运紧密相连，他们需要借助财务报表提供的财务信息，全面了解企业的财务状况、现金流量以及获利能力和未来可持续发展的能力等。

(四)政府及政府监管部门

政府及政府监管部门主要指中央和地方各级政府以及政府中与管理经济相关的各部门，如国资委、财政、税收、审计、证券监督管理、工商管理等中央和地方的各个部门。在我国，政府对经济行使两种职能：行政管理职能和国有资产管理职能。对后者应视同投资人（股东）关注投入国有企业的资本金的管理和投资收益。而前者则包括两个方面：一方面是从宏观经济管理的需要出发，了解和关注企业的财务信息；另一方面是从对市场和企业的经济行为进行监管的需要出发，要求企业提供有关的财务信息。此外，企业的供应商、竞争对手、中介机构（如注册会计师、咨询人员）等，也是企业财务信息的使用者。

三、财务报表分析的目的

财务信息与决策有着密切的联系，它对决策具有很高的价值，是决策过程中的重要依据，财务报表和财务报告分析所揭示的问题，对企业以及与企业有利益关系的各方面进行经济决策密切相关。财务报告分析的根本目的就是充分利用财务报表及其分析所揭示的信息，作为决策的依据。由于决策的主体，即财务报表的使用者不同，他们对会计信息的需求就不完全相同，因此，其财务报告分析的具体目的和侧重点也就不同。现分析如下：

(一)投资者的分析目的

如前所述，投资者包括现有投资者和潜在投资者。在市场经济条件下，企业资金来源于债权人的债务资金和投资者投入的权益资金。投资能够给投资者带来一定的经济收益，但同时投资也伴随着与其收益相当的风险。如果投资不当，决策失误，不仅不能取得预期的投资收益，反而会带来投资损失，以至血本无归。为保证投资决策的科学性、合理性，投资者必须掌握被投资企业各方面的信息，所以财务报表及财务报告分析所揭示的是投资者收集投资决策信息的最基本途径。投资者分析财务报表有如下主要目的：

1. 分析企业的获利能力，评价预期收益的实现程度，合理进行投资决策

获利能力是投资者在财务报表分析中关注的核心内容。因为投资者的基本目的就是为了获取较高的收益，如果企业没有足够的获利能力，不能给投资者带来所期望的基本收益，则投资者宁愿把资金存入银行收取利息也不会冒险进行投资。因此，现有投资者通过获利能力的分析，可以评价预期收益的实现程度；潜在投资者通过获利能力的分析，有利于做出科学、合理的投资决策。

2. 分析企业的经营业绩，评价企业管理人员受托责任的履行情况

对现有的投资者（股东）来说，最关心的是企业当前的经营业绩，因为企业的经营业绩直接关系到投资者的经济利益。如果企业经营状况良好，利润丰厚，则作为投资者分得的红利自然也丰厚。另外，由于投资者投入企业的经济资源一般是由专职的经营管理者加以控制和使用，投资者往往并不直接管理企业的生产经营活动，但是投资者可以通过采取考核和监督等手段，对经营管理者的业绩及其受托资源的经营责任履行情况进行检查，以维护自身的经济利益。因此，从这一点来看，投资者需要了解企业经营业绩的有关信息，作为衡量和评价企业管理人员受托经济责任及其完成情况的依据。

3. 分析企业的偿债能力，评价企业的理财环境

偿债能力对投资者来讲是非常重要的。企业只有保持较强的偿债能力，才能筹集到更多的资金，并节省筹资的费用成本，才能把握有利的投资机会，从而为投资者带来更多的利润；反之，如果企业财务状况不佳，偿债能力较弱，那么企业就无法通过举债筹集到更多的资金，或者筹资的费用成本将会上升，就会丧失许多投资机会，从而降低企业的获利能力，还会导致公司股票价格的下降；如果企业财务状况恶化，发生债务危机，以至于资不抵债，企业就可能会破产，投资者就可能遭受损失。因此，投资者在进行财务报表分析时自然会将偿债能力作为分析的重点。当然，投资者进行偿债能力分析的目的是为了判断企业是否存在发生财务危机的风险，他不可能像债权人那样希望偿债能力越强越好，因为过强的偿债能力，特别是短期偿债能力，意味着企业资产中的流动资产中的货币资金、应收账款、短期投资等流动性强的资产比重上升，而资产的流动性越强，其获利能力越差。因此，作为投资者，只要求企业保持一个合理的能有利于举债的偿债能力即可。

4. 分析企业的资本结构，评价企业财务风险

资本结构的合理与否，直接关系到投资者的利益。就投资者而言，负债在资本结构中的比例越大，企业偿付本金及利息的负担就越重，发生财务危机的风险就越大。但是，负债的利息可以作为费用在税前扣除，因而负债具有节税的作用；而且在投资者资本既定的情况下，通过举借债务筹集资金能为企业带来更多的投资机会，从而给投资者带来更多的收益。因此，投资者在进行资本结构分析时，就希望能找到一个既能使综合资本成本较低、财务风险较小，又能取得较多投资收益的最佳资本结构。

(二)债权人的分析目的

作为债权人，特别是银行等金融机构和基金会等非金融机构以及债券投资者，他们出借资金的基本目的是为了取得利息收入。当然，采用商业信用方式出借资金的主要目的是为了促进销售。但是，不论他们的目的有什么不同，他们出借资金的前提都是相同的，那就是相信债务人能够按照规定的期限归还借款并支付利息。如果债务人到期不能还本付息，那么债权人不仅不能从这种资金借贷中获取预期的收益，反而还会遭受一定的损失；如果债务人破产，那么债权人遭受的损失将更大。所以作为债权人，他最关心的就是企业偿债能力。债权人获得企业偿债能力的信息，主要是通过对企业财务报表的分析取得的。因此，对企业偿债能力的分析是债权人进行财务报表分析的主要目的和核心。由于各类债权人所提供资金的期限不同，短期的从 1 个月到 1 年，长期的可长达 10 年或 20 年，因而他们对企业财务报表分析的目的和侧重点会有所不同。具体表现如下：

1. 分析营运资金，了解企业的短期偿债能力

营运资金本身就是评价企业偿债能力，特别是短期偿债能力的一个重要指标。营运资金越多，说明流动资产超过流动负债的数额越大，企业的短期偿债能力越强。通过营运资金的分析，可以解释为什么有的企业虽然利润增加了，但资金周转困难，无法偿还债务；有的企业虽然利润下降或发生亏损，但仍然有足够的资金偿还债务。对于债权人，特别是短期债权人来说，营运资金越多越好。

2. 分析资本结构，了解企业的长期偿债能力

资本结构状况直接影响着企业的偿债能力，特别是长期偿债能力。由于资本结构揭示了企业负债与所有者权益，资产与负债、资产与所有者权益等比例关系，因而反映了企业的长期财务状况，显示出企业的长期偿债能力。因而对资本结构的分析是债权人，特别是长期债权人

进行财务分析的一个重要方面。

3. 分析获利能力，了解企业还本付息资金来源的保障程度

对于长期债权人而言，利润是企业偿还长期债务的重要资金来源。除非企业有足够的抵押品，否则企业长期债务的本金和利息的支付都寄希望于企业能获得足够的盈利。对于长期债权人来说，企业的获利能力总是越强越好。获利能力越强，企业还本付息的资金来源就越有保障，债权的风险就越小。对于两个信用条件相同或相近的企业，债权人总是愿意把资金借给获利能力强、前景好的企业，以保证资产的安全。

(三)企业内部使用者的分析目的

对于企业内部使用者，特别是经营者来说，财务报表分析涉及的内容最广泛，不仅涵盖投资者和债权人分析的所有目的，还要考核、评价企业生产经营计划和财务预算的完成情况，并对企业的可持续发展做出决策和规划。具体来说，可以分为如下几个方面。

1. 考核企业生产经营计划和财务预算的完成情况，评价经营责任的履行情况

通过对财务报表有关数据资料的分析，并将其与有关的计划指标进行对比分析，可以考核企业各方面生产经营计划如生产计划、成本计划、销售计划、利润计划等的完成情况，从而评价企业经营者自身履行经营责任和其他管理责任的情况，作为投资者奖优罚劣的依据。

2. 评价企业财务状况的好坏

通过对财务报表有关数据资料的分析、研究，并与计划、同行业水平等进行对比，可以对企业的财务状况做出合理的评价，如偿债能力的强弱、获利能力的大小等，还可以发现企业生产经营中存在的问题和不足，以便采取各种有效措施加以改进和提高。

3. 决策和规划

通过对财务报表有关数据资料的分析，揭示企业财务状况和经营成果发展趋势，结合存在的问题和不足，做出科学的规划和决策，合理配置资源，以提高经营效益和企业竞争能力。

(四)政府监管部门的分析目的

除了债权人、投资者和企业经营者之外，还有政府监管部门和其他一些单位、个人同样关心企业的经营情况和财务状况，需要通过财务报表分析来取得所需的信息和资料，为决策提供依据。作为政府监管的财政部门、税务部门、国有资产管理部门等，由于它们与企业的关系不同，因而进行财务报表分析的目的和内容也有所不同。

作为财政部门，主要关心企业执行有关财政、财务方面的政策、法规、制度的情况，因而财政部门进行财务报表分析的目的就是检查企业执行有关政策、法规和制度的情况；而国有资产管理部门作为企业国有资产的法定代表人，关心的就是国有资产的保值增值和国有资产收益，企业的资产状况和获利能力；税务部门是国家征收、管理各种税收的专业职能部门。照章纳税是每个企业向国家、社会应尽的义务，也是企业的责任。企业向税务部门报送财务报表是纳税申报制度的重要内容之一。税务部门通过财务报表分析企业纳税情况，对企业的纳税情况进行检查和监督；审计部门是专门进行审计监督的经济部门，它通过对财务报表的检查分析，依法对国有企业以及对国有资产占控股地位或主导地位的企业的财务收支的真实性、合法性和效益性进行审计监督。

此外，供应商也要通过对财务报表的分析，决定能否与企业长期合作，了解企业的销售信用水平，以便决定是否对企业延长付款期；竞争对手需要通过对财务报表的分析，了解企业的盈利水平、其产品的市场占有份额等信息，从而有利于在制定产品价格、调整产品品种结构等方面做出合理的决策；注册会计师通过财务报表分析可以确定审计重点。

综上所述，财务报表分析的目的可以概括为：评价过去的经营业绩；衡量现在的财务状况；预测未来的发展趋势。

四、财务报表分析的内容

对财务报表分析的内容有多种描述方法，比较常见的是将其分成五项内容：

（一）短期偿债能力分析

短期偿债能力是指公司以流动资产支付流动负债的能力，一般又称为支付能力。它主要取决于流动资产和流动负债的比例关系，以及流动资产的变现能力。

（二）长期偿债能力分析

长期偿债能力是指公司偿还债务本金和支付债务利息的能力，一般又称财务能力。它既与资本结构有关，也与公司的收益能力有关。

（三）资产运用效率分析

资产运用效率是指公司单位资产创造营业收入的能力。它主要取决于收入与资产的比例关系。资产运用的效率既影响偿债能力，又影响收益能力。

（四）获利能力分析

获利能力是指运用资产赚取利润的能力（包括股权投资所获得报酬的能力）。它主要取决于利润与获取利润的资产或销售收入的比例关系，从股东角度评价公司的收益能力。而股东投资报酬的高低，不仅取决于资产的获利能力，还受资本结构的影响。

（五）现金流量分析

如果说公司的业绩主要反映在它的盈利状况，那么公司的价值则主要反映在它的现金流量状况之中。现金流是公司价值的最终驱动力，股东对未来现金流的预期是确定股票价值的基础，因此，人们越来越重视对现金流量状况的分析。通过对现金流动状况的分析，可以了解一项业务（生产经营、投资或筹资）产生或消耗现金的程度，使人们对偿债能力有新的认识，并且对利润的质量做出判断。

上述五个方面是相互联系的，一个公司偿债能力很差，获利能力也不会很好；获利能力很差，偿债能力也不会太有保障。提高资产运用效率有利于改善偿债能力和获利能力。偿债能力和获利能力下降，必然表现为现金流动状况恶化。

虽然财务报表分析包括上述五个方面，但不是每个报表使用人的每次分析都要包括上述全部五项。财务报表分析总是针对特定的目的。每个分析人收集与特定目的有关的各种资料，予以适当组织，用来显示各项资料的相关联系，然后解释其结果，以达到特定的目的。例如，一个供应商决定是否授信给一个客户，主要是进行偿债能力评价，而较少注意获利能力的评价。

五、财务报表编制与分析的基本要求

（一）以持续经营为基础

持续经营是会计的一个基本前提（基本假设），它是会计确认、计量以及编制财务报表的基础。

（二）一致性原则

即财务报表项目的列报各期应保持一致，除非《企业会计准则》（简称“会计准则”）要求改变或主要经营业务发生重大变化。

(三)重要性原则

“重要性”是新会计准则体系中的一个重要概念,其基本含义是:财务报表某项目的省略或错误会影响使用者据此做出的经济决策,该项目具有重要性。

(四)不能相互抵消

财务报表中所列示的项目不能抵消,但以扣除减值后的净额列报资产不属于抵消。这实质上是要求财务报表应以总额列报,不得以净额列报。

(五)可比性原则

企业列报当期报表时至少应当列报上一可比期间的比较数据,目的是向信息使用者提供对比数据,以反映企业财务状况、经营成果和现金流量的发展趋势,提高信息使用者的判断与决策能力。

(六)相关披露

企业应当在财务报表的显著位置披露:编报企业的名称、资产负债表日或财务报表涵盖的会计期间、人民币金额单位和财务报表是否为合并财务报表。

此外,报表编制前,企业必须保证账证相符、账账相符、账实相符,编制总账科目余额表,对企业的当期业务进行试算平衡,然后编制财务报表,保证财务报表的真实性与准确性。

子情境二　财务报表分析的程序和方法

一、财务报表分析的程序

建立规范、合理的分析程序,目的是使分析工作能够有序地顺利进行,并对分析过程中的正确判断和最终结果做出恰当的评价。财务报表分析是一个复杂的过程,具体分析程序可根据分析目的个别设计,不存在唯一的通用分析程序;但分析过程中的一些具体步骤,具有一定程度的共性。

财务报表分析工作,一般应当按照以下程序进行:

(一)制订分析工作方案

财务报表分析有全面分析和专题分析,有以企业经营为中心的分析和以投资决策或贷款决策为中心的分析。各种分析都有其特定目的。明确的分析目的是分析工作的灵魂。分析过程中的各项工作都应当围绕实现分析目的而进行。分析目的确定之后,就应当根据目的确定分析的内容和范围,并明确分析的重点内容,分清主次和难易,并据此制订分析工作方案。工作方案一般包括分析的目的和内容、分析人员的分工和职责、分析工作的步骤和完成各步骤的标准和时间等。周密的工作方案有利于分析工作的顺利进行。

(二)收集、整理和核实资料

收集、整理和核实资料是保障分析质量和分析工作顺利进行的基础性程序。一般来说,在分析的技术性工作开始之前就应占有主要资料。切忌资料不全就着手技术性分析。

整理资料是指根据分析的目的和分析人员的分工,将资料进行分类、分组,并做好登记和保管工作,以便使用和提高效率。

核实资料是这道程序的一个重要环节,目的是保证资料的真实、可靠和正确无误。对企业财务会计报表以及其他相关资料要全面审阅,如发现有不正确或不具有可比性之处,应要求改正或剔除、调整。经过注册会计师审计过的财务报表,必须认真审阅注册会计师的审计报告,特别关注审计报告中注册会计师的保留意见、否定意见和拒绝表示意见这三种审计报告。对其他资料也应核实，摸清其真实、可靠程度，并分清有用和无用，对无用的资料，真实、可靠程度低的资料都应当舍弃不用。

（三）财务报表解读

即重点对资产负债表、利润表、现金流量表以及会计报表附注进行解读。其中，对资产负债表侧重于分析资产的流动性，对利润表侧重于分析收入与费用的配比及真实性，对现金流量表侧重于分析企业现金流量的合理性与持久性。在对财务报表的解读过程中，判断企业会计系统是否恰当地反映真实经济状况的程度。通过对会计灵活性的确认和对会计政策适当性和会计估计合理性的评价，分析人员可以判断会计数据对真实经济状况的“歪曲”程度，并就此对会计数据的“歪曲”部分进行修正，提高下一步利用会计信息进行综合分析得出结论的可靠性。

（四）财务分析

在上述工作基础上，分析人员应采用各种分析工具对企业综合状况进行分析，包括偿债能力分析、盈利能力分析和营运能力分析，从而对企业的“健康状况”有一个全面的认识。有人认为分析会计信息一般是为了某一个特定的目的，并不需要对企业的全面情况进行分析，而只需要对企业某个侧面进行分析。例如，投资者认为只要企业的收益能力高就行了，信贷人员认为只要企业的现金流动不错，偿债能力较强就可以了。其实这是财务分析的一个相当大的误区。企业是一个整体，不能孤立地看待，而且分析的目的是为了未来决策之用，未来企业这个整体是动态变化的，企业某一方面情况的变化都会迅速影响到其他方面。收益能力的恶化或改善很可能非常迅速，并且马上能影响企业的偿债能力。反之，成长性前景很好的企业也可能因资金周转的困难而影响其生存，影响其成长性的实现。所以，不论分析者的目的如何，首先都需要对企业进行一次“全面体检”，判断一下“体质”如何，然后再根据分析目的的不同进行局部重点分析和深层次分析。否则就会造成“只见树木，不见森林”的现象。

（五）专题应用分析

财务报表分析往往针对具体的决策需要。在对企业进行全面了解后，还要根据决策性质的不同，进行有针对性地分析。例如，作为收购与兼并各方，企业的竞争优势及潜在利益，合并后的成本和收益均是分析的重点，这是谈判的重要依据及价格确定的重要参考。此类专题应用分析还有资产重组、债务重组、信用评估等。

（六）编写分析报告

财务分析报告是反映企业财务状况和经营成果意见的报告性书面文件。分析报告要对分析目的做出明确回答，评价要客观、全面、准确，要做必要的分析，说明评价的依据，即说明评价是怎么得出来的。对分析的主要内容，选用的分析方法，采用的分析步骤也要做简明扼要地叙述，以备审阅分析报告的人了解整个分析过程。此外，分析报告中还应当包括分析人员针对分析过程中发现的矛盾和问题，提出改进措施或建议。如果能对今后的发展提出预测性意见的分析报告则具有更大的作用。

二、财务报表分析的基本方法

财务报表分析方法是指分析工作中用以测算数据、权衡效益、揭示差异、查明原因的具体方法。在实际分析时，由于分析目标不同，为适应不同目标的要求，分析者需要掌握多种分析方法并能在实际工作中有效运用。常用的主要分析方法有比较分析法、比率分析法、因素分析法等。

(一)比较分析法

比较分析法是财务报表分析中最常用的方法之一,也是一种最基本的方法。

比较分析法是通过主要项目或指标数值变化的对比,计算差异额,分析和判断企业财务状况及经营成果的一种方法。

1. 财务报表比较分析法的作用

通过比较分析,可以发现差距,找出产生差异的原因,进一步判定企业的财务状况和经营成果;通过比较分析,可以确定企业生产经营活动中收益性和资金投向的安全性。

2. 财务报表比较分析法的分类

按比较对象的不同,比较分析法可以分为绝对数比较分析法和相对数比较分析法。

(1)绝对数比较分析法

绝对数比较分析法是将各有关财务报表项目的数额与比较对象进行比较。绝对数比较分析一般通过编制比较财务报表进行。例如,某公司 2018 年度净利润为26 465万元,2017 年度为100 621万元,2018 年度与 2017 年度相比净利润差异额为—74 156万元,属于不利差异。有时,为了使比较结果进一步明晰化,财务报表分析者可以在比较财务报表内,增添绝对数字"增减金额"一栏,以便计算比较对象各有关项目之间的差额,借以帮助财务报表使用者获得比较明确的增减变动数字。

(2)相对数比较分析法

相对数比较,即利用财务报表中有相关关系的数据的相对数进行对比,如将绝对数换算为百分比、结构比重等进行比较,以揭示相对数之间的差异。例如,某公司 2017 年营业成本占营业收入的 81.25%,2018 年营业成本占营业收入的 75.57%,成本比重差异为—5.68%,这是有利差异。

一般情况下,绝对数比较能说明差异金额而不能表明变动程度;相对数比较则可进一步说明变动程度;在实际工作中,绝对数比较与相对数比较可交互使用,以便通过比较做出准确的判断和评价。

3. 比较标准

(1)公认标准

公认标准是指各类企业在不同时期普遍适用的指标评价标准。例如,我国在相当长的一段时间内流动比率的公认标准为 2,速动比率公认标准为 1。通过实际值与公认值的比较,可以了解企业与社会公认标准的差距并进一步查明产生差异的原因;但要注意公认标准并非一成不变,在不同时期、不同地区,公认标准存在一定差异。

(2)历史标准

历史比较是分析期与前期或连续数期项目金额的对比。这种对财务报表项目纵向所做的比较分析,是一种动态的分析,也叫趋势分析。

采用这种方法(即趋势分析法)分析财务报表的具体做法是:①把前后期各项目的绝对金额进行比较,求出增减的差额;②把增或减的差额作为分子,把前期的绝对金额作为分母,求出增或减差额的变化程度(百分比);③根据连续数期变化的统计数字,可以绘出一个统计图表,更形象地显示变化趋势。

通过分析期与前期(上月、上季、上年同期)财务报表中有关项目金额的对比,可以从差异中及时发现问题,查找原因,改进工作。连续数期的财务报表项目的对比,能够反映出企业的发展动态,以揭示当期财务状况和营业情况增减变化,判断引起变化的主要项目是什么,这种变化的性质是有利还是不利，发现问题并评价企业财务管理水平，同时也可以预测企业未来的发展趋势。

(3)行业标准

历史比较只能揭示变化的趋势，不能反映企业的竞争地位。为了全面评价经营成绩，还需要把该企业的主要财务指标与同行业的平均财务指标或同行业中先进企业财务指标做对比。通过与行业平均指标的对比，可以分析判断该企业在同行业中所处的位置，和先进企业的指标对比。实际上是与先进的管理方法、先进的科学技术成就的比较，找出与先进水平的差距，有利于吸收先进经验，克服本企业的缺点。

(4)预算标准

如果把分析期的实际数与预算比较，那么预算数额就是比较的标准，其差距反映完成预算的程度。这种比较的主要作用是说明计划(预算)的完成情况，给进一步分析和寻找企业潜力提供方向。

有效的预算比较，需要一个比较好的预算。在实际与预算比较时，如果超计划或完不成计划的差异很大，若没有特殊原因则说明预算的质量不高，与这样的预算对比意义不大。如果说分析财务报表是回顾过去，那么制订计划则是展望未来。企业要在激烈的市场竞争中生存并且不断地发展，就需要有一个完整的计划预算体系，包括物资采购、生产安排、产品销售等生产经营过程各个环节的计划，并编制出以货币表示的、反映整个计划的全面预算。同时，将这些计划(预算)指标分解落实到企业所属各生产管理部门或个人，作为奋斗的目标或是衡量业绩好坏的标准。它也是一种看得见、摸得着的责任，而且应和部门及个人的经济利益紧密地联系在一起。各部门为完成这些计划(预算)指标，制定各项技术组织措施和加强经营管理的方案，作为完成计划的保证措施。在这种情况下，采用实际数与预算进行对比，不仅能揭示出预算的完成程度，为改进工作指出方向，而且还会在整个企业管理工作中起到积极的促进作用。

比较法的主要作用在于揭示客观存在的差距以及形成这种差距的原因，帮助人们发现问题，挖掘潜力，改进工作。比较法是各种分析方法的基础，不仅报表中的绝对数要通过比较才能说明问题，计算出来的财务比率和结构百分数也都要与有关资料(比较标准)进行对比，才能得出有意义的结论。

4. 运用比较分析法应注意的问题

在运用比较分析法时应注意相关指标的可比性。具体来说，要注意以下几方面的可比问题：

(1)指标的计算口径、方法和经济内容可比。在运用比较分析法时，需用到资产负债表、利润表、现金流量表等财务报表中的数据进行比较，因而必须注意这些数据的内容范围，以及在利用这些数据计算财务指标时在计算口径、计算方法、计算范围上的一致性，只有相互比较的基础是一致的，指标间才具有可比性，比较的结果才有意义。

(2)会计处理方法、会计政策的选用以及会计计量标准的可比。财务报表中的数据来源于账簿记录，而在会计核算中，会计处理方法、会计政策的选用、会计计量标准的确定会对财务数据的形成产生影响，如果选择两个不同时期或不同企业财务报表的数据进行比较，但其所用会计处理方法、会计政策、会计计量标准不同，则不具备比较的基础。因此，必须对财务报表进行调整，使其会计处理方法、会计政策、会计计量标准相一致，才可以进行比较。

(3)时间单位长度具有可比性。采用比较法时，不管是本期实际与本期计划相比、本期实际与上期实际相比、本企业与同行业先进企业相比，都必须注意所使用数据的时间及长度的一致性，包括年度、季度、月度的可比，不同年度之间的可比，不同年度的同期可比，本企业与同行业先进企业在同一期间的可比，如果不同财务数据在比较时不具备可比性，则比较出来的结果没有任何意义。

(4)企业间具有可比性。这主要是指在不同企业之间进行比较时，要注意所选择的企业在企业类型、经营规模、财务规模以及经营目标等方面大体一致，只有相互比较的企业间具有一致性，企业间的数据才具有可比性，比较出来的结果才能说明问题，才有一定的经济价值。

(5)分析比率之间说明的问题应具有一致性。分析人员最重要的是通过财务比率分析了解企业的全貌，因此，不应仅仅根据某一个比率来做出判断。企业的流动比率可能有问题，但是获利能力强，流动性问题可能最终会通过较强的获利能力得到解决，而较高的固定资产周转率可能说明企业固定资产使用效率高，也可能说明企业固定资产的不足或固定资产更新较慢。

【学中做 1—1】

某上市D公司2018年度比较利润表部分数据如表1—1所示，用比较分析法做利润总额分析。

表 1—1　　D公司 2018 年度比较利润表(部分)

项　目	2017 年(万元)	2018 年(万元)	增减金额(万元)	增减率(%)
营业利润	17 020	64 380	47 360	278.26
加:营业外收入	1 340	870	—470	—35.07
减:营业外支出	723	1 230	507	70.12
利润总额	17 637	64 020	46 383	262.99
减:所得税费用	11 260	15 600	4 340	38.54
净利润	6 377	48 420	42 043	659.29

利润总额分析：

利润总额是企业在一定时期内经营活动的税前成果。D公司在2018年实现利润总额64 020万元，比2017年的17 637万元增长了46 383万元，增幅为262.99%。利润总大幅增长的唯一原因是公司的营业利润增长了47 360万元，增长率为278.26%，从而带来公司获利能力增强，也反映出公司主营业务的经营管理取得了较好的业绩，而营业外收入减少和营业外支出增加两个不利因素使利润总额减少了977万元，反映出公司在对营业外支出的控制上存在不足。几个因素共同作用后，使得公司2018年利润总额增加了46 383万元。

【学中做 1—2】

D公司2018年度结构利润表部分项目如表1—2所示，用比较分析法分析财务成果构成情况。

表 1—2　　D公司 2018 年度结构利润表(部分)

项　目	2017 年(万元)	2018 年(万元)	上期结构(%)	本期结构(%)	差异(%)
一、营业收入	670 000	906 000	100.00	100.00	—
减:营业成本	578 200	745 000	82.33	86.30	—3.97

续表

项　目	2017年（万元）	2018年（万元）	上期结构（%）	本期结构（%）	差异（%）
…	…	…	…	…	…
营业利润	17 020	64 380	7.11	2.54	4.57
利润总额	17 635	64 020	7.07	2.63	4.44
减：所得税费用	11 260	15 600	1.72	1.68	0.04
净利润	6 377	48 420	5.34	0.95	4.39

分析要点：

D公司2018年度财务成果的构成情况：营业利润占营业收入比重为7.11%，比上年度的2.54%增长了4.57%；利润总额占营业收入的比重为7.07%，比上年度的2.63%，增长了4.44%；净利润占营业收入的比重为5.34%，比上年度0.95%增长了4.39%。由此可见，从企业利润的构成上看，公司的获利能力比上年度有大幅提高。

（二）比率分析法

比率分析法是一种特殊形式的比较分析法，它是利用两项相关数据之间的关联关系，通过两数相比计算出比率，以此计量经济活动的变动程度，揭示它们之间的关系及其经济意义，借以评价企业财务状况和经营成果的一种方法。它也是整个财务报表分析中最重要的方法之一，它在财务会计报表中具有特殊的意义，财务比率能反映财务现象的本质特征。由于分析的目的不同，比率分析法可以有不同类型。

1. 结构比率分析

结构比率又称构成比率，用以计算某项财务指标的各构成部分分别占总体的比重，反映部分（个体）与总体的关系，以探讨各个部分在结构上的变化规律，借以分析其构成内容的变化以及对财务指标的影响程度。计算公式为：

$$\text{结构比率}=\frac{\text{某项目财务指标的部分数值}}{\text{某项目财务指标的总体数值}}\times 100\%$$

利用结构比率进行纵向比较分析，可以考察总体中某一部分形成和安排是否合理，以便协调企业的财务活动。财务报表分析中常用的构成比率有以下几种：

①资产各项目占资产总额的比重。

②负债各项目占负债总额的比重。

③负债、所有者权益各项目占资产总额的比重。

④各类固定资产占固定资产总额的比重。

⑤各成本项目占总成本的比重。

⑥各类存货占存货总额的比重。

⑦各项成本、费用、利润占营业收入的比重。

⑧各项现金流入（出）占现金总流入（出）的比重。

【学中做1—3】

E公司2018年简化比较利润表部分数据如表1—3所示（以收入为100%），对公司净利润构成情况做出简要分析。

表 1—3　　E 公司简化比较利润表(部分)

项　目	金额(万元)		构成比率(%)	
	2017 年	2018 年	2017 年	2018 年
营业收入	400 000	450 000	100	100
营业成本	280 000	292 500	70	65
营业利润	120 000	157 500	30	35
费用(含所得税)	100 000	126 000	25	28
净利润	20 000	31 500	5	7

分析要点：

E 公司 2018 年净利润构成比 2017 年上升了 2 个百分点，主要原因有营业成本构成比重下降了 5%，导致营业利润比重上升了 5%；同时，费用比重上升了 3%，各个因素共同影响使得净利润构成上升了 2%。

2. 相关比率分析

相关比率是典型的财务比率，相关比率分析就是将两个性质不同但又相互联系的财务指标进行对比，求出比率，并据此对财务状况和经营成果进行分析。

在财务报告的分析中，常用的相关比率很多，主要有流动比率、速动比率、销售利润率、资产周转率和净资产收益率等。概括起来，可以分为反映企业偿债能力的比率、反映企业获利能力的比率等。具体计算及分析将在后述情境中详细介绍。

3. 运用比率分析法应注意的问题

(1)正确计算比率。由于财务报表的期间不同，采用比率指标来对比资产负债表和利润表数据存在一些不可比因素。这是因为利润表是期间会计报表，反映整个会计年度的经营成果，而资产负债表只是反映某个时点的财务状况，反映不出各项目的全年平均数据。例如，用利润表中主营业务收入与资产负债表中应收账款相比较，反映应收账款的周转速度，就需要一种合理的方法，计算出主营业务收入数字所涉及的全年平均应收账款。对于企业外部的分析者来说，不容易甚至不可能获得该企业每月应收账款的余额数字。因此，在这种情况下，外部分析者只好用期初和期末的应收账款余额简单地平均，这种方法实际上是假定在会计年度内各月的应收账款余额相等，没有考虑营业的季节性和营业周期的变化，也没有解决在整个会计年度内不均衡变动的问题。如果实际上确实变化不大，其计算结果是较准确的；如果变化较大，其计算结果会有一定的差距。分析者对此要慎重对待，需要结合其他有关比率指标一起分析才能得到有说服力的结论。

此外，在比率分析中，经常会遇到带负号的数据，分子或分母带负号所计算的比率是没有意义的。如果要计算，必须附有详细的说明资料。

(2)不同企业的会计政策和经营方针会影响不同企业间财务比率的可比性。因为在会计准则中有许多会计处理方法可供选择，不同的会计处理方法会产生不同的资产、负债、所有者权益以及当期损益，进而影响财务比率的数值及可比性。而且，同行业不同企业采用的经营方式不同，也会造成财务比率数值的不同，从而影响可比性。例如，企业固定资产是采用租赁方式还是自己购置方式，对很多财务比率影响都相当大。

(3)在进行行业比较时，多元化大公司很难找到一个行业作为其标准，最好的比较对象是其主要竞争对手。在判断许多财务比率合理性方面，行业平均水平不是理想的标准。例如，盈利能力比率应以该行业的优秀者作为比较的标准。在同行业水平进行比较时，要注意通货膨胀对行业的影响与对企业的影响程度和影响时间是否一致。

(4)财务比率分析应注意分析比率之间说明问题的一致性。分析人员最重要的是要通过财务比率分析了解企业的全貌，因此，不应仅仅根据某一个比率来做出判断。例如，高的固定资产周转率可能说明企业固定资产使用效率高，也可能说明企业固定资产的不足或固定资产更新太慢。再例如，企业的流动性比率可能有些问题，但是获利能力非常强，则流动性问题最终会因较强的获利能力而得到解决。

(三)因素分析法

因素分析法是分析构成财务指标的诸因素变动对总体指标变动的影响程度，并说明引起财务指标变动或差异的主要原因的一种分析方法。由于财务指标大多具有综合性，所以只有把它们分解成为原始因素，分析各个因素对财务指标的影响程度，才能明确指标完成好坏的原因和责任。因此，因素分析法在财务报表分析中，特别是在内部成本管理分析中，具有特殊而重要的意义。因素分析法按技术方法的不同，可以分为差额分析法和连环替代法。

1. 差额分析法

差额分析法是利用各个因素的实际数与基数之间的差额，直接计算各个因素对综合指标差异的影响数值的一种技术方法。

差额分析法的基本工作程序如下：

(1)根据综合指标的性质，将指标分解为各组成因素，并按一定顺序写成数学表达式；

(2)确定各因素的实际数与基数的差额；

(3)以各因素的差额，乘以计算公式中列在该因素前面的各因素的实际数，以及列在该因素后面的其余因素的基数，就可求得各因素的影响值；

(4)将各个因素的影响值相加，其代数和应同该项经济指标的实际数与基数之差相符。

假设财务指标 $N=abc$，其受 a、b、c 三因素的影响，计算 a、b、c 三个因素对财务指标 N 的影响程度。

a 因素变动对财务指标 N 的影响程度：$\Delta A=(a_1-a_0)b_0c_0$

b 因素变动对财务指标 N 的影响程度：$\Delta B=a_1(b_1-b_0)c_0$

c 因素变动对财务指标 N 的影响程度：$\Delta C=a_1b_1(c_1-c_0)$

各因素综合影响的结果为：$D=\Delta A+\Delta B+\Delta C$

【学中做 1—4】

E 公司 2018 年产品产量、单位成本、总成本的计划数与实际数比较如表 1—4 所示。

表 1—4　　产品产量、单位成本、总成本的计划数与实际数比较表

项　目	计划数	实际数	差异数
产品产量(件)	1 000	1 100	+100
单位成本(元)	400	380	−20
总成本(元)	400 000	418 000	+18 000

运用差额分析法计算产品产量、单位成本对总成本的影响如下：

(1)确定数学表达式：

总成本＝产品产量×单位成本

(2)确定各因素的差额：

产品产量对总成本的影响 =(1 100－1 000)×400=＋40 000(元)

单位成本对总成本的影响 =1 100×(380－400)=－22 000(元)

(3)确定两种因素综合作用的结果：

两种因素综合作用对总成本的影响=(＋40 000)＋(－22 000)=＋18 000(元)

由此可见，2018 年因产品产量增加 100 件，导致总成本增加 40 000 元，由于单位成本的减少使总成本减少 22 000 元。

2. 连环替代法

连环替代法是用来分析引起某个经济指标变动的各个因素影响程度的一种方法。在几个相互联系的因素共同影响着某一经济指标的情况下，可应用这一方法来计算各个因素对经济指标发生变动的影响程度。计算步骤是：

(1)分解某项综合指标的各项构成因素；

(2)确定各个因素替代顺序，然后按照这一顺序逐一替代计算；

(3)在衡量某一因素变动对一个经济指标的影响程度时，假定只有这一因素在变动而其余因素不变；

(4)把这个指标与该因素替代前的指标相比较，确定该因素变动对经济指标所造成的影响。

设某一经济指标 T 是由相互联系的 A、B、C 三个因素的乘积组成。即

$$T=A\times B\times C$$

当 T 为计划指标时，则：

$$T_0=A_0\times B_0\times C_0$$

当 T 为实际指标时，则：

$$T_1=A_1\times B_1\times C_1$$

实际与计划的差异为：

$$V=T_1-T_0$$

在分析各因素的变动对指标的影响时，首先要使两个因素(B、C)保持不变，单独计算第一个因素(A)变动对指标的影响；然后，在第一个因素已变的基础上，计算第二个因素(B)变动对指标的影响；以此类推，直到各个因素变动的影响都计算出来为止。用公式表示如下：

计划指标：

$$T_0=A_0\times B_0\times C_0 \tag{1}$$

第一次替代：

$$T_2=A_1\times B_0\times C_0 \tag{2}$$

式(2)－式(1)=T_2-T_0，即为A_0 变为A_1 对总括指标 T 的影响值。

第二次替代：

$$T_3=A_1\times B_1\times C_0 \tag{3}$$

式(3)－式(2)=T_3-T_2，即为B_0 变为B_1 对总括指标 T 的影响值。

第三次替代：

$$T_1=A_1\times B_1\times C_1 \tag{4}$$

式(4)－式(3)=T_1-T_3，即为C_0 变为C_1 对总括指标 T 的影响值。

将以上各种因素变动对指标的影响加以综合，其结果应与实际总额偏离计划总额的总差异相等，即

$$(T_2-T_0)+(T_3-T_2)+(T_1-T_3)=T_1-T_0=V$$

【学中做 1—5】

某产品原材料费用的资料如表 1—5 所示。

表 1—5　　某产品原材料费用

项　目	产品产量	单位产品消耗量（千克）	材料单价（元）	材料费用总额（元）
计划费用	2 000	20	50	2 000 000
实际费用	2 200	18	55	2 178 000
差异	2 00	2	5	178 000

根据表 1—5 可知，企业该产品的原材料费用实际比计划超支了 178 000 元，是什么原因导致这种情况发生？我们采用因素分析法分析，见表 1—6。

表 1—6　　某产品原材料费用差异分析表

替换次数	因素			各因素乘积		每次替换的差异		影响差异产生的因素
	产品产量	单位产品消耗量（千克）	材料单价（元）	金额（元）	编号	算式	金额（元）	
基数	2 000	20	50	2 000 000	1			
第一次	2 200	20	50	2 200 000	2	2—1	+200 000	产品产量
第二次	2 200	18	50	1 980 000	3	3—2	—220 000	单位消耗量
第三次	2 200	18	55	2 178 000	4	4—3	+198 000	材料单价
各因素影响程度合计							+17 8000	综合影响

通过上述分析可以看到，原材料费用的变动是受三个因素影响的，其中产量增加使原材料费用增加 200 000 元，单位消耗量下降使费用下降 220 000 元，材料单价上升使费用上升 198 000元。这里，产品产量增加使费用增加，属正常情况，因此，原材料单价上涨是使某产品材料费用超支的不利因素，为此，企业应进一步加以分析，找出影响材料价格上涨的原因，以便更好地控制原材料费用的增加。

【帮你学】

财务报告的组成

年度、半年度财务报告由财务报表、财务报表附注和财务情况说明书三部分内容组成。企业编制的中期财务报告至少应当包括财务报表和财务报表附注。

（一）财务报表

财务报表包括资产负债表、利润表、现金流量表、股东权益变动表及相关附表。相关附表一般应包括资产减值准备明细表、分部报表和应交增值税明细表等。由母公司和子公司组成的企业集团还应编制合并财务报表。

（二）财务报表附注

财务报表附注是指为了便于财务报表使用者理解财务报表的内容而对财务报表的编制基础、编制依据、编制原则和方法及其主要项目等所做的解释。它是对财务报表的补充说明，是财务报告的重要组成部分。财务报表中所规定的内容具有一定的固定性和规定性，其所提供的会计信息是定量的，使反映的会计信息受到一定的限制，这就需要通过财务报表附注加以解释或说明。

（三）财务情况说明书

财务情况说明书是对企业一定会计期间内生产经营、资金周转和利润实现及分配等情况的综合性说明，是财务报告的重要组成部分。它全面扼要地提供企业生产经营、财务活动情况，分析总结经营业绩和存在的不足，是财务报告使用者了解和考核企业生产和业务活动开展情况的重要资料。财务情况说明书至少应当对下列情况做出说明：

(1)企业生产经营的基本情况。企业生产经营的基本情况通常包括：企业生产经营的基本概况，企业主营业务范围经营情况，企业所处的行业以及在本行业中的地位，企业员工的数量和专业素质情况，经营中出现的问题、困难及解决方案，对企业业务有影响的知识产权的有关情况，经营环境的变化，新年度的业务发展计划（如生产经营的总目标及措施），开发、在建项目的预期进度，配套资金的筹措计划及需要说明的其他生产经营情况与事项。

(2)利润实现和分配情况。利润实现和分配情况主要是指企业本年度实现的净利润及其分配情况，如实现的净利润是多少，在利润分配中提取法定盈余公积金和法定公益金各有多少，累计可分配利润有多少；此外，还应反映资本公积转增实收资本（股本）的情况等。如果在本年度内没有发生利润分配情况或资本公积转增实收资本（股本）情况，则企业需要在财务情况说明书中明确说明。

(3)资金增减和周转情况。主要反映年度内企业各项资产、负债、所有者权益、利润构成项目的增减情况及其原因。

(4)对企业财务状况、经营成果和现金流量有重大影响的其他事项。

情境小结

财务报表是指企业提供的反映企业某一特定日期财务状况和某一会计期间经营成果、现金流量等情况的文件。财务报表的使用者包括企业各方的相关利益者，如投资者、债权人、企业内部使用者、政府监管部门等。企业财务报表有助于投资者和债权人进行合理决策，有助于反映企业管理者的经营业绩和受托经营责任，有助于企业评估和预测未来的现金流动性，有助于政府制定经济政策、加强宏观调控、促进社会资源的最佳配置。

财务报表分析主要是一种检查的手段，可以发现问题并能分析、解释和评估企业的财务状况、经营成果和现金流量。不同的财务报表使用者在利用财务报表进行分析时，分析的目的和侧重点不同。为保证财务报表分析的可靠性，分析中必须遵循有用性、可理解性、客观性、定量与定性分析相结合的原则，并采用比较分析法、比率分析法、因素分析法等科学方法，才能得出较为满意的结论。

做中学

一、单项选择题

1. 下列不属于附表的是（　　）。

A. 资产减值准备明细表　　B. 所有者（股东）权益增减情况变动表

C. 应交增值税明细表　　D. 销售费用明细表

2. 盈利能力是(　　)最关心的核心问题。

A. 债权人　　B. 投资人　　C. 企业管理人　　D. 客户

3. 下列不属于财务报表分析原则的是(　　)。

A. 有用性　　B. 可理解性

C. 定量与定性分析相结合　　D. 配比性

4. 下列属于按比较对象分类的比较分析法的是(　　)。

A. 比率分析法　　B. 绝对数总量比较分析法

C. 相对数结构比较分析法　　D. 不同时期趋势分析

5. 反映企业某一特定日期的财务状况的报表是(　　)。

A. 资产负债表　　B. 利润表

C. 现金流量表　　D. 财务报表附注

二、多项选择题

1. 年度财务报告由(　　)三部分组成。

A. 财务报表　　B. 财务预算

C. 财务情况说明书　　D. 财务报表附注

2. 下列属于财务情况说明书内容的有(　　)。

A. 企业主营业务范围经营情况　　B. 关联方关系及其交易的说明

C. 利润及利润分配情况　　D. 资金增减和周转情况

3. 财务报表使用者主要有(　　)。

A. 银行　　B. 供应商　　C. 潜在投资人　　D. 审计局

4. 偿债能力是(　　)最关心的核心内容。

A. 银行　　B. 供应商　　C. 投资人　　D. 管理者

5. 财务报告的作用主要体现在有助于(　　)。

A. 投资者决策 B. 债权人决策 C. 管理者决策 D. 政府决策

三、实训题

1. A公司生产甲产品，产品的产量、单位产品材料消耗量、材料价格及直接材料费用的有关资料如表1—7所示。

表1—7　　甲产品材料消耗有关资料

项　目	上月数	本月数
产品产量(件)	100	120
单位产品材料消耗量(千克/件)	30	25
材料单价(元/千克)	20	22
材料费用总额(元)	60 000	66 000

要求：分别运用差额分析法和连环替代分析法分析产品产量、单位产品材料消耗量以及材料价格对材料费用的影响。

2. B公司2014～2018年主营业务收入和净利润资料如表1—8所示。

表 1—8　　营业收入及净利润资料　　单位：万元

项　目	2014 年	2015 年	2016 年	2017 年	2018 年
营业收入	6 500	7 000	7 000	7 830	8 700
净利润	650	700	600	790	840

要求：

①运用绝对数比较分析法，分析该公司 2014～2018 年主营业务收入和净利润的变动情况；

②以 2014 年为基年，列表计算趋势百分比，并进行分析说明。

3. C 公司 2017 年和 2018 年比较利润表如表 1—9 所示。

表 1—9　　C 公司比较利润表　　单位：元

项　目	2018 年度	2017 年度
一、营业收入	65 000	78 700
减：营业成本	55 800	68 100
税金及附加	3 680	4 460
销售费用	1 000	1 200
管理费用	3 000	3 280
财务费用	800	1100
资产减值损失	0	0
加：其他收益	0	0
投资收益	12 000	10 800
二、营业利润	21 220	23 360
加：营业外收入	1 820	2 200
减：营业外支出	2 560	1 820
三、利润总额	20 480	23 740
减：所得税(25%)	5 120	5 935
四、净利润	3 840	17 805

要求：

①以主营业务收入为关键项目，运用比率分析法编制利润表结构分析表，分析利润各项目的差异；

②运用绝对数比较法分析利润表中各项目 2018 年较 2017 年增减变动额，并计算 2018 年较 2017 年的增减百分比。

情境二

资产负债表编制与分析

情境引例

李明是一名即将毕业的大学生，他来到某代理记账公司实习并在实习指导教师的指导下参与了不同行业企业资产负债表的编制，他感觉收获很大，但他的实习指导教师说："企业资产负债表是有关企业财务状况的单项原始数据按规定的项目和排列顺序所做的集合，其目的是向他人提供决策所需的财务信息和经济信息，然而，这些单项原始数据，不经过比较分析，就其本身来说并无多大意义。"同学们，你们能理解指导教师的这番话吗？

职业能力目标

根据会计核算总账报表岗位的要求，通过本情境的学习，明确资产负债表的结构，理解资产负债表编制方法，掌握比较资产负债表的编制与分析方法。

典型学习任务

本情境的典型学习任务主要有阅读资产负债表，能够编制资产负债表；根据资产负债表编制比较资产负债表，并对其进行分析。

子情境一　资产负债表的编制

一、资产负债表的编制原理

资产负债表，是反映企业在某一特定日期（如月末、季末、年末），所拥有的资产以及所运用的资金来源——负债及所有者权益情况的报表。

资产负债表是关于企业财务情况的记录，反映出会计中最为基本的平衡公式，即"资产＝负债＋所有者权益"。

资产负债表提供的基础信息有：企业拥有和控制的经济资源（资产）及其分布情况；企业所负担的债务金额及构成情况；企业所有者的权益，即股东权益或净资产。

二、资产负债表的作用

该表的主要作用是揭示企业的财务状况，包括财务实力、财务结构、财务风险、财务趋势等方面。

(一)有助于评价企业的资产状况及资产的构成情况

通过资产负债表的资产项目，不仅可以了解企业拥有的经济资源的种类，还可以了解其构成情况。通过计算企业流动资产、长期投资、固定资产及无形资产等各项资产在总资产的比重，可以分析资产的构成是否合理，从而评估企业财力的强弱。

(二)有助于对企业偿债能力的分析

通过资产负债表的负债项目，可以反映企业某一日期的负债总额、长短期债务的形成以及偿还期限的长短，表明企业未来需要多少资金或劳务来偿还债务、资产转换为现金的能力和速度、流动资产内部构成和资本结构等，从而有助于债权人对企业偿债能力的分析并做出相关决策。

(三)有助于衡量企业的财务风险

通过资产负债表的负债项目，可以显示企业承担债务的不同偿还期限，了解企业面临的财务风险，可以看出企业亟待偿还流动负债的数额，而且可以算出流动负债和长期负债在总负债中所占的比重，分析企业偿还债务的风险。同时，通过资产负债表的所有者权益项目，可以说明企业投资者对本企业资产所持有的权益份额，了解企业财务实力。

(四)有助于预测企业未来的财务趋势

资产负债表中列示“年初余额”和“期末余额”两栏金额资料，便于比较和了解其增减变动情况，通过对相同项目在不同时期的纵向对比，可以分析企业的财务发展趋势，分析和预测企业未来的发展能力。如果编制比较资产负债表，对相同时期不同项目的横向对比加以分析总结，还可以对这种趋势进行更细致和准确的观察。

三、认知资产负债表的结构

在我国，资产负债表采用账户式结构，报表分为左、右两方，左方列示资产各项目，大体按资产的流动性大小排列，流动性大的资产如“货币资金”“以公允价值计量且其变动计入当期损益的金融资产”等排在前面，流动性小的资产如“长期股权投资”“固定资产”等排在后面。右方为负债及所有者权益项目，一般按要求清偿时间的先后顺序排列，“短期借款”“应付票据及应付账款”等需要在一年以内或者长于一年的一个正常营业周期内偿还的流动负债排在前面，“长期借款”等在一年以上才需偿还的非流动负债排在中间，在企业清算之前不需要偿还的所有者权益项目排在后面。

账户式资产负债表中的资产各项目的合计等于负债和所有者权益各项目的合计，即资产负债表左方和右方平衡。因此，通过账户式资产负债表，可以反映资产、负债、所有者权益之间的内在关系，即“资产＝负债＋所有者权益”。此外，为了让使用者通过比较不同时点资产负债表的数据，掌握企业财务状况的变动情况及发展趋势，企业需要提供比较资产负债表，资产负债表还就各项目再分为“期末余额”和“年初余额”两栏分别填列。账户式资产负债表的格式见表2—1。

表 2—1　　资产负债表

编制单位：××公司　　____年____月____日　　会企 01 表

单位：元

资　产	期末余额	年初余额	负债和所有者权益（或股东权益）	期末余额	年初余额
流动资产：			流动负债：		
货币资金			短期借款		
以公允价值计量且其变动计入当期损益的金融资产			以公允价值计量且其变动计入当期损益的金融负债		
衍生金融资产			衍生金融负债		
应收票据及应收账款			应付票据及应付账款		
预付款项			预收款项		
其他应收款			应付职工薪酬		
存货			应交税费		
持有待售资产			其他应付款		
一年内到期的非流动资产			持有待售负债		
其他流动资产			一年内到期的非流动负债		
流动资产合计			其他流动负债		
非流动资产：			流动负债合计		
可供出售金融资产			非流动负债：		
持有至到期投资			长期借款		
长期应收款			应付债券		
长期股权投资			其中：优先股		
投资性房地产			永续债		
固定资产			长期应付款		
在建工程			预计负债		
生产性生物资产			递延收益		
油气资产			递延所得税负债		
无形资产			其他非流动负债		
开发支出			非流动负债合计		
商誉			负债合计		
长期待摊费用			所有者权益（或股东权益）：		
递延所得税资产			实收资本（或股本）		

续表

资　产	期末余额	年初余额	负债和所有者权益（或股东权益）	期末余额	年初余额
其他非流动资产			其他权益工具		
非流动资产合计			其中：优先股		
			永续债		
			资本公积		
			减：库存股		
			其他综合收益		
			盈余公积		
			未分配利润		
			所有者权益（或股东权益）合计		
资产总计			负债和所有者权益（或股东权益）总计		

四、资产负债表的编制方法

资产负债表的数据主要来自会计账簿记录，我国资产负债表主体部分的各项目都有“期末余额”和“年初余额”两个栏目，是一种比较资产负债表。有的项目可以根据有关账户的期末余额填列，有的项目应按有关账户调整后的期末余额填列，有关账户的具体填列方法如下：

（一）“年初余额”的填列方法

表中“年初余额”栏内各项目数字，应根据上年末资产负债表“期末余额”栏内所列数字填列。如果本年度资产负债表规定的各个项目的名称和上年度不一致，应对上年末资产负债表各项目的名称和数字按照本年度的规定进行调整，按调整后的数字填入本表“年初余额”栏目内。

（二）“期末余额”的填列方法

“期末余额”的填列方法有以下5种：

（1）直接根据总账账户余额填列。如以公允价值计量且其变动计入当期损益的金融资产、长期待摊费用、递延所得税资产、固定资产清理、短期借款、应付票据、递延所得税负债、应付职工薪酬、应交税费、应付利息、其他应付款、实收资本、资本公积、库存股、盈余公积等。

（2）根据几个总账账户的余额计算填列。主要有货币资金和存货等项目。如“货币资金”项目，根据“库存现金”“银行存款”“其他货币资金”账户的期末余额合计填列。

（3）根据有关总账账户与其备抵抵消后的净额填列。主要有其他应收款、可供出售金融资产、长期股权投资、投资性房地产、固定资产、在建工程、工程物资、无形资产等账户。如“无形资产”项目根据“无形资产”账户的期末借方余额，扣除“累计摊销”账户和“无形资产减值准备”账户的期末贷方余额的差额后填列。

（4）根据有关总账账户所属明细科目期末余额计算填列。例如，“应收账款”所属明细科目余额为贷方余额时，应调整为“预收账款”科目的贷方余额，填入“预收账款”项目；又如，“预付账款”所属明细科目的期末余额为贷方时，应调整为“应付账款”科目的贷方余额，填入“应付账款”项目；再如，“应付账款”所属各明细科目余额为借方余额时，应调整为“预付账款”科目的借方余额，填入“预付账款”项目；等等。

(5)根据总账科目和明细科目的余额分析计算填列。如“长期借款”项目，根据“长期借款”总账科目余额扣除“长期借款”科目所属明细科目中反映的将于一年内到期且企业不能自主地将清偿义务延展的长期借款后的金额计算填列。

【学中做 2—1】

某企业 2018 年 12 月 31 日结账后“库存现金”科目余额为 8 000 元，“银行存款”科目余额为 4 000 000 元，“其他货币资金”科目余额为 600 000 元。计算该企业 2018 年 12 月 31 日资产负债表中“货币资金”项目金额。

货币资金＝8 000＋4 000 000＋600 000＝4 608 000(元)

【学中做 2—2】

某企业 2018 年 12 月 31 日应付管理人员工资 200 000 元，应计提福利费 28 000 元。计算该企业 2018 年 12 月 31 日资产负债表中“应付职工薪酬”项目金额。

应付职工薪酬＝200 000＋28 000＝228 000(元)

【学中做 2—3】

某企业 2018 年 12 月 31 日“长期待摊费用”期末余额为177 500元，将于一年内摊销的金额为101 000元，计算资产负债表中 2018 年 12 月 31 日“长期待摊费用”项目金额。

长期待摊费用＝177 500－101 000＝76 500(元)

【学中做 2—4】

某企业 2018 年 12 月 31 日期末“材料采购”账户借方余额160 000元，“原材料”账户期末借方余额372 000元，“周转材料”账户期末借方余额30 000元，“库存商品”账户期末借方余额5 075 860元，“材料成本差异”账户期末借方余额80 000元，“存货跌价准备账户”期末贷方余额80 000元。计算该企业 2018 年 12 月 31 日期末“存货”项目金额。

存货＝160 000＋372 000＋30 000＋5 075 860＋80 000－80 000＝5 637 860(元)

【学中做 2—5】 编制一年内到期的非流动资产与持有至到期投资项目

某企业 2018 年 12 月 31 日“持有至到期投资”账户期末借方余额为 900 000 元，其中 2016 年 3 月购入的 4 年期国库券为 300 000 元，2018 年年末购入企业债券 3 年期 600 000 元。假设上述投资没有计提减值准备，企业不存在其他一年内到期的非流动资产。在编制 2018 年度资产负债表时，“一年内到期的非流动资产”和“持有至到期投资”的金额分别为多少？

一年内到期的非流动资产＝300 000(元)

持有至到期投资＝900 000－300 000＝600 000(元)

【学中做 2—6】 根据账户余额及有关资料编制资产负债表

GY 公司和 B 公司均为增值税一般纳税工业企业，其有关资料如下：

(1)GY 公司销售的产品、材料均为应纳增值税货物，增值税税率为 16%，产品、材料销售价格中均不含增值税。

(2)GY 公司材料和产品均按实际成本核算，其销售成本随着销售同时结转。

(3)B 公司为 GY 公司的联营企业。GY 公司对 B 公司的投资占 B 公司有表决权资本的 25%。GY 公司对 B 公司的投资按权益法核算。

(4)GY 公司 2018 年 1 月 1 日有关账户余额如表 2—2 所示。

表 2—2 **GY 公司账户余额表** 单位:元

资产类账户	借方余额	负债及所有者权益类账户	贷方余额
库存现金	500	短期借款	500 000
银行存款	400 000	应付票据	50 000
其他货币资金	0	应付账款	180 000
应收票据	230 000	预收账款	0
应收账款	200 000	应付职工薪酬	5 000
坏账准备	—1 000	应交税费	12 000
预付账款	0	长期借款	1 260 000
其他应收款	200	实收资本	2 000 000
原材料	350 000	盈余公积	120 000
周转材料	30 000	利润分配(未分配利润)	7 700
库存商品	80 000		
长期股权投资——A 公司	600 000		
固定资产	2 800 000		
累计折旧	—560 000		
存货跌价准备			
无形资产	5 000		
合　计	4 134 700	合　计	4 134 700

(5)GY 公司 2018 年度发生如下经济业务:

①购入原材料一批,增值税专用发票上注明的增值税税额为 48 000 元,原材料实际成本为 300 000 元。材料已经到达,并验收入库。企业开出商业承兑汇票。

②销售给 B 公司一批产品,销售价格 40 000 元,产品成本 32 000 元。产品已经发出,开出增值税专用发票,款项尚未收到(除增值税以外,不考虑其他税费)。

③对外销售一批原材料,销售价格 26 000 元,材料实际成本 18 000 元。销售材料已经发出,开出增值税专用发票。款项已经收到,并存入银行(除增值税以外,不考虑其他税费)。

④出售一台不需用设备给 B 公司,设备账面原价 150 000 元,已提折旧 24 000 元,出售价格 180 000 元。出售设备价款已经收到,并存入银行(假设出售该设备不需缴纳增值税等有关税费)。

⑤按应收账款年末余额的 5‰计提坏账准备。

⑥用银行存款偿还到期应付票据 20 000 元,缴纳所得税 2 300 元。

⑦B 公司本年实现净利润 280 000 元,GY 公司按投资比例确认其投资收益。

⑧摊销无形资产价值 1 000 元,计提管理用固定资产折旧 8 766 元。

⑨本年度所得税费用和应交所得税为 32 500.5 元,实现净利润 97 501.5 元,按净利润计提法定盈余公积9 750.15元。

要求:

(1)编制GY公司的有关经济业务会计分录(包括各损益类科目结转本年利润以及与利润分配有关的会计分录,不考虑递延所得税)。

(2)编制GY公司2018年12月31日的资产负债表。

解:

(1)工作步骤一:编制GY公司有关经济业务会计分录。

①借:原材料　　300 000
　　应交税费——应交增值税(进项税额)　　48 000
　　贷:应付票据　　348 000

②借:应收账款　　46 400
　　贷:主营业务收入　　40 000
　　　　应交税费——应交增值税(销项税额)　　6 400
　借:主营业务成本　　32 000
　　贷:库存商品　　32 000

③借:银行存款　　30 160
　　贷:其他业务收入　　26 000
　　　　应交税费——应交增值税(销项税额)　　4 160
　借:其他业务成本　　18 000
　　贷:原材料　　18 000

④借:固定资产清理　　126 000
　　累计折旧　　24 000
　　贷:固定资产　　150 000
　借:银行存款　　180 000
　　贷:固定资产清理　　180 000
　借:固定资产清理　　54 000
　　贷:营业外收入　　54 000

⑤借:资产减值损失[(200 000+46 400)×5‰−1 000]　　232
　　贷:坏账准备　　232

⑥借:应付票据　　20 000
　　应交税费——应交所得税　　2 300
　　贷:银行存款　　22 300

⑦借:长期股权投资——B公司(损益调整)　　70 000
　　贷:投资收益　　70 000

⑧借:管理费用　　1 000
　　贷:累计摊销　　1 000
　借:管理费用　　8 766
　　贷:累计折旧　　8 766

⑨借:所得税费用　　32 500
　　贷:应交税费——应交所得税　　32 500
　借:主营业务收入　　40 000
　　其他业务收入　　26 000

投资收益　　70 000
营业外收入　　54 000
贷:本年利润　　190 000
借:本年利润　　59 998
贷:主营业务成本　　32 000
其他业务成本　　18 000
管理费用　　9 766
资产减值损失　　232
借:本年利润　　32 500.5
贷:所得税费用　　32 500.5
借:本年利润　　97 501.5
贷:利润分配——未分配利润　　97 501.5
借:利润分配——提取盈余公积　　9 750.15
贷:盈余公积　　9 750.15
借:利润分配——未分配利润　　9 750.15
贷:利润分配——提取盈余公积　　9 750.15

(2)工作步骤二:根据上述会计分录编制资产负债表,如表 2—3 所示。

表 2—3　　**资产负债表**

编制单位:GY 公司　　2018 年 12 月 31 日　　会企 01 表

单位:元

资　产	期末余额	年初余额	负债和所有者权益(或股东权益)	期末余额	年初余额
流动资产:			流动负债:		
货币资金	588 360	400 500	短期借款	500 000	500 000
以公允价值计量且其变动计入当期损益的金融资产	0	0	以公允价值计量且其变动计入当期损益的金融负债	0	0
应收票据及应收账款	475 566	429 000	应付票据及应付账款	561 000	230 000
预付款项	0	0	预收款项	0	0
其他应收款	200	200	应付职工薪酬	5 000	5 000
存货	710 000	460 000	应交税费	4 760.5	12 000
持有待售资产			其他应付款	0	0
一年内到期的非流动资产	0	0	持有待售负债	0	0
其他流动资产	0	0	一年内到期的非流动负债	0	0
流动资产合计	1 773 728	1 289 700	其他流动负债	0	0
非流动资产:			流动负债合计	1 067 760.5	747 000
可供出售金融资产	0	0	非流动负债:	0	0

续表

资 产	期末余额	年初余额	负债和所有者权益（或股东权益）	期末余额	年初余额
持有至到期投资	0	0	长期借款	1 260 000	1 260 000
长期应收款	0	0	应付债券	0	0
长期股权投资	670 000	600 000	其中：优先股	0	0
投资性房地产	0	0	永续债	0	0
固定资产	2 102 234	2 240 000	长期应付款	0	0
在建工程	0	0	预计负债	0	0
生产性生物资产	0	0	递延收益	0	0
油气资产	0	0	递延所得税负债		
无形资产	4 000	4 000	其他非流动负债		
开发支出	0	0	非流动负债合计	1 260 000	1 260 000
商誉	4 000	5 000	负债合计	2 327 760.5	2 007 000
长期待摊费用	0	0	所有者权益（或股东权益）：	0	0
递延所得税资产	0	0	实收资本（或股本）	2 000 000	2 000 000
其他非流动资产	0	0	其他权益工具		
非流动资产合计	2 779 234	2 845 000	其中：优先股		
			永续债		
			资本公积		
			减：库存股		
			其他综合收益		
			盈余公积	129 750.05	120 000
			未分配利润	95 451.35	7 700
			所有者权益（或股东权益）合计	2 225 201.5	2 127 700
资产总计	4 552 962	4 134 700	负债和所有者权益（或股东权益）总计	4 552 962	4 134 700

子情境二　资产负债表的水平分析

一、资产负债表水平分析的意义

资产负债表水平分析，实质就是资产负债表趋势分析的一种特殊情况，主要将资产负债表实际数据与基准数据进行比较，如与上年同期、与计划等数据比较，以揭示资产、负债和所有者权益变动差异，提示资产与权益差异产生的原因。资产负债表对比基数不同，分析的目的或作用也不同。

二、水平资产负债表的编制

水平资产负债表是将两期或以上的连续若干期间的资产负债数额平行列示，并计算出变动差异额和差异变动百分比的报表，以考察企业财务状况本年与上年或以前各年的对比差异的原因。具体编制步骤如下：

(1)按从低到高的年度连续期间平行排列金额，并增加变动情况数据计算栏。

(2)增加“变动额”与“变动率”栏目，对比计算增减差异额，用差异额除以基期对比。

(3)用文字描述变动金额及变动百分比，找出差异变化较大的数据并作简单的分析评价。

【学中做 2—7】

根据M公司2017年和2018年的资产负债表编制的比较资产负债表如表2—4所示。

表2—4　　**M公司比较资产负债表**　　单位：元

资　产	2017年	2018年	变动额	变动率(%)
流动资产：				
货币资金	32 910 314	20 102 384	—12 807 930	—38.92
以公允价值计量且其变动计入当期损益的金融资产	21 919 714	22 727 128	807 414	3.68
应收票据及应收账款	79 558 080	107 820 866	28 262 786	35.52
预付款项	2 067 540	2 516 392	448 852	21.71
其他应收款	29 561 138	8 128 952	—21 432 186	—72.5
存货	118 826 006	143 857 478	25 031 472	21.07
一年内到期的非流动资产	0	0	0	0
其他流动资产	90 188	28 620	—61 568	—68.27
流动资产合计	284 932 980	305 181 820	20 248 840	7.11
非流动资产：	0	0	0	
可供出售金融资产	0	0	0	0
持有至到期投资	0	0	0	0
长期应收款	0	0	0	0
长期股权投资	3 040 436	2 782 710	—257 726	—8.48
投资性房地产	0	0	0	0
固定资产	55 284 378	56 046 672	762 294	1.38
在建工程	0	0	0	0
生产性生物资产	0	0	0	0
油气资产	0	0	0	0
无形资产	9 016 482	9 034 500	18 018	0.20
开发支出	0	0	0	0

续表

资　产	2017年	2018年	变动额	变动率(%)
商誉	0	0	0	0
长期待摊费用	475 958	361 644	−114 314	−24.02
递延所得税资产	0	0	0	0
其他非流动资产	0	0	0	0
非流动资产合计	67 817 254	68 225 526	408 272	0.6
资产总计	352 750 234	373 407 346	20 657 112	5.86
流动负债：	0	0	0	
短期借款	1 700 000	32 431 074	30 731 074	1 807.71
以公允价值计量且其变动计入当期损益的金融负债	0	0	0	0
应付票据及应付账款	89 997 130	88 605 584	−1 391 546	−1.55
预收款项	11 394 536	9 374 222	−2 020 314	−17.73
应付职工薪酬	701 372	481 360	−220 012	−31.37
应交税费	−9 009 230	−22 661 738	−13 652 508	151.54
其他应付款	2 751 058	6 321 936	3 570 878	129.80
一年内到期的非流动负债	0	0	0	0
其他流动资产	0	0	0	0
流动负债合计	97 534 866	114 552 438	17 017 572	17.45
非流动负债：	0	0	0	
长期借款	0	0	0	0
应付债券	0	0	0	0
长期应付款	0	0	0	0
预计负债	0	0	0	0
递延所得税负债	171 430	119 522	−51 908	−30.28
其他非流动负债	0	0	0	0
非流动负债合计	171 430	119 522	−51 908	−30.28
负债合计	97 706 296	114 671 960	16 965 664	17.36
所有者权益(或股东权益)：	0	0	0	
实收资本(或股本)	43 284 228	43 284 228	0	
其他权益工具				
其中：优先股				
永续债				
资本公积	81 520 874	81 825 604	304 730	0.37

续表

资　产	2017 年	2018 年	变动额	变动率(%)
减:库存股	0	0	0	0
其他综合收益				
盈余公积	96 593 686	97 200 958	607 272	0.63
未分配利润	33 645 150	36 424 596	2 779 446	8.26
所有者权益(或股东权益)合计	255 043 938	258 735 386	3 691 448	1.45
负债和所有者权益(或股东权益)总计	352 750 234	37 340 7 346	20 657 112	5.86

三、水平资产负债表的分析

分析水平资产负债表时,可以参照以下步骤:

(一)从投资或资产角度进行分析评价

(1)分析总资产规模及各类、各项资产的变动状况,揭示资产变动的主要方面,从总体上了解企业经过一定时期经营后资产的变动情况。

(2)发现变动幅度较大或对总资产变动影响大的重点项目。

(3)注意资产变动的合理性与效益性。

(4)注意考察资产规模变动与所有者权益变动的适应程度。

(5)注意分析会计政策变动的影响。

(二)从筹资或权益角度进行分析评价

(1)分析权益总额的变动状况以及各类、各项筹资的变动状况,揭示权益总额变动的主要方面,从总体上了解企业经过一定时期经营后权益总额的变动情况。

(2)发现变动幅度大或对权益总额变动影响较大的重点类别和重点项目,为进一步分析指明方向。

(3)注意结合会计报表附注,分析表外数据对权益的影响。

【学中做 2—8】 分析水平资产负债表

根据 M 公司水平资产负债表 2—4 的资料,分析其水平资产负债表。

根据 M 公司水平资产负债表 2—4 的计算结果,可得出分析结论如下:

从表 2—4 中可以看出,M 公司 2018 年资产有所增加,主要是流动资产增加了20 248 840元,增长了 7.11%,流动资产中"应收票据及应收账款"的增加幅度比较大,增长额为28 262 786元,增长了 35.52%。这一现象应引起公司的重视,应进一步分析应收账款增加的原因,是因为公司扩大销售所致,还是因为应收账款信用政策变化导致。另外,公司预付账款和存货项目的增长幅度也比较大,应注意分析存货项目的构成,关注流动资金的周转速度。资产的增加,说明企业生产经营得到发展,生产能力得到加强,资产得到保值、增值。

从负债和所有者权益部分的比较分析来看,公司的流动负债增加了17 017 572元,增长了17.45%,主要是由于短期借款的大幅度增加所致。再与流动资产比较来看,流动负债的增长幅度明显高于流动资产的增长幅度,将会影响到公司的短期偿付能力,所以应结合流动资产各项目加以深入的分析。同时,公司的所有者权益也有所增加,增加额为3 691 448元,增长率为

1.45%，其主要原因是公司经营良好，未分配利润明显增加所致。同时说明企业贯彻了资本金保全的原则，实现了资本金增值的要求。

此外，对资产的增加还需结合企业生产经营的发展情况，考察增长是否得当、增长后资产结构是否更加趋于合理、增加的资产能否获得良好的经济效益等。例如，在流动资产中，“应收票据及应收账款”增长的幅度较大，达到35.52%，应进一步研究信用政策，加大应收账款的催收力度等。

【帮你学】

比较性资产负债表可以对企业进行多期比较分析，反映其发展趋势；也可以与其他相关企业进行同期对比分析，反映各自的特点。比较性资产负债表可以是绝对额的比较，也可以是相对额的比较。可以只做简单比较，也可以在表中计算出定基或环比发展速度、增长率等比率进行比较。

子情境三　资产负债表的结构分析

一、资产负债表结构分析的定义和意义

(一)资产负债结构分析的定义

资产负债表结构分析是指对资产负债表中各项目内容金额之间的相互关系进行分析，对企业整体财务状况做出判断。

资产负债表结构分析的内容有两方面：

(1)同类项目中各项目在整体中的比重，常用方法就是编制共同比(垂直分析)资产负债表；

(2)各个项目之间或不同项目之间的比例和结构，如资产结构、资本结构、资产与资本结构等，以判断分析企业财务状况。

(二)资产负债表结构分析的意义

(1)通过资产负债表各项目之间的依存关系，揭示企业在某一时点财务状况。因为在前面的水平分析中，只说明单一项目在连续期间的变化情况，而财务报表各项目是一个整体，不同项目之间的关系可以进一步说明企业经济实质。

(2)有利于改善资产资本结构。资产负债表结构分析能揭示企业现有资产结构和财务结构存在的问题，了解当前负债程度高低和债务风险大小，有针对性调整资产，使资本在较为合理的水平上，提高资源配置效率。

二、结构资产负债表的编制与分析

(一)结构资产负债表的编制

结构资产负债表(或称共同比资产负债表)是指资产负债表各个项目与总体之间的百分比，即以总资产作为总体指标(分母)，各资产负债表项目作为部分(分子)编制的百分比资产负债表。该表反映财务报表中各个项目相互之间垂直或纵向的关系及内部整体构成情况，因此也叫“纵向分析”或“垂直分析”。为了便于分析，在编制结构资产负债表时增加比较差异栏，具体编制步骤如下：

(1)选定资产负债表计算分析期，将资产负债中各项目与总体进行对比，计算各项目百分

比数据，其中各资产、负债及所有者权益项目做分子，总资产做分母(即总体指标)。

(2)将计算构成比率用表格列示出来(可根据其数据做出辅助柱状图)。

(3)对比计算相同项目比重的增减差异额和差异率，用文字分析评价其变动结构状况。

【学中做 2—9】 编制结构资产负债表

根据 M 公司 2018 年比较资产负债表 2—4 的资料，编制结构资产负债表，如表 2—5 所示。

表 2—5 **M 公司结构资产负债表**

资　产	2017 年	2018 年	2017 年结构百分比(%)	2018 年结构百分比(%)	差异率(%)
流动资产：					
货币资金	32 910 314	20 102 384	9.33	5.38	−3.95
以公允价值计量且其变动计入当期损益的金融资产	21 919 714	22 727 128	6.21	6.09	−0.12
应收票据及应收账款	79 558 080	107 820 866	22.55	28.87	6.32
预付款项	2 067 540	2 516 392	0.59	0.67	0.08
其他应收款	29 561 138	8 128 952	8.38	2.18	−6.2
存货	118 826 006	143 857 478	33.69	38.53	4.84
一年内到期的非流动资产	0	0	0	0	0
其他流动资产	90 188	28 620	0.03	0.01	−0.02
流动资产合计	284 932 980	305 181 820	80.77	81.73	0.96
非流动资产：	0	0	0		0
可供出售金融资产	0	0			
持有至到期投资	0	0			
长期应收款	0	0	0	0	0
长期股权投资	3 040 436	2 782 710	0.86	0.75	−0.11
投资性房地产	0	0	0	0	0
固定资产	55 284 378	56 046 672	15.67	15.01	−0.66
在建工程	0	0			
生产性生物资产	0	0	0	0	0
油气资产	0	0			
无形资产	9 016 482	9 034 500	2.56	2.42	−0.14
开发支出	0	0	0	0	0
商誉	0	0	0	0	0
长期待摊费用	475 958	361 644	0.13	0.1	−0.04
递延所得税资产	0	0	0	0	0
其他非流动资产	0	0	0	0	0
非流动资产合计	67 817 254	68 225 526	19.23	18.27	−0.96
资产总计	352 750 234	373 407 346	100	100	0
流动负债：					

续表

资　产	2017 年	2018 年	2017 年结构百分比(%)	2018 年结构百分比(%)	差异率(%)
短期借款	1 700 000	32 431 074	0.48	8.69	8.21
以公允价值计量且其变动计入当期损益的金融负债	0	0	0	0	0
应付票据及应付账款	89 997 130	88 605 584			
预收款项	11 394 536	9 374 222	3.23	2.51	−0.72
应付职工薪酬	701 372	481 360	0.2	0.13	−0.07
应交税费	−9 009 230	−22 661 738	2.55	6.07	3.52
其他应付款	2 751 058	6 321 936	0.78	1.69	0.91
一年内到期的非流动负债	0	0	0	0	0
其他流动资产	0	0	0	0	0
流动负债合计	97 534 866	114 552 438	27.65	30.68	3.03
非流动负债：	0	0			
长期借款	0	0	0	0	0
应付债券	0	0	0	0	0
长期应付款	0	0	0	0	0
预计负债	0	0	0	0	0
递延所得税负债	171 430	119 522	0.05	0.03	−0.02
其他非流动负债	0	0	0	0	0
非流动负债合计	171 430	119 522	0.05	0.03	−0.02
负债合计	97 706 296	114 671 960	27.7	30.71	3.01
所有者权益(或股东权益)：	0	0	0	0	0
实收资本(或股本)	43 284 228	43 284 228	12.27	11.59	−0.68
其他权益工具			0	0	0
其中：优先股					
永续债			0	0	0
资本公积	81 520 874	81 825 604	23.11	21.91	−1.2
减：库存股	0	0			
其他综合收益					
盈余公积	96 593 686	97 200 958	27.38	26.03	−1.35
未分配利润	33 645 150	36 424 596	9.74	9.76	0.21
所有者权益(或股东权益)合计	255 043 938	258 735 386	72.3	69.29	−3.01
负债和所有者权益(或股东权益)总计	352 750 234	373 407 346	100	100	0

(二)结构资产负债表的分析

分析结构资产负债表可以参照以下步骤进行:

第一,资产结构分析评价。

(1)从静态角度观察企业资产的配置情况,特别关注流动资产和非流动资产的比重及其中重要项目的比重,分析时可以通过与行业平均水平或可比企业的资产结构进行对比,对资产的流动性和资产风险进行判断,进而对企业资产结构的合理性做出评价。

(2)从动态角度分析资产结构的变动情况,对企业资产结构的稳定性做出评价,进而对企业资产结构的调整情况做出评价。

第二,资本结构分析评价。

(1)从静态角度观察资本结构的构成,衡量企业的财务实力,评价企业的财务风险,同时结合企业的获利能力和经营风险,评价资本结构的合理性。

(2)从动态角度分析企业资本结构的变动情况,对资本结构的调整情况以及对股东收益可能产生的影响做出评价。

【帮你学】

资产结构是指企业在某一时点上资产的各组成项目的排列和搭配关系。决定资产结构的因素主要有:

(1)行业特点。企业所处的行业通常对企业资产结构有着极其重要的影响。比如,生产型企业的固定资产比重一般要大于流通型企业,而机械行业的存货比重一般要高于食品行业企业,航空运输企业的固定资产比重一般较大。

(2)经营性质。企业的经营性质不同对资产结构也有较大的影响。比如,流通型企业、批发企业比零售企业需要更多的固定资产;生产型企业、机械化程度高的企业相对于机械化程度低的企业,其固定资产比重较高;一般地,母公司企业相对于子公司企业,长期投资的比重较高。此外,营运周期长短也影响着资产结构,营运周期越长,占用在原材料、在产品、产成品、应收账款上的资金越多;反之则越少。

(3)产品生命周期。企业的产品会依次经历成长、成熟、衰退和死亡等几个阶段。与产品所处的生命周期相适应,企业的资产结构也随之各阶段的交替适应性地变化。比如,产品处于成长期的企业,会大量添置设备、厂房等固定资产,为更多的占有市场而采用宽松的信用政策,应收账款占用资金较多,货币资金相对较少。当产品进入衰退期,企业会收缩战线,大规模地回笼货币资金,这时企业的货币资金增多,存货等资产比重会大为减少。因此,应结合产品生命周期评价资产结构。

(4)宏观经济环境。首先,宏观经济环境决定着企业对外投资机会的大小,投资收益的高低和投资风险的大小,从而直接影响到企业的长期投资数额;其次,物价波动的大小往往会直接影响到企业货币资金的数量、存货水平和固定资产规模;最后,处于朝阳产业中的企业,前景广阔,非流动资产规模与日俱增。相反,处于夕阳产业中的企业,经营日益萎缩,货币资金充裕,比重上升。此外,国家的法律法规和政策也会影响到企业的资产结构。

三、资产与权益总量变动分析

企业的资产结构受制于行业的性质,不同的资产性质,其资金融通方式上也有所不同。因此,即使总资产或总资本相同的企业,由于不同的投资方式产生的资产结构与不同筹资方式产生的资本结构却不完全相同。资产负债表的结构可以说是千差万别,但归纳起来可以分为保守结构、稳健结构、平衡结构和风险结构四种类型。

（一）保守结构

在保守结构的形式中，无论资产负债表左方的资产结构如何，资产负债表右方的资金全部来源于长期资金，非流动负债与所有者权益的比例高低不影响这种结构形式。其形式见表2—6。

表2—6　　保守结构资产负债表

<table>
<tr><td>流动资产</td><td>非流动负债</td></tr>
<tr><td rowspan="2">非流动资产</td><td rowspan="2">所有者权益</td></tr>
</table>

从表2—6中可以看出，保守结构的主要标志是企业全部资产的资金依靠长期资金来满足。其结果有以下几种：

(1)企业风险极低。因为筹资风险是建立在经营风险的基础之上的，只要企业资产经营不存在风险，其偿债风险就会消除。由于这一形式中的偿债风险极低，因此，即使提高长期资产的比例，资产风险加大，两方综合起来，也会形成一方较大的风险被另一方较小的风险中和，而使企业风险降低。

(2)导致较高的资金成本。相对于其他结构形式，这一形式的资金成本最高，但前提是短期债务成本高于长期债务成本。

(3)筹资结构弹性弱。一旦企业进入用资淡季，对资金存量不易做出调整，尽管企业可以通过将闲置资金投资于短期证券市场来调节，但必须以存在完善的证券市场为前提，而且这种投资的收益也不一定能够消除这种高成本的差异。

在实务中，保守结构的形式很少被企业普遍采用。

（二）稳健结构

在稳健结构形式中，长期资产的资金需要依靠长期资金来解决，短期资产的资金需要则使用长期资金和短期资金共同解决，长期资金和短期资金的资金需要方面的比例不影响这一形式。其形式见表2—7。

表2—7　　稳健结构资产负债表

<table>
<tr><td rowspan="2">流动资产</td><td>流动负债</td></tr>
<tr><td rowspan="2">非流动负债</td></tr>
<tr><td rowspan="2">非流动资产</td></tr>
<tr><td>所有者权益</td></tr>
</table>

从表2—7中可以看出，稳健结构的主要标志是企业流动资产的一部分资金需要使用流动负债来满足，另一部分资金需要则由非流动负债来满足。其结果是：

(1)足以使企业保持相当优异的财务信誉，通过流动资产的变现来满足偿还短期债务的需要，企业风险较小；

(2)企业可以通过调整流动负债与非流动负债的比例，使负债成本达到企业目标标准，相对于保守结构形式而言，这一形式的负债成本相对较低，并具有可调节性；

(3)无论是资产结构还是资本结构，都具有一定的弹性，特别是当临时性资产需要降低或消失时，可通过偿还短期债务或进行短期证券投资来调整，一旦临时性资产需要再产生时，又可以通过重新举债或出售短期证券来满足其所需。

这是一种能够被所有企业普遍采用的资产与权益对称结构。

(三)平衡结构

在平衡结构的形式中，以流动负债来满足流动资产的资金需要，以非流动负债及所有者权益来满足长期资产的资金需要，长期负债与所有者权益之间的比例关系不是判断这一结构形式的标志。其形式见表2—8。

表2—8　　　　平衡结构资产负债表

<table>
<tr><td>流动资产</td><td>流动负债</td></tr>
<tr><td rowspan="2">非流动资产</td><td>非流动负债</td></tr>
<tr><td>所有者权益</td></tr>
</table>

从表2—8中可以看出，平衡结构的主要标志是企业流动资产的资金需要全部依靠流动负债来满足。其结果是：

(1)同样高的资产风险与筹资风险中和后，使企业风险均衡；

(2)负债政策要依靠资产结构变化进行调整；

(3)存在潜在的风险。这一形式以资金变现时间和数量与偿债时间和数量相一致为前提，一旦两者出现时间上的差异和数量上的差异，如营业收入未能按期取得现金，应收账款没能足额收回，短期证券以低于购入成本出售等，就会使企业产生资金周转困难，并有可能陷入财务危机。

这一结构形式只适用于经营状况良好，具有较好成长性的企业。

(四)风险结构

在风险结构形式中，流动负债不仅用于满足流动资产的资金需要，而且还用于满足部分长期资产的资金需要，这一结构形式不因为流动负债在多大程度上满足长期资产的资金需求而改变。其形式见表2—9。

表2—9　　　　风险结构资产负债表

<table>
<tr><td>流动资产</td><td rowspan="2">流动负债</td></tr>
<tr><td rowspan="2">非流动资产</td></tr>
<tr><td>非流动负债
所有者权益</td></tr>
</table>

从表2—9中可以看出，风险结构的主要标志是以短期资金来满足部分长期资金的需要。其结果是：

(1)财务风险较大，较高的资产风险和较高的筹资风险不能匹配。流动负债和长期资产在流动性上并不对称，如果通过长期资产的变现来偿还短期内到期的债务，必然给企业带来沉重的偿债压力，从而要求企业极大地提高资产的流动性。

(2)相对于其他结构而言，其负债成本最低。

(3)存在破产的潜在威胁。由于企业时刻面临偿债压力，一旦市场发生变动，或意外事件发生，就可能引发企业资产经营的风险，使得企业资金周转不灵而陷入财务困境，造成企业因不能偿还到期债务而破产。

这一结构只适用于处在发展壮大时期的企业，而且只能在短期内采用。

【学中做 2—10】 分析结构资产负债表

根据 M 公司结构资产负债表（表 2—5）的计算结果，可得分析结论如下：

第一，资产结构分析评价。

从静态方面分析，公司流动资产比重本年为 81.73%，非流动资产比重为 18.27%，说明公司资产的流动性较强，资产风险小；在流动资产的构成中，货币资金占 5.38%，存货占 38.53%，这种结构的合理性应结合公司所在行业的情况进一步分析。

从动态方面分析，公司流动资产比重上升了 0.96%，非流动资产比重下降了 0.96%，在流动资产中货币资金比重下降了 3.95%，应收票据及应收账款比重上升幅度较大，达到了 6.32%，存货比重上升了 4.84%，说明公司的流动资产变现性有所减弱，同时应加强应收账款的管理。非流动资产中固定资产比重下降了 0.66%，应分析是资产报废引起的还是计提折旧等因素导致的。总体而言，流动资产和非流动资产的比重变化不大，公司的资产结构较为稳定。

第二，权益结构分析评价。

从静态方面分析，公司所有者权益比重为 69.29%，负债比重为 30.71%，资产负债率不高，财务风险小，公司的财务实力较强。这种结构的合理性应结合公司的获利能力进一步分析。

从动态方面分析，负债比重上升了 3.01%，从理论上会加大公司的财务风险，但资产负债率不高，说明公司本期注重利用负债财务杠杆的作用为企业创造更多的收益。所有者权益比重下降了 3.01%，公司的财务实力稍有降低。

子情境四　资产负债表项目解读

一、资产负债表项目质量解读的意义

资产负债表项目质量解读，就是在对资产负债表进行对比分析、趋势分析、结构分析的基础上，对影响企业资产、负债和所有者权益的主要项目内涵质量进行深入分析，尤其是分析由于会计政策、会计估计等变动对有关项目的影响，辨别出资产负债表反映数据的真实程度。它是下一步进行企业各种财务能力指标分析的基础与关键环节。

资产负债表项目质量解读的主要项目内容包括流动资产、非流动资产、总资产、负债（流动负债、非流动负债）、所有者权益等。

二、流动资产项目解读

流动资产项目是总资产的重要组成部分，根据其变现能力快慢将流动资产划分为速动资产和存货项目，因此，主要项目质量解读为速动资产与存货。

（一）速动资产

速动资产是指企业为了解决生产经营管理活动急需且能够立即变为货币资金的流动资产，包括货币资金、以公允价值计量且其变动计入当期损益的金融资产、应收票据及应收账款、其他应收款等，也即流动资产扣除存货等变现能力较差的资产后的差额。

速动资产计算公式为：

速动资产＝流动资产－存货

或：

速动资产＝货币资金＋短期投资＋应收票据＋应收账款＋其他应收款

1. 货币资金

货币资金反映企业库存现金、银行存款和其他货币资金的合计数。货币资金具有流动性极强、收支频繁、盈利性较低等特点。企业持有货币资金的动机主要是交易动机、预防动机和投机动机。这类资产应有一个合理的储备量，对货币资金最主要的是分析其持有量是否合理。若企业货币资金规模过小，意味着企业获取现金能力较差，偿债能力与支付能力存在较大风险；过高则又可能意味着企业正在丧失潜在的投资机会。

解读要领：

(1)关注企业的资产规模与业务量。通常情况下，企业资产规模越大，货币资金的持有量应该越大。企业业务量越多，则处于货币资金形态的资产也就越多。

(2)关注企业筹资能力。如果企业信誉好，筹资渠道多，就不用大量持有货币资金。

(3)关注企业有效运用货币资金的能力。如果企业较多的资金仅停留在货币状态，意味着只能用于支付，表明企业管理人员生财无道。若企业经营者运用货币资金的能力强，则可维持较低的货币水平，将资金用于投资活动，这样就盘活了资金的利用形态，提高了企业的盈利水平。

(4)注意分析企业所处行业特点。企业隶属于不同的行业，货币资金的规模存在着差异，有的甚至差异很大。

对多数企业来说，主要任务是要适当增加现金储备，提高资产的变现能力和支付能力。

2. 以公允价值计量且其变动计入当期损益的金融资产

以公允价值计量且其变动计入当期损益的金融资产是指企业为了近期内出售而持有的金融资产，如企业为赚取差价从二级市场购入的股票、债券、基金等。以公允价值计量且其变动计入当期损益的金融资产以公允价值计量，即无论是在其取得时的初始计量还是在资产负债表日的后续计量，以公允价值计量且其变动计入当期损益的金融资产均以公允价值计量。企业在持有该项资产期间，其公允价值变动在利润表上以公允价值变动损益计入当期损益。出售时，一方面要确认出售损益，另一方面要将原值计入公允价值变动损益的金额转入投资收益。对以公允价值计量且其变动计入当期损益的金融资产的分析，主要是关注投资风险与效益大小。

解读要领：

(1)关注该项目规模是否适度。持有该资产的目的就是将货币资金转化为有价证券，以获得额外收益，同时需要时又可以及时将其转换为现金，故一般以公允价值计量且其变动计入当期损益的金融资产应适度，规模不宜过大。

(2)关注企业业绩是否较好。通过会计报表附注和利润表揭示企业对以公允价值计量且其变动计入当期损益的金融资产的投资业绩，一方面关注同期利润表中的“公允价值变动损益”及其在会计报表附注中对该项目的说明，了解该项投资产生的公允价值变动损益是“正”还是“负”；此外，还要关注同期利润表中的“投资收益”及其在会计报表附注中对该项目的说明，看该项投资收益为“正”还是“负”，收益率是否高于同期银行存款利率。

(3)关注是否人为调节以公允价值计量且其变动计入当期损益的金融资产现象。若资产负债表中同样的证券年复一年被列为以公允价值计量且其变动计入当期损益的金融资产，则有人为操纵的可能。

3. 应收票据

应收票据是指企业因销售商品、产品和提供劳务等收到的商业汇票，包括银行承兑汇票和商业承兑汇票两种形式。商业汇票是一种载有一定付款日期、付款地点、付款金额和付款人的无条件支付的流通证券，也是一种可以由持票人自由转让给他人的债权凭证。应收票据与一般的应收款项相比，流动性和安全性更强，更容易在市场上流通转让，供货方比较容易接受。因此，在过去，应收票据一般不考虑坏账风险而是按照其原值反映，但其毕竟也是一种商业信用，依然存在着风险，因此根据新准则规定，应收票据也要根据实际情况计提坏账准备，并按照扣除坏账准备后的净额列示。

解读要领：分析应收票据的质量时，应从分析票据的业务基础及报表附注中披露的信息两方面进行。

(1)应收票据的业务基础。商业汇票要求以商品交易为前提。在具有良好的业务合作的企业之间，特别是关联方之间，会出现相互开具商业汇票的行为。债权企业将商业承兑汇票向银行贴现，然后将从银行取得的贴现款划给原票据债务企业，从而达到从银行间接融资的目的。此时，开具商业承兑汇票的目的是向银行融资，这种票据反映的情况就不具有真实的经济交易，从而加大了企业的财务风险。

(2)分析应收票据时还要结合会计报表附注中披露的信息，了解企业是否存在已经贴现的商业承兑票据，是否会影响企业未来偿债情况。

4. 应收账款

应收账款是指企业因销售商品、产品和提供劳务等而应向购买单位收取的各种款项，如应收的价款、增值税款以及代垫的运杂费等。正常情况下，这种账款在一年内应该能够收回，所以一般归属于流动资产。但在现实经济生活当中，企业可能因为信用危机导致应收账款长期被占压而迟迟收不回来。企业应收账款管理的目标，就是要在应收账款信用政策所增加的盈利和这种政策的成本之间做出权衡，以使企业的利润最大化或企业价值最大化。

为了体现应收账款的真实价值，应收账款应当估计其坏账损失，按照商业信用金额扣除所计提的坏账准备的净额列示。应收账款分析应联系企业主营业务收入增长分析其数额大小、质量高低及其坏账准备计提影响。

(1) 应收账款的规模。

解读要领：应收账款规模与企业主营业务收入关系密切。

①结合企业经营方式、所处行业特点分析量的变动分析。大部分工业企业、批发企业采用赊销方式较多，应收账款较多；商业零售企业现销业务多，应收账款较少。

②结合企业信用政策分析。企业放松信用政策，会刺激销售，增加应收账款，发生坏账损失的可能性较大；反之，紧缩信用政策，会制约销售，减少应收账款，发生坏账损失的可能性较小。

(2)应收账款的质量。应收账款的质量是指债权转化为货币的能力。该项目通过应收账款的账龄分析进行。应收账款的账龄越长，应收账款不能收回的可能性就越大，坏账的可能性越大。

解读要领：

①注意应收账款的债务人分布。观察企业应收账款的债务人是集中还是比较分散。有的

企业的主要客户非常少，主要向一两个客户进行销售，由此形成的应收账款可能具有较大的风险。但是，如果企业的客户群非常分散，客户众多，一方面会降低上述风险，另一方面也增加了应收账款的管理难度和管理成本，因此在进行分析时应当综合考虑以上因素。

②注意应收账款是否长期挂账，不计提坏账准备。一些企业借助计提或转回坏账准备金额人为调整“应收账款”项目，以期达到粉饰经营成果，粉饰报表，因此，要注意使用企业资产减值准备明细表内容配合分析。

③注意关联方交易中形成的应收账款在应收账款总额中的比重。若关联方交易形成的应收账款比重和规模过大，有可能存在通过关联交易虚增企业资产和利润之嫌。

(3)坏账准备政策的影响。资产负债表上的应收账款是以净额列示的，因此，应关注坏账准备计提的合理性与合规性。分析时，再重点关注计提方法和计提比率。首先应当观察企业应收账款计提方法是否在不同期间保持一致，企业是否对计提方法的改变做出了合理解释。

5. 预付账款与其他应收款

(1)预付账款项目。预付账款是企业根据购货合同或协议的要求，在接受商品之前预先支付给供货方的贷款所形成的一项债权。在商品市场逐渐向买方市场转换的情况下，预付账款在企业流动资产中所占的比重相对较小。除特殊情况外(如预收货款的企业未能按约提供商品)，在未来不会导致现金流入，其变现性差。因此，该项目分析主要是判断其规模是否合适，主要结合采购特定存货的市场供求状况加以分析。如果该项资金在企业流动资产中所占份额不正常地偏大，则应该考虑企业是否有非法转移资金、非法向有关单位提供贷款及抽逃资金等不法行为。

(2)其他应收款项目。其他应收款是指企业发生非购销活动而产生的应收债权。该款项具体包括应收的各种赔款、罚款，应收出租包装物租金，存出保证金，应向职工收取的各种垫付款项，以及不符合预付性质而按规定转入其他应收款的预付账款等。正常情况下，其他应收款一般不会太多。该项资产如果长期大量存在，常常与关联公司或大股东非正常挪用或侵占资金、转移销售收入、偷逃税款等有关。因此分析时要借助会计报表附注分析其具体构成项目的内容和发生时间，关注其金额较大、时间较长，来自关联方的应收款项。

(二)存货

存货是指企业在生产经营过程中为销售或耗用而储存的各种有形资产，包括各种原材料、包装物、低值易耗品、委托加工材料、产成品、库存商品以及委托代销商品等。存货是流动资产中流动性较差、变现能力较弱的一项资产。存货作为一项重要的流动资产，它区别于固定资产等非流动资产的最基本特征在于，企业持有存货的最终目的是为了出售。

存货金额的大小应当采用辩证的观点来看。通常而言，在“适时制”及“零存货”等新的管理理念下，存货意味着较大的成本负担，而且给人造成“积压滞销”之嫌，但也不排除企业在特殊情况下，为了“囤积居奇”或战略性目的而把持着大量存货。企业存货管理的目标，就是要尽力在各种存货持有成本与短缺成本之间做出权衡，以使企业的利润最大化或企业价值最大化。

对存货质量分析应重点关注存货内容及构成、存货计价、存货周转状况和存货跌价准备等内容。

解读要领：

(1)存货内容及构成。加强存货内容真实性分析：一是将原有的实物价值与账面价值核对，看是否账实相符；二是检查各种存货是否完好，其真实性和合理性如何；三是将企业的存货占总资产的比例(即结构)与同行业其他企业的情况加以比较。一般来说，每一个行业都有其独特的存货结构。如果企业的存货占总资产的比例显著超过同行业的一般水平，则往往说明存货过多。

(2)存货计价，在资产负债表上，存货按照成本与可变现净值孰低计价。成本指的是取得存货的历史成本。可变现净值是指在日常活动中，存货估计售价减去至完工(主要是指原材料存货)时估计将要发生的成本、估计的销售费用以及相关税费后的金额。存货的这种计价方式主要是为了避免存货价值虚增，体现了稳健性原则。

(3)将存货的变化与营业收入的变化加以比较。一般来说，存货与营业收入规模存在一定的正相关。正常情况下，企业的营业收入规模越大，存货的规模越大；企业的营业收入规模越小，存货规模越小。因此，如果存货的增长率明显大于营业收入的增长率，则说明存货过多。

(4)将企业的存货周转率与同行业其他企业的情况加以比较。存货周转率，是用一段时间内的营业成本，除以同期内存货的平均余额。计算公式为：

$$存货周转率=\frac{营业成本}{存货平均余额}$$

如果企业的存货周转率显著低于同行业的一般水平，则往往说明存货过多，周转过慢。

三、非流动资产项目解读

非流动资产解读时一方面要仔细观察各项非流动资产的资金数额，并根据行业、企业生产经营规模来确定非流动资产项目的金额是否恰当。同时，要结合近几年各项非流动资产的变动情况，对企业的发展变化做出合理的分析判断。此外，还要注重各项非流动资产的现行价值，以便对资产的变现价值和变现过程中可能发生的损失做出客观的判断。

(一)可供出售金融资产

可供出售金融资产反映企业对外金融资产投资中划分的可供出售金融资产的部分，是介于“持有至到期投资”和“以公允价值计量且其变动计入当期损益的金融资产”之间的债券投资，不准备长期持有也不准备近期出售的股票或基金等有公允报价的有价证券投资，即未划分为以公允价值计量且其变动计入当期损益的金融资产，是企业对外长期性投资资金，能够提高企业长期偿债能力。

(二)长期投资

长期投资包括“持有至到期投资”和“长期股权投资”两个项目。“持有至到期投资”是指到期日固定、回收金额固定或可确定，且企业有明确意图和能力持有至到期的非衍生金融资产。“长期股权投资”是指企业持有的对其子公司、合营企业及联营企业的权益性投资以及企业持有的对被投资单位不具有控制、共同控制或重大影响，并且在活跃市场中没有报价、公允价值不能可靠计量的权益性投资。

【帮你学】

长期股权投资对企业的作用

1. 通过对外长期投资实施企业的发展战略

企业通过对竞争对手实施兼并，可以扩大市场占有率；通过对其他企业的控制，可以获得稳定的材料货源及开拓产品销售渠道；通过长期投资来实施发展战略，快速扩大企业的规模。

2. 通过对外长期投资实现多元化经营

多元化经营可以帮助企业降低经营风险，稳定获利能力；但同时对企业的经营管理能力也提出了很高的要求，因为多元化经营可能使企业陷入极大的风险中。

(三)固定资产

固定资产是指企业为生产商品、提供劳务、出租或经营管理而持有的,使用寿命超过一个会计年度的有形资产。

固定资产是企业经营规模大小的标志,是企业最重要的生产力要素之一,是企业经济效益和竞争力的源泉。固定资产项目解读一般从以下三方面进行:

1. 要重视固定资产占总资产的比重

判断固定资产结构是否合理的财务指标主要是固定资产占总资产的比重。

$$\text{固定资产占总资产的比重}=\frac{\text{固定资产}}{\text{总资产}}$$

固定资产比重过低,会影响企业现时的生产经营能力与未来的发展能力;相反,比重过高,则表明企业资产的流动性太低,同时,高额的折旧势必形成高额的固定成本,直接导致企业经营风险的提高,此外,由于固定资产价值回收期长,势必形成高比重固定资产经营的高风险性。

一般来说,每一个行业的企业都有其独特的固定资产结构。例如,金融类企业的盈利模式为吸存放贷,主要的盈利性资产是贷款、债券投资,固定资产是其非生息性资产,所以,对于银行来说,固定资产所占比重应当尽量低;制造业企业的固定资产通常为厂房、机器设备、运输工具等,固定资产是企业的生产设施,但同时企业资产的相当部分也会以存货和应收款项的形式存在,因此,固定资产所占总资产比重适中;而如果是电力企业,由于其主要盈利性资产是电厂机组,所以其固定资产占总资产的比重则非常高。因此,判断固定资产结构是否合理总是将企业的固定资产占总资产的比重与同业的一般水平加以比较。如果企业的固定资产占总资产的比重明显超过同行业的一般水平,则往往说明固定资产过多,企业大量的资金砸在了厂房、设备里。

2. 要重视固定资产周转率

判断周转速度快慢的财务指标主要是固定资产周转率。

$$\text{固定资产周转率}=\frac{\text{营业收入}}{\text{固定资产平均余额}}$$

如果企业的固定资产周转率明显地低于同行业的平均水平,则说明固定资产的周转速度较慢,资产的闲置率较高。

3. 要重视企业固定资产的构成

在各类固定资产中,生产用固定资产特别是生产设备在企业全部固定资产中应占有较大比重,而非生产用固定资产、未使用固定资产和不需用固定资产占全部固定资产的比重应该较低。因此,分析固定资产的利用率或闲置率可以评价企业固定资产的使用效率。此外,考察固定资产更新情况,可以判断企业固定资产的更新改造情况。通常,更新改造程度越高,意味着企业固定资产的质量和性能越好,企业的发展潜力越强。

(四)在建工程

在建工程是企业进行的与固定资产有关的各项工程,包括固定资产新建工程、改扩建工程、大修理工程等资产负债表中的工程项目。它反映企业期末各项未完工程的实际支出和尚未使用的工程物资的实际成本,反映企业固定资产的新建、改扩建、大修理规模等情况。

解读要领:

(1)借款费用资本化。

在建工程的一个特殊会计问题是借款费用资本化,依据《企业会计准则17号——借款费用》的规定,在符合一定条件的情况下,与固定资产建造过程有关的借款费用可以资本化,计入在建工程。企业应当严格确定资本化区间,把握借款费用开始资本化的时点、暂停资本化的时间和条件以及停止资本化的时点。不允许资本化的借款费用，应当严格限制其计入在建工程。因此，在分析时看企业是否将不能资本化的借款费用计入了在建工程，同时，如果企业自建的固定资产价值因为资本化的借款费用而高于其公允价值，则这部分借款费用应考虑是否剔除。

(2)注意固定资产投资变动率。

首先分析企业在建工程年初、年末数额的增减变动及其在固定资产合计数中的比重变化，反映是否合理安排工程支出，减少未完工程比重；其次，结合在建工程所提供的项目明细资料，进行在建工程完工程度分析和支出结构分析。

$$\text{工程完工率}=\frac{\text{本年已完工程实际支出}}{\text{本年在建工程支出数}}\times 100\%$$

该指标表示本年完工工程与本年投资支出价值的比率。比值越大，表示完工程度越高。完工率指标的大小受期初、期末工程余额大小的影响。在年初结转未完工程支出数既定的情况下，若尽量减少年末未完工程支出数余额，可以提高工程完工率。计算和分析完工率指标的完成情况，可以查明影响工程进度的原因，合理安排支出，缩短期限，尽快地形成生产能力。

(五)无形资产

无形资产是指企业拥有或者控制的、没有实物形态的、可辨认的非货币性资产，包括商标权、著作权(版权)、专利权、非专利技术、土地使用权、特许权等。与固定资产类似，无形资产是能够给企业带来较长期的经济利益的资产。总的来看，这个资产比重是越高越好。随着科技进步和经济发展尤其是知识经济时代的到来，"硬资源"在企业生存和发展中的作用和相对价值在不断下降，而包括无形资产在内的"软资源"的作用和相对价值在不断上升。要与这个规律和趋势相适应，企业必须善于培育和合理配置无形资源。

可以借助无形资产比重指标，观察企业知识化和高新技术化的程度，同时也能分析企业可持续发展的潜力以及综合竞争能力的强弱。目前，西方国家许多企业的这个比例已高达50%～60%，特别是高新技术企业。而我国工业企业的无形资产比重只有7.0%，许多地区和行业还达不到这个比重，由此看来，培育无形资产的任务在我国企业还很艰巨。

至于开发支出项目，可以用来表示正处于开发过程，而且估计能够开发成功并具有一定价值。因此，能够资本化的无形资产的投入成本预示着企业的科技进步前景。

四、总资产项目解读

总资产代表着企业的经营规模，资产越多，说明企业可以用于赚取收益的资源越多，可以用于偿还债务的资产保障越多；但不是说企业的资产越多就越好，资产不代表企业的收益能力，有些企业资产规模很大却经营亏损，有些企业资产规模不大却照样盈利。

企业资产是否能够带来经济利益，是资产质量、结构、规模和发展战略等因素共同作用的结果。因此，对企业总资产的分析应从其规模、结构及资产质量等因素入手，结合企业的发展战略，综合分析。

【学中做 2—11】 总资产分析

根据某公司总资产规模和结构变动分析表(见表 2—10)的资料，对该公司总资产规模和结构变动情况进行分析。

表 2—10　　某公司总资产规模和结构变动分析表　　单位:元

项　目	2018 年	2017 年	增减额	增减幅度(%)	结构(占总资产)(%)		
					2018 年	2017 年	结构变动
流动资产	104 589 768	60 169 600	44 420 168	73.82	65.00	70.02	−5.02
非流动资产	56 305 347	25 767 523	30 537 824	118.51	35.00	29.98	5.02
资产总额	160 895 115	85 937 123	74 957 992	87.22	100.00	100.00	—

从表 2—10 的计算结果可以分析得出:

第一,从流动资产看,流动资产比上一年增加了 73.82%,虽然占总资产的比重有所下降,但在资产总额中还是占很大比重。结合该公司资产负债表分析,主要是存货和应收账款增加导致的,说明企业的经营成果带来了资产的增加。

第二,从非流动资产情况看,非流动资产较 2017 年增长了 118.51%,在总资产中比重也增长了 5.02%,具体来看,主要是固定资产增加,说明公司采取了不断扩大资产规模、提升资产盈利潜力的发展策略,未来的收益会有所提高,但固定资产的弹性较差,风险高,进而加大公司的经营风险。

五、负债项目解读

负债是企业筹集资金的重要手段,企业资金来源除业主投资和内部积累外,就是对外举债。负债项目解读的主要项目内容有流动负债、非流动负债,解读时应充分关注企业是否存在未披露或少披露的负债,以及企业对各种负债的偿还能力。

(一)流动负债

流动负债主要包括短期借款、应付票据及应付账款、预收款项、应付职工薪酬、应交税费、其他应付款等。确认流动负债的目的,主要是将其与流动资产进行比较,反映企业的短期偿债能力。

1. 短期借款

短期借款指企业向银行或其他金融机构等借入的期限在一年以下(含一年)的各种借款。短期借款相对而言资金成本较低,但其作为流动负债,通常带有强制性的偿还负担,如果资金安排不当,容易造成企业短期的偿债压力。企业在举债时,应测算短期借款到期时的现金流量状况,确保企业有足够的现金偿还本息。

解读要领:

(1)关注短期借款的数量是否与流动资产的相关项目的数量相适应,关注借款偿还时间,预测企业未来现金流量,评价企业的短期借款偿还能力。

短期借款筹资的优点在于可以随企业的需要安排,便于灵活使用,取得程序较为简便。银行为了防范风险,对发放中长期贷款一般比较谨慎,利率也较高,这种情况下,短期借款就成为很多企业最为重要的财务资源通道。但短期借款最突出的缺点是短期内要归还,于是需要保证资产的流动性,以降低企业的财务风险。

(2)关注短期借款的用途。需要防止出现短期借款用于长期用途,即"短贷长投"。这是一种非常危险的现象。在这种情况下,企业必须要能持续创造良好的经营活动现金流;否则,如果企业资产的盈利能力不强,经营活动现金流量匮乏,就会使企业资金的周转发生困难,造成流动比率下降,偿债能力恶化,陷入难以自拔的财务困境。

2. 应付票据

应付票据反映企业因购买材料、商品或接受劳务供应等开出的商业票据。包括商业承兑汇票和银行承兑汇票。相对于应付账款而言，应付票据可变现能力更强，更容易为客户所接受。应付票据的付款时间有约束力，如果到期不能支付，则会影响企业的信誉、以后资金的筹集，而且还会受到银行的处罚。相对于应付账款而言，其压力和风险较大。

解读要领：

(1)关注应付票据是否带息，企业是否发生过延期支付到期票据的情况；

(2)关注企业开具的商业汇票是银行承兑汇票还是商业承兑汇票。如果是后者居多，应当进一步分析企业是否存在信用状况下降和资金匮乏的问题。如果是关联方发生的应付票据，应了解关联方交易的事项、价格、目的等因素，是否存在使用票据方式进行融资的行为。

3. 应付账款

应付账款反映企业因购买材料、商品或接受劳务供应等而应付给供应商的款项。应付账款是一种商业信用行为，要求以企业的商业信用做保证。

解读要领：

(1)与存货联系。在供货商赊销政策一定的条件下，企业应付账款的规模会和企业采购规模有一定的关系；如果企业产销平衡，应付账款的规模还应该与营业收入有对应关系。通常应注意企业应付账款的平均付款期是不是比较稳定，如果企业购销状况没有很大变化，同时供应商没有改变信用政策，而企业的应付账款不正常的增加，平均付款期不正常的延长，就表明企业支付能力恶化。

(2)关注企业应付账款的发生是否与企业购货之间存在比较稳定的关系，是否存在应付账款发生急剧增加以及付款期限拖延的情况，并测定其未来现金流量的偿还能力。

4. 预收款项

预收款项是指企业因销售商品、提供劳务而预先向客户收取的款项。作为一笔流动负债，它意味着后续的商品或服务支出。企业大量而稳定的预收账款的存在往往意味着后续期间内较为稳定的收入来源，这对于以后期间的利润具有一定的保障作用，同时也可能展示出该企业商品或劳务供应的“紧俏性”和优越感，对市场而言是一项利好消息。

5. 应付职工薪酬

应付职工薪酬反映企业按照规定应当向职工支付的各项报酬。作为新企业会计准则改革的一项重要内容，会计上树立了完整的人工成本概念，使得职工薪酬的内容变得十分丰富。它不仅包括传统意义上的工资和职工福利费，诸如社会保险费、住房公积金、工会经费与职工教育经费、非货币性福利、辞退福利、现金结算的股份支付等，都被纳入职工薪酬的范畴。

解读要领：

(1)关注企业是否将提供给职工的全部货币与非货币性福利全部计入应付职工薪酬，是否存在少计、漏计的情况。

从应付职工薪酬的定义上看，该项目体现的是企业使用各种人力资源所付出的全部代价，以及产品成本在人工成本所占的比重。我们依据资产负债表中该项目列示的余额和财务报表附注提供的本期数据，可以分析评估企业人力资源的劳动效率，还可以通过该项目不同年度的发生额，对企业生产经营趋势做出评价，甚至可以洞察企业的某些异常变动。

(2)关注应付职工薪酬的额度和期限是否在正常的范围内，有时，该项目也会体现企业的资金和信誉情况。如果企业出现明显拖欠职工薪酬的情况，就表明企业信誉不良或是资金周转出现了困难。

(3)辞退福利是或有负债,应检查计入应付职工薪酬的部分是否符合确认的条件,企业对其数据的估计是否合理准确。

(4)现金结算的股份支付是否按照权益工具的公允价值计量,企业在可行权日后的每个资产负债表日以及结算日是否对应付职工薪酬的公允价值重新计量。

6. 应交税费

应交税费用来核算企业按照税法规定计算应缴纳的各种税费,这些税费在尚未缴纳之前暂时停留在企业,形成一项负债,具体包括增值税、消费税、所得税、资源税、土地增值税、城市维护建设税、房产税、土地使用税、车船税、教育费附加等。企业不需要预计应交数,直接计算缴纳的税金,如印花税、耕地占用税等,不在本科目核算。

解读要领:

(1)关注企业税款内容及构成。有针对性地分析企业税金高低及欠税原因。分析企业是否符合国家税法规定的对相关项目的确认。税金与企业的经营息息相关,在一个企业没有减、免税优惠的情况下,如果一个企业的收入非常高,但其缴纳的税费却非常低,我们要关注企业是否有偷税行为。

(2)结合企业实现收入、利润情况,分析各项税金计算的正确及合理性。一个企业本期收入与上期相比没有大幅度增长,但税金却明显增加时,我们要了解企业是否因为上期违反税法规定而补交税款,或者行业税率有什么调整,这种变化是否对企业本期和以后的生产经营产生影响。

7. 其他应付款

其他应付款是指企业除应付账款与预收账款之外,应付或暂收其他单位与个人的款项,一般包括暂收其他单位与个人的保证金和押金、应付保险费、应付经营性租入资产的租金、应付统筹退休金等。

解读要领:

(1)注意与主营业务的债务相比,其数额不应过大,时间不应过长。

(2)要重点关注企业是否有利用该项目进行非法资金拆借、转移营业收入等违规行为。

(二)非流动负债

非流动负债是企业资金来源的一个重要组成部分,其主要项目有长期借款、应付债券、长期应付款、预计负债、递延所得税负债等,它与短期负债相比,具有期限长、利率高、约束性强等特点,在一定程度上也会形成对企业的资金压力,因此,分析时应重点关注其负债的风险状况和未来现金流出量的现值。

1. 长期借款

长期借款作为我国传统的企业长期资金融通方式,相对于发行股票和债券而言,具有融资成本低、筹资速度快、借款弹性大等优点。企业可以在有利的经营环境下,充分发挥其财务杠杆效应,为股东和企业谋取更大价值。但同时,长期借款也给企业带来了风险,而且通常借款的限制条件较多,筹资数量有限。如果企业欠长期借款的比重较大,财务报告使用者应当结合公司的资本结构安排和发展规划及前景,综合加以考虑——它一方面可能代表企业与金融机构的信任与融洽关系,并揭示企业经营的胆识和魄力;另一方面也可能意味着企业"靠借钱过日子",并可能由此引发企业较大的财务危机。

解读要领：

(1)关注长期借款与企业的固定资产、无形资产的规模相适应，是否与企业的当期收益相适应。

(2)关注长期借款费用处理的合规性与合理性。

引起长期借款变动的情况主要包括以下几个方面：

①银行信贷政策以及资金市场供求状况的改变。金融业调整了利息率，降低到企业可以接受的水平，一直用短期借款"拆东墙补西墙"的企业可能考虑改变这种状态，转成一种长期借款。

②为了满足企业对资金的长期需要。如有新的盈利水平较好的项目，企业又没有更好的资金来源，通过担保、抵押方式借入长期借款是很多企业的选择。

③保持权益资金的稳定性。当企业收益率远远高于资本市场收益率时，企业股东喜欢"借鸡生蛋"，因为债权人要的仅仅是固定利息，高出利息的收益将全部归股东所有。借款越多，赚钱越多，股东分得的高出资本金利息部分的收益就越多。

④调整负债结构，降低财务风险。如果老板觉得企业欠款实在是太多了，企业财务风险已经高到他不能接受的时候，可能会考虑归还部分长期借款，从而导致长期借款余额发生变化。

【学中做 2—12】 负债分析

根据某公司负债规模和结构变动分析表(表 2—11)资料，对该公司总负债规模和结构变动情况进行分析。

表 2—11 **某公司负债规模和结构变动分析表** 单位：元

项　目	2018 年	2017 年	增减额	增减幅度(%)	结构(占总资产)(%)		
					2018 年	2017 年	结构变动
流动负债合计	57 432 334	52 013 380	5 418 954	10.42	35.70	60.52	—24.80
长期借款合计	200 000	4 208 277	—4 008 277	—95.25	0.12	4.90	—4.90
负债总额	57 632 334	56 221 657	1 410 677	2.51	35.82	65.42	—29.60
资产总额	160 895 115	85 937 123	74 957 992	87.22	100.00	100.00	—

从表 2—11 的计算结果可以分析得出：

第一，该公司负债总金额比 2017 年有所增加，负债占资产总额的比重比 2017 年大幅度下降，负债占总资产的比重由 65.42%下降到 35.82%；说明企业的资金来源转向了自有资本，财务实力增强，财务风险降低。

第二，该公司负债结构中长期负债的比重相对较小，公司的负债成本相对较低；负债主要来源于短期负债，财务风险较高，应关注公司资金的流动性及短期偿债能力。

2. 应付债券

应付债券是企业为筹集长期资金而实际发行的债券及应付的利息。长期债券的利率较低且固定，发行时要经过一定的法定程序，但对款项使用没有过多的限制和约束。

解读要领：

(1)关注债券的有关条款，查看该债券的付息方式是到期一次还本付息、分期付息，还是分期还本付息。

(2)关注利息调整的处理。看企业对于溢、折价发行部分和实际利息费用的确认是否准确。

(3)关注债券是否存在可赎回条款,企业是否有可用于赎回的资金准备。

(4)关注债券是否具有可转换条款,在分析可转换债券的质量时,应检查企业当前的股票价格与条款中规定的转换价格之间的差异。如果当前的股价远低于规定的转换价格,应当怀疑到期转换的可能性;反之,如果当前的股价高于规定的转换价格,则可以预见到期转换是可能实现的,企业最终将不承担还本付息的义务,减少未来期间权益现金流出,有助于减少企业的财务压力。

3. 长期应付款

长期应付款是指企业除长期借款和应付债券以外的各种长期应付款项,包括采用补偿贸易方式下引进国外设备应付的价款、融资租入固定资产的租赁费等。

补偿贸易是从国外引进设备,再用设备所生产的产品归还设备价款,这样既销售了产品,又偿还了债务。

融资租赁是企业的一种融资方式,该方式可以使得企业在资金不足的情况下获得所需要的生产设备,此后又以租赁费的方式分期还款,减少了到期一次还款的压力。

解读要领:

(1)对该项目分析时,应当关注企业设备安装是否及时到位,生产能否如期进行,产品的成本能否得到有效的控制等。

(2)对企业融资租入的固定资产,要关注企业的租赁是否符合融资租赁的确认条件,资产的入账价值是否正确合理,是否采用与自有固定资产相一致的折旧政策计提折旧。

(3)关注企业融资租赁的固定资产是否已经按照企业最初的意愿形成生产能力,其资产收益率能否超过融资租赁的内含利率,否则将影响长期应付款的偿还。

4. 预计负债

预计负债来自或有事项,或有事项是指过去的交易或者事项形成的,其结果须由某些未来事项的发生或不发生才能决定的不确定事项,包括未决诉讼、产品质量担保债务、亏损合同、重组义务等。对企业来说,或有事项可能是一种潜在的权利,形成或有资产;也可能是一种现时或潜在的义务,形成或有负债。鉴于谨慎性原则,或有资产一般不应在企业会计报表及其附注中披露,只有在或有资产很可能给企业带来经济利益时,才会在会计报表附注中披露其形成的原因及其财务影响。

或者事项形成的潜在义务,其存在须通过未来不确定事项的发生或不发生予以证实。在符合下列条件下,或有负债应当被确认为预计负债:第一,该义务是企业承担的现时义务;第二,履行该义务很可能导致经济利益流出企业;第三,该义务的金额能够可靠的计量。

解读要领:

(1)要仔细寻找有关预计负债的存在踪迹,查看企业售后条款、发生的诉讼事项等。

(2)注意企业对预计负债的计量是否正确,最佳估计数是否合理等。

5. 递延所得税负债

递延所得税负债是指根据应税暂时性差异计算的未来期间应付所得税的金额。递延所得税负债是由应纳税暂时性差异产生的,该暂时性差异是指在确定未来收回资产或清偿负债期间的应纳税所得额时,将导致产生应税金额的暂时性差异,该差异在未来期间转回时,会增加转回期间的应纳税所得额,因而增加应交税费,所以应确认相关递延所得税负债。资产的账面价值大于其计税基础或负债的账面价值小于其计税基础,产生应纳税暂时性差异,由此产生递延所得税负债。

解读要领：

(1)关注产资产和负债的计税基础和账面价值。

(2)核实企业的递延所得税负债的真实性，是否存在少计、漏计的情况。

六、所有者权益类项目解读

所有者权益类项目主要有实收资本(股本)、资本公积、盈余公积和未分配利润四个组成项目，对其应重点关注各组成项目的内涵及增减变动情况。

(一)实收资本(股本)

我国实行注册资本金制度，开办企业必须依法筹集最低限度的资本金，即注册资本。上市公司发行的全部股份按面值计算，在会计上称为“股本”。对于一般企业而言，叫作“实收资本”，即反映投资者实际投入的资本金数额。《中华人民共和国公司法》(以下简称《公司法》)第78条规定，股份有限公司最低注册资本不低于1 000万元。注册资本是国家授予企业法人经营管理的财产或者企业法人自有财产数额的表现，它能反映公司法人财产权的大小，并用以作为公司经营和社会信用方面的保障。

解读要领：

(1)关注实收资本(股本)增减变动。一般情况下，实收资本金额相对固定，数额同注册资本一致，除非发生减资或企业清算，否则将永远留在企业内部。分析时应注意是否有新增加的投资或缩小规模状况。

(2)关注企业在初始成立时，注册资本是否已经到位；如果没有，应查明原因。

(3)关注接收非货币性资产的计价。分析该资产的公允价值是否与投资双方达成的合同金额相符，是否存在高估资产而导致企业资本亏损的情况。

(二)资本公积

资本公积在会计核算中被分为两大类：一是资本(股本)溢价，二是其他资本公积。投资者直接投入到企业的资金包括两部分：第一部分就是前述的股本或实收资本；第二部分就是企业收到投资者出资超过其在注册资本或股本中所占份额的部分，即所谓的“资本溢价”或“股本溢价”，在会计上通过“资本公积”项目核算。

资本公积除了包括资本溢价之外，还包括其他资本公积，主要是指直接计入所有者权益的利得和损失。例如，会计核算中调整其他资本公积的事项有：可供出售金融资产公允价值的发生变动；采用权益法核算的长期股权投资，随着被投资方除净损益之外的所有者权益的其他变动而变动；以权益结算的股份支付所换取的职工或其他方服务的金额；自用房地产或存货转换为公允价值计量的投资性房地产，转换日公允价值大于账面价值的差额等。

解读要领：

仔细分析该项目的构成，了解企业是否把一些其他项目混入资本公积之中，造成企业资产负债率的下降。

(三)盈余公积和未分配利润

盈余公积和未分配利润合称为留存收益，它们都表示企业经营活动中的积累，两者并没有本质区别。有人把盈余公积定义为“具有特定用途的留存收益”，这里所谓的“特定用途”其实是一个误解。盈余公积作为一项资金来源，并没有什么特定用途。如果说它有特定用途，就是指盈余公积对于利润分配的限定。换言之，只要不被当作红利分给股东，至于这部分资金用于内部经营活动的什么方面，并没有什么限制和特殊的规定。除了法定盈余公积之外，公司还可以根据股东大会或类似权力机构的批准，按规定提取一定比例的盈余公积，以进一步扩大资本积累。

未分配利润是利润具体分配后的剩余。确切地说，就是公司期初的累积未分配利润，加上本期实现的净利润，减去提取的盈余公积、向投资者分配的利润等之后的余额。未分配利润是企业可自由支配的资金来源，可以留待以后年度进行分配，对于稳定或调整企业的利润分配政策有一定意义。

未分配利润来源于历年的积累，每期都在发生变化，主要变动原因有：

(1)企业生产经营活动的业绩。包括本年经营活动和以前年度经营活动形成的经营业绩的积累。

(2)企业利润分配政策的执行。如果企业确认本期分配利润，则未分配利润就会减少，所有者权益也随之减少，如果企业暂时不分配利润，则未分配利润就积累下来了。

【学中做 2—13】 所有者权益分析

根据某公司 2018 年所有者权益规模和结构变动分析表(见表 2—12)资料，对该公司所有者权益规模和结构变动情况进行分析。

表 2—12　　某公司 2018 年所有者权益规模和结构变动分析表　　单位：元

项　目	2018 年	2017 年	增减额	增减幅度(%)	结构(占总资产)(%)		
					2018 年	2017 年	结构变动
实收资本	18 820 000	14 070 000	4 750 000	33.76	18.23	47.35	—29.12
资本公积	55 298 943	41 961	55 256 982	131 686.52	53.55	0.14	53.41
盈余公积	5 073 082	2 300 758	2 772 324	120.50	4.91	7.74	—2.83
未分配利润	24 070 756	13 302 747	10 768 009	80.95	23.31	44.77	—21.46
所有者权益合计	103 262 781	29 715 466	73 547 315	247.51	100.00	100.00	—

从表 2—12 的计算结果可以分析得出：

第一，该公司所有者权益总额增长很快，未分配利润、资本公积和盈余公积增长额和增长幅度都较高。

第二，该公司所有者权益增长的很大部分是来自于盈余公积和未分配利润的增长，说明公司 2018 年的获利情况较好，应结合利润表的盈利情况进一步分析。在全部资产中，所有者权益占资产的比重达到 64.18%(103 262 781÷160 895 115×100%)，说明公司财务实力强，所有者权益总额的增加，也说明了公司所有者投资得以保值与增值。

情境小结

本情境主要介绍了资产负债表的结构、资产负债表的编制方法，以及资产负债表的比较分析、结构分析和主要项目的解读。资产负债表是反映企业在某一特定日期所拥有的或控制的经济资源、所承担的现时义务和所有者对净资产的要求权的财务报表。我国企业的资产负债表采用账户式结构。资产负债表的数据主要来自会计账簿记录，可以直接根据总账账户余额填列；根据几个总账账户的余额计算填列；根据总账科目和明细科目的余额分析计算填列；根据有关明细科目余额计算填列；根据有关总账账户与其备抵账户抵消后的净额填列。在资产负债表分析时要注意其各项目的构成及其相互关系。资产负债表的综合分析主要是对比较资产负债表和结构资产负债表进行分析。在分析时要注意揭示资产负债表各项目变动的根本原因及其资本结构的合理性。

本情境学习的重点是根据企业的资料完成资产负债表的编制，并能够运用比较分析法和结构分析法进行资产负债表的综合分析。

做中学

一、单项选择题

1. 对资产负债表的分析，实质就是对企业在某一特定日期的(　　)进行分析。

A. 财务状况　　B. 经营成果

C. 现金流量　　D. 所有者权益的变化

2. 应收账款的质量是指债权转化为货币的能力，对应收账款的分析应同时考虑(　　)的影响。

A. 营业收入　　B. 变现能力

C. 坏账准备　　D. 报表附注

3. 如果资产负债表上“存货”项目反映的是存货实有数量，则说明采用了(　　)。

A. 永续盘存法　　B. 实地盘存法

C. 加权平均法　　D. 个别计价法

4. 以公允价值计量且其变动计入当期损益的金融资产的计量以(　　)为基本计量属性。

A. 期初账面价值　　B. 公允价值

C. 变现价值　　D. 期末账面价值

5. 企业速动比率很大，下列结论成立的是(　　)。

A. 企业流动资产占用过多，增加机会成本

B. 企业短期偿债能力很差

C. 企业流动资产占用小

D. 企业资产流动性很差

6. 资产负债表的趋势分析主要通过编制(　　)来进行。

A. 比较利润表　　B. 资产负债分析表

C. 比较资产负债表　　D. 期间费用分析表

二、多项选择题

1. 进行负债结构分析时必须考虑的因素有(　　)。

A. 负债规模　　B. 负债成本

C. 债务偿还期限　　D. 经营风险

2. 股东权益结构分析应考虑的因素有(　　)。

A. 企业控制权　　B. 企业利润分配政策

C. 财务风险　　D. 权益资金成本

3. 资产负债表分析的目的是(　　)。

A. 了解企业财务状况的变动情况

B. 评价企业会计对企业经营状况的反映程度

C. 修正资产负债表的数据

D. 评价企业的会计政策

4. 资产负债表中“存货”项目的金额，应根据(　　)科目的余额分析填列。

A.“委托代销商品”　　B.“材料成本差异”

C.“库存商品”　　D.“存货跌价准备”

5. 在填列资产负债表“一年内到期的非流动负债”项目时，需要考虑到会计科目有(　　)。

A.“应付票据”　　B.“应付债券”　　C.“长期借款”　　D.“应付股利”

6. 下列各项中，应在资产负债表“应付账款”项目列示的有(　　)。

A.“预付账款”科目所属明细科目贷方余额

B.“应收账款”科目所属明细科目贷方余额

C.“应付账款”科目所属明细科目贷方余额

D.“应付账款”总账科目贷方余额

7. 下列会计科目中，期末余额反映在“固定资产”项目中的有(　　)。

A.“在建工程”　　B.“工程物资”

C.“固定资产减值准备”　　D.“累计折旧”

8. 下列科目的期末余额，应当记入资产负债表“存货”项目的有(　　)。

A.“制造费用”　　B.“在途物资”

C.“委托加工物资”　　D.“商品进销差价”

9. 下列资产负债表项目中，应根据有关科目余额减去其备抵科目余额后的净额填列的有(　　)。

A.“应付票据”

B.“以公允价值计量且其变动计入当期损益的金融资产”

C.“无形资产”

D.“长期股权投资”

10. 资产负债表各项目的“期末余额”栏主要有以下几种填列方法：(　　)。

A. 根据总账科目余额直接填列

B. 根据有关科目余额减去备抵科目余额后的净额填列

C. 根据明细科目的余额计算填列

D. 综合运用上述填列方法分析填列

三、判断题

1. 资产负债表中某项目的变动幅度越大，对资产或权益的影响就越大。(　　)

2. 如果本期总资产比上期有较大幅度增加，表明企业本期经营卓有成效。(　　)

3. 只要本期盈余公积增加，就可以断定企业本期经营是有成效的。(　　)

4. 负债结构变动一定会引起负债规模发生变动。(　　)

5. 如果企业的资金全部是权益资金，则企业既无财务风险也无经营风险。(　　)

6. 如果本期未分配利润少于上期，说明企业本期经营亏损。(　　)

四、实训题

1. 根据利兴公司有关资料，编制资产负债表。

资料一：利兴公司 2017 年 12 月 31 日资产负债表期末数如表 2—13 所示。

表 2—13　　资产负债表　　会企 01 表

编制单位：利兴公司　　2017 年 12 月 31 日　　单位：元

资　产	期末余额	年初余额	负债和所有者权益（或股东权益）	期末余额	年初余额
流动资产：			流动负债：		
货币资金	4 619 400		短期借款	200 000	
以公允价值计量且其变动计入当期损益的金融资产	210 000		以公允价值计量且其变动计入当期损益的金融负债	0	
应收票据及应收账款	487 580		衍生金融负债	0	
预付款项	108 200		应付票据及应付账款	691 200	
其他应收款	2 500		预收款项	0	
存货	5 508 400		应付职工薪酬	3 500	
一年内到期的非流动资产	0		应交税费	450	
其他流动资产	0		其他应付款	16 700	
流动资产合计	10 936 080		持有待售负债	0	
可供出售金融资产			一年内到期的非流动负债	750 000	
持有至到期投资	0		其他流动负债	0	
长期应收款	0		流动负债合计	1 661 850	
长期股权投资	302 500		非流动负债：		
投资性房地产	0		长期借款	854 600	
固定资产	1422 900		应付债券	0	
在建工程	202 300		其中：优先股		
生产性生物资产	0		永续债		
油气资产	0		长期应付款	0	
无形资产	305 600		预计负债	0	
开发支出	0		递延收益	0	
商誉	0		递延所得税负债	0	
长期待摊费用	0		其他非流动负债	0	
递延所得税资产	0		非流动负债合计	854 600	
其他非流动资产	0		负债合计	2 516 450	

续表

资　产	期末余额	年初余额	负债和所有者权益（或股东权益）	期末余额	年初余额
非流动资产合计	2 233 300		所有者权益(或股东权益)：		
			实收资本(或股本)	10 000 000	
			其他权益工具	0	
			其中：优先股		
			永续债		
			资本公积	235 700	
			减：库存股	0	
			其他综合收益	0	
			盈余公积	185 430	
			未分配利润	231 800	
			所有者权益(或股东权益)合计	10 652 930	
资产总计	13 169 380		负债和所有者权益（或股东权益）总计	13 169 380	

资料二：公司 2018 年发生经济业务如下：

(1)从银行借入期限 3 年、利率 5%、分期付息到期偿还本金的借款 2 000 000 元，已存入银行账户，该项借款将用于厂房的建造。

(2)购入原材料一批，收到的增值税专用发票上注明的原材料价款 200 000 元，增值税税额 32 000 元，另支付运杂费 1 000 元，所有款项通过银行转账支付，材料尚未验收入库，材料核算采用计划成本法。

(3)将以公允价值计量且其变动计入当期损益的金融资产(股票投资)出售，价款 200 500 元已存入银行，该投资的成本为170 000元，公允价值变动为增值 10 000 元。

(4)购入不需安装的设备一台，价款 85 000 元，支付的增值税 13 600 元，支付的包装费、运杂费 3 000 元。价款及包装费、运杂费均以银行存款支付，设备已交付使用。

(5)用银行本票支付采购材料价款，公司收到开户银行转来银行本票多余款收账通知，通知上填写的多余款为 268 元，购入材料支付价款及运费 99 800 元，支付增值税税额 16 862 元，原材料已验收入库，该批原材料计划价格 100 000 元。

(6)归还短期借款本金 30 000 元。

(7)购入工程物资一批，收到的增值税专用发票上注明的物资价款和增值税税额合计为 260 000 元，所有款项以银行存款支付。

(8)提取本年用于厂房建造的 3 年期的借款利息 100 000 元。

(9)提取应计入本年损益的长期借款利息 16 000 元，该借款为分期付息。

(10)支付长期借款利息 116 000 元。

(11)提取现金 500 000 元，准备发放工资。

(12)支付人员的工资 500 000 元，其中包括支付给在建工程人员的工资 200 000 元。

(13)分配应支付的职工工资 500 000 元，其中生产人员工资 275 000 元，车间管理人员工资 10 000 元，行政管理人员工资 15 000 元，在建工程人员工资 200 000 元。

(14)提取职工福利费 70 000 元，其中生产工人福利费 38 500 元，车间管理人员福利费 1 400元，行政管理部门人员福利费 2 100 元，在建工程人员的福利费 28 000 元。

(15)销售产品价款 1 200 000 元，增值税销项税额 192 000 元，货款 1 404 000 元收到存入银行。产品销售成本 900 000 元。

(16)生产车间产品领用原材料 700 000 元，一般消耗领用低值易耗品 40 000 元，采用一次摊销法摊销。

(17)结转领用原材料和低值易耗品应分摊的材料成本差异，材料成本差异率为 3%。

(18)生产车间一台机床批准报废，原价 300 000 元，已提折旧 180 000 元，清理费用 500 元，残值收入 800 元，均通过银行存款收支。该项固定资产已清理完毕。

(19)计提自用无形资产摊销 60 000 元；以银行存款支付生产车间厂房维修费用 20 000 元。

(20)以银行存款支付产品销售广告费 20 000 元，支付产品展览费 8 000 元。

(21)计提固定资产折旧 125 000 元，其中生产车间固定资产折旧费 105 000 元，行政管理部门固定资产折旧费 20 000 元。

(22)计算并结转本期完工产品成本，假设没有期初在产品，本期生产的产品全部完工入库。

(23)M 公司资本公积增加 300 000 元(本公司持有 M 公司 30%股权，长期股权投资采用权益法核算)。

(24)销售产品，开出的增值税发票上注明的销售价款 350 000 元，增值税销项税额为 56 000元，产品已发出，货款尚未收到。该商品成本 200 000 元。

(25)本期销售产品应交的消费税为 41 300 元，应交城市维护建设税为 15 115 元，应交教育费附加为 6 885 元。

(26)用银行存款缴纳增值税 178 000 元，缴纳教育费附加 5 710 元，缴纳消费税 12 300 元，缴纳城市维护建设税 13 320 元。

(27)盈余公积 60 000 元转增资本，资本公积 35 000 元转增资本。

(28)收到应收账款 80 500 元存入银行，偿还应付账款 75 000 元。

(29)将各损益类账户结转至本年利润。

(30)计算税前的会计利润及所得税费用和应交所得税，并将所得税费用结转入“本年利润”，所得税税率 25%。假设本例中，资产和负债的账面价值与其计税基础不存在差异。

(31)计算税后净利润，将“本年利润”账户的余额转入“利润分配—未分配利润”账户。

(32)依据净利润的 10%、5%、20%提取法定盈余公积金、任意盈余公积金和分配普通股现金股利。

(33)将“利润分配”各明细账户的余额均转入“未分配利润”明细账户。

2. 某上市公司资产负债表如表 2—14 所示。

表 2—14　　某上市公司资产负债表　　单位：万元

资　产	期初	期末	负债及股东权益	期初	期末
流动资产：			流动负债：		
货币资产	40 000	50 000	短期借款	37 600	55 000
以公允价值计量且其变动计入当期损益的金融资产	28 000	20 000	应付票据及应付账款	13 600	15 500
应收票据及应收账款	15 500	25 000	应交税费	7 400	9 530
存货	97 000	85 000	其他流动负债	4 487	3 300
其他流动资产	37 910	48 510	流动负债合计	63 087	83 330
流动资产合计	218 410	228 510	长期负债：		
长期投资	42 200	51 000	长期借款	38 400	42 000
固定资产	631 000	658 500	应付债券	181 000	181 000
无形资产	91 000	94 000	长期负债合计	219 400	223 000
			负债合计	282 487	306 330
			股东权益：		
			股本	500 000	500 000
			资本公积	107 000	102 640
			盈余公积	82 423	85 320
			未分配利润	10 700	37 720
			股东权益合计	700 123	725 680
合　计	982 610	1 032 010	合　计	982 610	1 032 010

要求：

运用比较分析法分析资产负债表的变动情况并做出分析。

情境三

利润表编制与分析

情境引例

大学生王阳在一家上市公司的财务部参加毕业实习。这天，公司的财务总监将向总经理汇报公司2018年上半年的经营成果和财务状况，财务总监要求王阳协助财务部的一位会计师出具具体的分析数据并对公司经营成果的完成情况写出分析结论，目的是为公司高层做下半年经营决策提供依据。如果你是王阳，你将如何入手完成该项工作?

职业能力目标

通过本情境的学习，明确利润表的结构，掌握利润表的编制方法，掌握比较利润表的编制与分析方法。

典型学习任务

本情境的典型学习任务主要有阅读利润表，能够编制利润表；根据利润表编制比较利润表，并对其进行分析。

子情境一　利润表的编制

一、利润表的编制原理

利润表又称为收益表或损益表，是反映企业在一定会计期间经营成果的报表。由于利润是企业经营业绩的综合体现，又是进行利润分配的主要依据，因此，利润表是会计报表中的主要报表之一。

利润表总体上是按照“收入－费用＝利润”这一会计等式来设置的。

利润表提供的基础信息有：企业在一定会计期间实现的营业利润、利润总额、净利润和每股收益等。

二、利润表的作用

利润表是反映企业一定期间经营成果的财务报表。利润表的基本功能是计算企业一定期间内实现的利润或发生盈亏的原因。

自20世纪30年代起,利润表开始取代资产负债表,成为现代财务报表体系的核心。究其原因,主要是因为利润表的背后存在着相当多的经济利益关系,有关数据所反映的是企业利益相关者的直接利益。对企业利益相关者或报表使用者来说,利润表在以下方面发挥着重要的作用:

(一)为企业分配经营成果提供依据

企业是不同利益相关者缔结的一组合约,这些利益相关者如投资者、债权人、企业经营者、员工和客户等,分别以不同形式的专用性资本向企业做出贡献,主要目的是为了能够分享企业的经营成果。利润表反映了可以向利益相关者分配的经营成果的形成及其数额,因而利润表是企业分配经营成果的基本依据。国家的税收、管理人员的奖励、员工的薪资、股东的股利、债权人的利息以及企业自身的留存收益等,这些利益关系项目的确定,均以利润表提供的数据为基础。

(二)可据此评价企业的经营业绩

现代企业的基本特征是两权分离。财务资本的所有者将资本委托给企业的经营者来经营管理,经营者因此便承担有受托经管的责任,即所谓的"受托责任"。一段时期以后,经营者的受托责任完成情况如何,如何考核和评价,便成为摆在所有者面前的一个十分重要而现实的问题。利润表的各种数据,实际上体现了企业在生产、经营和理财等方面的管理效率和效益,是对企业经营绩效的直接反映,因而是所有者考评经营者受托责任履行情况的重要依据。

(三)可据以做出合理的经济决策

决策是利益相关者管理和控制企业的基本工具。投资者要进行投资决策,如资本是否投入、是否继续持有、是否修改代理契约等;债权人要进行信贷决策,如是否发生借贷关系、信贷资金是否继续保留等;经营者要进行经营决策,如何生产和经营、是否筹资或投资等;国家要进行宏观经济决策,如是否让企业上市发行债券或股票、是否降低利率、是否限制某种产品的生产等;员工要进行就业决策等。所有这些经济决策,信息都是基本的要素或依据,而利润表无疑就是进行这些经济决策的基本信息依据之一。

三、认知利润表的结构和格式

利润表一般由表首、正表和补充资料三部分构成。其中,表首说明报表名称、编制单位、编制日期、报表编号、货币名称、计量单位等;正表是利润表的主体,反映企业形成经营成果的各个项目和计算过程;补充资料反映非经常性项目对利润总额的影响。

国际上通用的利润表结构主要有单步式和多步式。目前,我国企业采用多步式利润表,是按照企业利润形成环节,按照营业利润、利润总额、净利润和每股收益的顺序来分步计算财务成果,从而详细地揭示了企业的利润形成过程和主要因素。

根据多步式的结构,利润表的列报从上至下被分解成营业收入、营业利润、利润总额、净利润、每股收益五个层次。其中,收入按照重要性程度列示,主要包括营业收入、公允价值变动净收益、投资收益和营业外收入;费用则按照性质列示,并与相关收入相配比,主要包括营业成本、税金及附加、销售费用、管理费用、财务费用、资产减值损失、营业外支出和所得税费用等;

利润则按照形成过程列示，依次是营业利润、利润总额、净利润等。利润表的格式如表 3－1 所示。

表 3－1 **利润表** 会企 02 表

编制单位： ____年度 单位：元

项　目	本期金额	上期金额
一、营业收入		
减：营业成本		
税金及附加		
销售费用		
管理费用		
研发费用		
财务费用		
其中：利息费用		
利息收入		
资产减值损失		
加：其他收益		
投资收益（损失以“－”号填列）		
其中：对联营企业和合营企业的投资收益		
公允价值变动收益（损失以“－”号填列）		
资产处置收益（损失以“－”号填列）		
二、营业利润（亏损以“－”号填列）		
加：营业外收入		
减：营业外支出		
三、利润总额（亏损总额以“－”号填列）		
减：所得税费用		
四、净利润（净亏损以“－”号填列）		
（一）持续经营净利润（净亏损以“－”号填列）		
（二）终止经营净利润（净亏损以“－”号填列）		
五、其他综合收益的税后净额		
（一）不能重分类进损益的其他综合收益		
1. 重新计量设定受益计划变动额		
2. 权益法下不能转损益的其他综合收益		
……		
（二）将重分类进损益的其他综合收益		

续表

项　目	本期金额	上期金额
1. 权益法下可转损益的其他综合收益		
2. 可供出售金融资产公允价值变动损益		
3. 持有至到期投资重分类为可供出售金融资产损益		
4. 现金流量套期损益的有效部分		
5. 外币财务报表折算差额		
……		
六、综合收益总额		
七、每股收益		
（一）基本每股收益		
（二）稀释每股收益		

四、利润表的列报方法

利润表各项目均需填列“本期金额”和“上期金额”两栏，其中，“上期金额”栏内各项数字，应根据上年该期利润表的“本期金额”栏内所列数字填列。“本期金额”栏内各项数字，除“基本每股收益”和“稀释每股收益”项目外，应当按照有关损益类科目的发生额分析填列。具体填列方法说明如下：

（1）“营业收入”项目，反映企业经营主要业务和其他业务所确认的收入总额。应根据“主营业务收入”科目和“其他业务收入”科目的发生额之和填列。

（2）“营业成本”项目，反映企业经营主要业务和其他业务发生的实际成本。应根据“主营业务成本”科目和“其他业务成本”科目的发生额之和填列。

（3）“税金及附加”项目，反映企业经营业务应负担的营业税、消费税、城市维护建设税、资源税、土地使用税和教育费附加等。应根据“税金及附加”科目的发生额填列。

（4）“销售费用”项目，反映企业在销售商品及商品流通企业在购入商品等过程中发生的费用。应根据“销售费用”科目的发生额填列。

（5）“管理费用”项目，反映企业发生的管理费用。应根据“管理费用”科目的发生额填列。

（6）“财务费用”项目，反映企业发生的财务费用。应根据“财务费用”科目的发生额填列。

（7）“投资收益”项目，反映企业以各种方式对外投资所取得的收益。应根据“投资收益”科目的发生额分析填列．如为投资损失，以“－”号列示。

（8）“营业利润”项目，反映企业实现的营业利润。如为亏损，则以“－”号列示。

（9）“营业外收入”和“营业外支出”项目，反映企业发生的与其生产经营无直接关系的各项收入和支出。这两个项目分别根据“营业外收入”和“营业外支出”科目的发生额分析填列。

（10）“利润总额”项目，反映企业实现的利润总额。如为亏损，则以“－”号列示。

（11）“所得税费用”项目，反映企业根据所得税准则确认的应从当期利润总额中扣除的所得税费用。应根据“所得税费用”科目的发生额填列。

（12）“净利润”项目，反映企业实现的净利润。如为亏损，则以“－”号列示。

(13)"基本每股收益"和"稀释每股收益"项目,反映根据每股收益准则的规定计算的金额。

【学中做 3—1】

根据情境二【学中做 2—6】公司业务资料,编制公司利润表,如表 3—2 所示。(假定 GY 公司利润表上期金额为已知数据)

表 3—2 　　**利润表** 　　会企 02 表

编制单位:GY 公司 　　2018 年度 　　单位:元

项　目	本期金额	上期金额
一、营业收入	66 000	
减:营业成本	50 000	
税金及附加	0	
销售费用	0	
管理费用	97 660	
研发费用	0	
财务费用	0	
其中:利息费用		
利息收入		
资产减值损失	232	
加:其他收益	0	
投资收益(损失以"—"号填列)	70 000	
其中:对联营企业和合营企业的投资收益		
公允价值变动收益(损失以"—"号填列)		
资产处置收益(损失以"—"号填列)		
二、营业利润(亏损以"—"号填列)	76 002	
加:营业外收入	54 000	
减:营业外支出	0	
三、利润总额(亏损总额以"—"号填列)	130 002	
减:所得税费用	32 500.5	
四、净利润(净亏损以"—"号填列)	97 501.5	
(一)持续经营净利润(净亏损以"—"号填列)		
(二)终止经营净利润(净亏损以"—"号填列)		
五、其他综合收益的税后净额		
(一)不能重分类进损益的其他综合收益		
1. 重新计量设定受益计划变动额		
2. 权益法下不能转损益的其他综合收益		
……		

续表

项　目	本期金额	上期金额
(二)将重分类进损益的其他综合收益		
1. 权益法下可转损益的其他综合收益		
2. 可供出售金融资产公允价值变动损益		
3. 持有至到期投资重分类为可供出售金融资产损益		
4. 现金流量套期损益的有效部分		
5. 外币财务报表折算差额		
……		
六、综合收益总额		
七、每股收益		
(一)基本每股收益		
(二)稀释每股收益		

编写说明：利润表本期项目金额可以根据GY公司损益类科目结转本年利润的金额分析填写，即损益类科目的本期净发生额，形成了利润表金额。

子情境二　利润表的水平分析

一、利润表水平分析的意义

水平利润表是通过对企业连续两期或多期利润表中的数据进行比较，计算其增减变动的数额和增减变动的百分比，从而了解企业利润额的变动情况，包括变动方向、数额和幅度，据以反映管理业绩和存在的问题、预测企业未来财务活动的发展前景。

对利润表进行水平分析，主要从绝对额比较分析和百分率比较分析来进行。绝对额比较分析是以利润表中各项目的增减变动额为分析对象，通过分析各期金额的增减变化及其趋向，来判断企业的发展前景；百分率比较分析是通过利润表中各项目的增减变动百分比进行的分析，能够揭示各损益项目变动对经营成果的影响，从而判断企业的发展前景。

二、水平利润表的编制

水平利润表是将两期或以上的连续若干期间的利润相关数额平行列示变动差异额和差异变动百分比的报表。具体编制步骤如下：

(1)按从低向高的年度连续期间金额平行排列，并增加变动情况数据计算栏。

(2)增加“增减金额”与“增减率”栏目，对比计算增减差异额，用差异额除以基期对比。

水平利润表可以编制短期的，即仅取最近两期利润表的数据进行比较，因为最近两期提供的信息是报表使用者最为关心的信息；也可以编制长期的，即选取两年以上的利润表的数据进行比较，这样可以更加准确地反映企业发展的总体趋势，更好地预测企业的发展前景。

【学中做 3—2】 编制水平利润表

根据情境一【学中做 1—1】D 公司 2017 年、2018 年两年利润表的资料编制水平利润表，如表 3—3 所示。

表 3—3 **D 公司水平利润表**

编制单位：D 公司 2018 年度 单位：万元

项　目	2017 年	2018 年	增减金额	增减率(%)
一、营业收入	670 000	906 000	236 000	35.22
减：营业成本	578 200	745 000	166 800	28.85
税金及附加	3 260	3 200	—60	—1.84
销售费用	62 300	81 970	19 670	31.57
管理费用	10 870	15 000	4 130	37.99
研发费用	0			
财务费用	—2 080	—4330	2 250	—108.17
其中：利息费用				
利息收入	—2 080	—4 330	2 250	—108.17
资产减值损失	390	910	520	133.33
加：公允价值变动收益(损失以"—"号填列)	0	0	0	0
投资收益(损失以"—"号填列)	—40	130	170	
其中：对联营企业和合营企业的投资收益				
公允价值变动收益(损失以"—"号填列)				
资产处置收益(损失以"—"号填列)				
二、营业利润(亏损以"—"号填列)	17 020	64 380	47 360	278.26
加：营业外收入	1 340	870	—470	—35.07
减：营业外支出	723	1 230	507	70.12
三、利润总额(亏损总额以"—"号填列)	17 635	64 020	46 383	262.99
减：所得税费用	11 260	15 600	4 340	38.54
四、净利润(净亏损以"—"号填列)	6 377	48 420	42 043	659.29
(一)持续经营净利润(净亏损以"—"号填列)				
(二)终止经营净利润(净亏损以"—"号填列)				
五、其他综合收益的税后净额				
(一)不能重分类进损益的其他综合收益				
1. 重新计量设定受益计划变动额				
2. 权益法下不能转损益的其他综合收益				
……				
(二)将重分类进损益的其他综合收益				

续表

项　目	2017 年	2018 年	增减金额	增减率(%)
1. 权益法下可转损益的其他综合收益				
2. 可供出售金融资产公允价值变动损益				
……				
六、综合收益总额				
七、每股收益				
(一)基本每股收益				
(二)稀释每股收益				

三、水平利润表的分析

水平利润表的分析采用比较分析法。

分析水平利润表时，可以从营业利润、利润总额和净利润三个方面展开，分别分析每个利润项目的变动情况及变动原因，找出企业利润增长的有利因素和不利因素。

根据分析的目的和要求不同，水平分析法有以下三种比较形式：

(1)实际指标同预算比较。实际指标同预算(计划或定额)比较，可以揭示实际与预算(计划或定额)之间的差异，了解该指标的完成情况。

(2)本期指标同上期指标或历史最好水平比较。本期指标同上期指标或历史最好水平比较，可以确定前后不同时期有关指标的变动情况，了解企业生产经营活动的发展趋势和管理工作的改进情况。

(3)本企业指标与国内外同行业先进指标比较。本企业指标与国内外同行业先进指标比较，可以找出与先进企业之间的差异，推动本企业改善经营管理方法，赶超先进水平。

【学中做 3—3】 分析水平利润表

根据表 3—3 D 公司 2018 年水平利润表的资料，对 D 公司的水平利润表进行分析。

在对 D 公司的利润增减变动情况进行分析时，主要从以下几个方面进行：

1. 净利润分析

净利润是企业经营业绩的最终成果，是衡量一个企业经营效益的主要指标。净利润的增长是企业成长性的基本表现，净利润多说明企业的经营效益就好；反之，说明企业的经营效益就差。D 公司在 2018 年实现净利润为 48 420 万元，比 2017 年增长了 42 043 万元，增长率为 659.29%。从水平分析表看，净利润增长的主要原因是 2018 年利润总额比 2017 年增长了 46 383万元，尽管同时 2018 年的所得税也比 2017 年增长了 4 340 万元，两因素相抵后，2018 年的净利润仍然比 2017 年增加了 42 043 万元。因此，还应该对利润总额的增长做进一步的分析。

2. 利润总额分析

利润总额是企业在一定时期内经营活动的税前成果。D 公司在 2018 年实现利润总额 64 020万元，比 2017 年的 17 635 万元增长了 46 383 万元，增幅为 262.99%。从水平分析表来看，利润总额大幅增长的唯一原因是公司的营业利润增长了 47 360 万元，增长率为 278.26%，从而带来公司获利能力增强，也反映出公司的主营业务的经营管理取得了较好的业绩，而营业外收入减少和营业外支出增加两个不利因素使利润总额减少了977万元,反映出公司在对营业外支出的控制上存在不足。几个因素共同作用后,使得公司2018年利润总额增加了46 383万元。为此,还应对营业利润做进一步分析。

3. 营业利润分析

营业利润分析是企业经营活动中营业收入与营业成本、费用的差额以及与资产减值损失、公允价值变动收益、投资收益的总和。正常情况下,企业的营业利润越大,说明经济效益越好。D公司在2018年实现营业利润64 380万元,比2017年增长了47 360万元,增幅为278.26%。从水平分析表来看,引起2018年度公司营业利润大幅增长的因素有两个:营业收入的增加和财务费用的减少,前者较2017年增加了236 000万元,增幅为35.22%,而后者较2017年减少了2 250万元,减少了108.17%。虽然营业成本、销售费用、管理费用、资产减值损失等项均有不同幅度的增加,但仍不能抵消前述因素的有利作用。值得注意的是,2018年管理费用与销售费用较2017年都有较大幅度的增加,做进一步分析时应该注意。

子情境三　利润表的结构分析

一、利润表结构分析的意义

利润表结构分析也叫垂直分析,是指在对利润表进行结构分析的基础上,显示报表中各项目相互间结构的关系,从而揭示各项利润及成本费用与收入的关系,以反映企业的各环节的利润构成、利润及成本费用水平。

二、利润表结构分析表的编制与分析

(一)编制垂直利润表

利润表的垂直分析是指以利润表中营业收入项目为100%,计算出各个项目占收入的百分比,再比较各个指标百分比的增减变动情况,以此判断有关费用、利润指标的变动规律和趋势,了解利润形成过程的概况,为进一步深入分析重点项目奠定基础。利润表的垂直分析通过编制和分析垂直利润表来进行。

【学中做3—4】 编制垂直利润表

根据表3—3 D公司2018年利润表的资料编制垂直利润表,如表3—4所示。

表3—4　　**垂直利润表**

编制单位:D公司　　2018年度　　单位:万元

项　目	2017年	2018年	2017年结构百分比(%)	2018年结构百分比(%)	差　异(%)
一、营业收入	670 000	906 000	100	100	—
减:营业成本	578 200	745 000	86.3	82.33	—3.97
税金及附加	3 260	3 200	0.49	0.35	—0.14
销售费用	62 300	81 970	9.3	9.05	—0.25
管理费用	10 870	15 000	1.62	1.66	0.04

续表

项　目	2017 年	2018 年	2017 年结构百分比(%)	2018 年结构百分比(%)	差　异(%)
研发费用					
财务费用	−2 080	−4 330	−0.13	−0.48	−0.17
其中:利息费用					
利息收入					
资产减值损失	390	910	0.06	0.1	0.04
加:公允价值变动收益(损失以“—”号填列)	0	0	0	0	0
投资收益(损失以“—”号填列)	−40	130	−0.006	0.01	0.016
其中:对联营企业和合营企业的投资收益					
公允价值变动收益(损失以“—”号填列)					
资产处置收益(损失以“—”号填列)					
二、营业利润(亏损以“—”号填列)	17 020	64 380	2.54	7.11	4.57
加:营业外收入	1340	870	0.2	0.1	−0.1
减:营业外支出	723	1 230	0.11	0.14	0.02
三、利润总额(亏损总额以“—”号填列)	17 635	64 020	2.63	7.07	4.44
减:所得税费用	11 260	15 600	1.68	1.72	0.04
四、净利润(净亏损以“—”号填列)	6 377	48 420	0.95	5.34	4.39
(一)持续经营净利润(净亏损以“—”号填列)					
(二)终止经营净利润(净亏损以“—”号填列)					
五、其他综合收益的税后净额					
六、综合收益总额					
七、每股收益					
(一)基本每股收益					
(二)稀释每股收益					

(二)利润表结构分析表的分析

利润表的垂直分析采用比率分析法。

利润表的垂直分析可以从静态角度评价实际利润构成情况,也可以从动态角度将实际利润构成与标准或基期利润构成进行分析评价;对于标准与基期利润构成,既可以用预算数,也可以用上期数,还可以用同行业比较数据。不同的比较标准将实现不同的分析评价目的。

垂直分析法是将常规的财务报表换算成结构百分比形式的报表，然后将本期与前一期或几期的结构百分比报表汇编在一起，逐项比较，查明各特定项目在不同年度所占比重的变化情况，以进一步判断企业的财务状况与经营成本的发展趋势。

具体来说，利润表的垂直分析可以从以下几个方面进行：

(1)通过对净利润、利润总额和营业利润占营业收入的比重分析，明确百元收入净利润形成各环节的贡献或影响程度。

(2)通过对营业成本占营业收入的比重评价，揭示企业成本水平。

(3)通过对期间费用占营业收入的比重评价，揭示企业的期间费用水平。

【学中做 3—5】 分析垂直利润表

根据表 3—4 D 公司 2018 年垂直利润表的资料，对 D 公司的水平利润表进行分析。

从表 3—4 中可以看到 D 公司 2018 年度财务成果的构成情况：营业利润占营业收入比重为 7.11%，比上年度的 2.54%增长了 4.57%；利润总额占营业收入的比重为 7.07%，比上年度的 2.63%，增长了 4.44%；净利润占营业收入的比重为 5.34%，比上年度 0.95%增长了 4.39%。由此可见，从企业利润的构成上看，公司的获利能力比上年度有大幅提高。

从营业利润的内部结构变化看，主要是 2018 年的营业成本、税金及附加、销售费用及财务费用的比重较 2017 年有所降低，说明企业在成本控制方面取得了成效。但需注意的是，2018 年该公司的管理费用和资产减值损失的比重比 2017 年均提高了 0.04%，这对公司的经营业绩是不利的因素，还应结合具体情况做进一步的分析。

综上所述，该公司 2018 年在增收节支、开源节流方面取得了一定成效，获利能力有大幅提高。

子情境四　利润表的项目解读

一、利润表项目解读的意义

利润表项目解读就是指报表使用者根据利润表中各项目内容、质量、内涵进行逐一分析，以确定利润的形成过程和质量高低。有时只对利润表中收入和成本费用中的重点项目进行解读，分析这些项目的真实性、完整性，以便对企业的经营业绩和获利水平做出全面准确的判断。

解读利润表必须关注形成利润的重点项目，以便进一步了解企业利润形成的主要因素，找出影响企业获利能力的主要原因，从而为相关利益者进行内部经营管理和外部投资决策提供依据。

二、营业收入项目解读

营业收入是指企业在从事销售商品、提供劳务和让渡资产使用权等日常经营活动中取得的经济利益的流入。营业收入分为主营业务收入和其他业务收入两部分。如果企业的利润总额绝大多数来自营业收入，则企业的利润质量较高。解读时应结合利润表附表进行，了解营业收入中主营业务收入和其他业务收入的金额，分析企业主营业务的发展趋势，进而做出合理的决策。

(一)主营业务收入

主营业务收入是企业销售商品、提供劳务等主营业务所取得的收入。

解读要领：

(1)收入确认是否符合企业会计准则的规定。

(2)从数量上解读主营业务收入与资产负债表中资产总额配比情况。主营业务收入代表了企业主要经营能力和获利能力，这种能力应该与企业的生产经营规模(资产总额)相适应。

(3)从质量上解读主营业务收入应该符合《企业会计准则第 14 号——收入》的规定，并要划分收入与利得的界限。其中，收入属于企业主要的经常性收入，收入和相关成本在会计报表中分别反映。利得是指收入以外的其他收益，通常从偶发的经济业务中取得。

(4)关注主营业务收入是否与资产负债表的应收账款配比，并以此观察企业信用政策，是以赊销还是现销为主。

(二)其他业务收入

其他业务收入是指企业主营业务收入以外的其他业务活动所取得的收入。如材料物资及包装物销售、无形资产使用权实施许可、固定资产出租、包装物出租、运输、废旧物资出售收入等。

解读要领：

(1)其他业务收入占营业收入的比重不应该过大，若比重较高，应关注会计报表附注，检查该企业是否存在关联方交易行为。

(2)关注与关联方交易取得收入的交易价格是否公允及交易发生的真实性、合理性。

(三)营业收入的分析

营业收入的分析可以从营业收入的构成变动分析、营业收入的增减变动分析两方面入手。

1. 营业收入的构成变动分析

企业可以通过计算各种收入在总收入中的比重来对收入的构成情况进行分析。

【学中做 3—6】

某公司营业收入构成情况如表 3—5 所示，请对公司营业收入构成变动情况做出分析。

表 3—5　　营业收入构成情况表

项　目	2017 年比重(%)	2018 年比重(%)
营业收入	100.00	100.00
主营业收入	90.00	92.00
其中：A 产品	35.00	25.00
B 产品	48.00	57.00
C 产品	7.00	10.00
其他业务收入	10.00	8.00
其中：销售材料	5.00	4.00
运输业务	3.00	2.00
出租包装物	2.00	2.00

在公司的营业收入中，2018 年的构成情况是：主营业务收入占 92%，其中 A 产品占 25%，B 产品占 57%，C 产品占 10%；其他业务收入占 8%。因此，公司要想增加营业收入，重点应放在扩大 A、B 两种产品的销售上。在此基础上，我们将公司收入的构成与上年度进行比较，A

产品收入的比重比上年下降了10%，经调查是因为该产品处于成熟期，市场已经饱和，公司应停止扩大生产该产品，避免遭受损失；B产品收入的比重上升9%，经分析，主要原因是该产品正处于成长期，市场销售潜力仍然较大，公司应保持其生产规模；C产品所占市场比重并不大，但也处于上升阶段，经过调查，该产品市场前景良好，公司应扩大该产品的生产和销售，以占有更大的市场份额。

2. 营业收入增减变动分析

营业收入的增减变动分析是指对营业收入编制增减变动情况表来进行具体分析。

【学中做3—7】 营业收入增减变动分析

某公司2014～2018年的营业收入增减变动情况如表3—6所示，请对该公司的营业收入变动情况进行分析评价。

表3—6　　营业收入增减变动情况表

年　度	营业收入（万元）	变动情况	
		变动额（万元）	变动率（%）
2014	32 400		
2015	482 000	158 000	48.77
2016	601 800	119 800	24.85
2017	670 000	68 200	11.33
2018	906 000	236 000	35.22

从表3—6中可以看出，该公司营业收入近几年来一直呈稳步上升趋势。2018年营业收入较2017年增加了236 000万元，增长率为35.22%，这充分说明公司的经营状况良好。另外，还可以将公司的营业收入增长速度与同行业企业的增长速度进行比较，从公司在同行业竞争中所处的位置来评价该公司的经营业绩。

三、营业成本项目解读

营业成本反映企业主要经营活动以及其他业务所发生的成本总额。在会计核算中主要分为主营业务成本和其他业务成本两部分。营业成本不同于其他费用，它是直接依附于相关产品或劳务、被对象化了的成本费用。比如，对于工商企业而言，主营业务成本通常就是售出的库存商品的进货成本或生产成本。营业成本作为利润的减项，对利润的高低有着重要的影响。

（一）主营业务成本

主营业务成本是指企业与取得收入相关的，已经确定了归属期对象的成本。它是为取得营业收入而付出的代价，反映了资源的耗费情况。通过对企业费用项目的分析，会计信息使用者可以对企业费用的发生情况、主要用途、费用规模有一定的了解。通过对成本的分析，可以对企业产品成本水平有所了解，与销售价格对比，还可以分析产品的盈利情况。费用成本信息与收入信息一样，对报表分析者有着非常重要的意义。

解读要领：

（1）注意收入确认同一会计期间，相关成本是否同时结转，若一项交易收入尚未确认，即使商品发出，其相关成本也不应结转。

（2）注意将主营业务成本与主营业务收入配比，将两者的差除以主营业务收入，即得到毛利率指标，将毛利率与行业、企业生命周期结合，评价主营业务成本的合理性。

(3)关注有无操纵成本现象。企业操纵成本方法有三种：一是将主营业务成本作为资产挂账，使当期费用低估，资产价值高估，利润虚增；二是将资产列作费用，使当期费用高估，资产价值低估，利润虚减；三是随意变更成本计算方法和费用分配方法，导致成本数据波动不正常。

(二)其他业务成本

分析时主要关注该项目与其他业务收入的配比性。

四、税金及附加项目解读

税金及附加项目反映企业在本期经营活动中应负担的流转税费，如消费税、城市维护建设税、教育费附加、资源税、房产税、城镇土地使用税、车船税、印花税等，由于该项目金额相对较小，所以不是分析的重点。

解读要领：

(1)注意该项目与营业收入的配比性，因为企业在一定时期内取得的营业收入要按照国家规定缴纳各种税金及附加，如果二者不配比，则说明企业有“漏税”嫌疑。

(2)注意各种税额计算的准确性和缴纳的及时性。

五、销售费用项目解读

销售费用用来核算企业在销售商品和材料、提供劳务过程中发生的各项费用，包括包装费、运输费、装卸费、保险费、出借包装物等周转材料的成本消耗以及委托代销费用等；也包括为了促销商品而发生的费用，如广告费、展览费、经营租赁费、售后服务费、产品质量保证损失等；还包括专设销售机构(含销售公司、销售网点、售后服务网点等)的经营费用，如相关职工薪酬、业务经费、销售用固定资产的折旧费、修理费等。对于商品流通企业，如果管理费用不多，也可以将相关内容并入销售费用中核算和反映。

解读要领：

(1)注意销售费用作为一种期间费用，与营业收入有很强的相关性，进行分析时应注意其支出数额与本期收入之间是否配比，如不配比，应分析原因。

(2)如果销售费用增长幅度较大，则应观察其增长的内容和方向。

六、管理费用项目解读

管理费用反映企业为组织管理企业经营活动所发生的各项费用，包括企业筹建期间发生的开办费、工会经费、职工教育经费、行政管理部门中的职工薪酬、公司经费、董事会费、聘请中介机构费、咨询费(含顾问费)、诉讼费、相关税金(如房产税、印花税、土地使用税、车船税等)、矿产资源补偿费、不予资本化的研发费用、技术转让费、排污费、业务招待费、用于经营管理活动的无形资产摊销、报经批准处理的存货盘亏毁损净损失等。

解读要领：

(1)要注意分项归类解读。管理费用内容繁杂，解读时最好将管理费用中属于体现未来发展开支的项目增减变化与前期比较，观察企业开支水平与企业规模是否相适应。如企业研究费用、职工教育经费的下降会限制企业今后的发展，如果企业本期资金充裕，将不会减少此类支出。

(2)要做固定性管理费用的效率分析。管理费用中大多数项目属于固定性费用，可将管理费用与企业营业收入配比，在企业业务量一定、收入量一定的情况下，有效地控制企业固定性行政管理费用，将会给企业带来更多的收益；同时，将企业管理费用与财务预算配比，分析管理费用的合理性，管理费用数额的大小反映了企业经营管理理念与水平。

七、财务费用项目解读

财务费用主要是指企业为筹集生产经营所需资金而发生的各项费用。财务费用包括利息支出(利息收入冲减财务费用)、汇兑损益、金融机构手续费以及企业发生的现金折扣(收到的现金折扣冲减财务费用)。需要注意的是，借款费用应当考虑资本化问题，只有非资本化的金额才计入财务费用。

解读要领：

(1)要注意将财务费用与营业收入配比，通过行业水平、企业规模，以及本企业经营生命周期、历史水平分析，考察财务费用的合理性及财务风险情况。

(2)财务费用分析要与企业资本结构分析相结合。财务费用是由短期或长期贷款形成的，分析资本化的财务费用是应计入资产还是应计入财务费用。

(3)注意外汇业务对财务费用的影响。

(4)考虑财务费用赤字问题，对于大多数企业而言，财务费用不会出现赤字，当企业存款利息收入大于贷款利息费用时会出现财务费用赤字，如果数额较大，则属于不正常现象。

八、资产减值损失项目解读

资产减值损失是企业计提各种资产减值准备形成的损失。

解读要领：

(1)注意资产减值损失与资产负债表中有关项目(如存货、长期股权投资、固定资产等)的配比。

(2)将企业各项资产减值准备的情况与企业以往情况、市场情况、行业水平比较，观察其异常变化，注意企业是否运用资产减值损失来调节利润。

九、公允价值变动损益项目解读

公允价值变动损益反映企业在初始确认时划分为以公允价值计量且其变动计入当期损益的金融资产或金融负债(包括以公允价值计量且其变动计入当期损益的金融资产或金融负债，以及直接指定为以公允价值计量且其变动计入当期损益的金融资产或金融负债)，以及采用公允价值模式计量的投资性房地产、衍生工具、套期保值业务等公允价值变动形成的应计入当期损益的利得或损失。

解读该项目时，应结合利润表附表相关具体项目的明细资料具体分析，帮助企业做出合理的投资决策。

十、投资收益项目解读

投资收益反映企业以各种方式对外投资取得的收益。在会计上，确认投资收益的事项主要有：采用成本法核算的长期股权投资的应收股利收入；采用权益法核算的长期股权投资中，因被投资方净利润(或亏损)而计算应享有(或承担)的份额；企业持有的以公允价值计量且其变动计入当期损益的金融资产、交易性金融负债、持有至到期投资、可供出售金融资产在持有期前获得的应收股利或者应收利息收入；上述资产或负债的出售或处置损益等。此外，以公允价值计量且其变动计入当期损益的金融资产（或以公允价值计量且其变动计入当期损益的金融负债）在取得时支付的佣金、手续费等相关交易费用也计入投资收益（冲减投资收益）。

投资收益是一种利得，通过其他单位使用投资者投资资产所创造的效益分配后取得。由于对外投资使企业间接的获取投资收益，投资收益的高低和真实性也不易控制。

十一、营业外收入项目解读

营业外收入是企业发生的与生产经营无直接关系的各项收入，通常属于不经过经营过程就能取得或不曾期望获得的收益，因此其数额一般很少，对企业利润的影响也较弱，如果数额较大，则需要进一步分析是否为关联方交易以操纵企业利润。

十二、营业外支出项目解读

营业外支出是指不属于企业生产经营费用，与企业生产经营活动没有直接的关系，但应从企业实现的利润总额中扣除的支出，包括固定资产盘亏、报废、毁损和出售的净损失，非季节性和非修理性期间的停工损失，职工子弟学校经费和技工学校经费，非常损失，公益救济性的捐赠，赔偿金，违约金等。该项目反映了企业发生的与本企业生产经营无直接关系的各项支出。营业外支出金额不应过大，否则是不正常的。

十三、所得税费用项目解读

所得税费用是指企业根据所得税准则确认的应从当期利润总额中扣除的所得税费用。

所得税费用由两部分内容构成：一是按照税法规定计算的当期应交所得税，二是按照准则规定计算的递延所得税费用。分析该项目时，应结合资产负债表中的递延所得税资产、递延所得税负债和应交税费项目来分析。

十四、净利润项目解读

净利润是企业最终取得的财务成果，也是可供企业所有者分配的财务成果。它是企业正常生产经营、非正常生产经营共同的成果，虽然有偶然、非正常因素的影响，但毕竟是企业实现的、最终能由所有者所有的资源。对于净利润的分析，在利润总额的基础上，还需要考虑所得税项目。

净利润形成解读中应注意的问题：

在分析净利润形成各步骤时，应特别关注是否存在粉饰报表问题。粉饰报表的途径主要有：(1)提前确认收入；(2)延后确认收入；(3)制造收入事项；(4)不当的费用资本化；(5)递延当期费用；(6)潜亏挂账；(7)利用关联方交易操纵利润；(8)利用非经常性损益操纵利润；(9)变更折旧方法和折旧年限；(10)变更长期股权投资的核算方法；(11)改变合并报表的合并范围等。

为了发现粉饰报表的线索，分析时应注意以下几方面的资料：(1)注册会计师的审计报告；(2)公司管理当局对审计报告的解释性说明或保留意见的说明；(3)会计报表附注中关于会计政策和会计估计变更的披露、会计报表合并范围发生变动的披露、关联方交易的披露、非经常性损益项目的披露等。

【帮你学】

在做利润表分析时应注意利润指标的局限性。在用净利润数字来衡量企业获利目标的实现程度时，还必须充分注意净利润指标的缺陷或不足。净利润是根据收入和费用计算出来的，而收入和费用均是按照权责发生制原则核算的，如果在企业的收入中含有无效收入的话，则净利润中也或多或少地含有无效的成分，即所谓的“无效利润”。

何谓“无效利润”？

例如，某企业 2018 年利润表上有收入 3 000 万元，各项成本费用1 400万元，所得税费用 200 万元，则净利润为 600 万元。如果 3 000 万元的货款收回或确保能够收回，则 600 万元的净利润就是有效利润；如果 3 000 万元货款最终成了坏账，则 600 万元的净利润就是无效利润。无效利润的数量再多，也不能体现企业经营目标的实现程度。只有有效利润，才能反映出企业经营目标的实现程度。

情境小结

本情境主要介绍了利润表的结构，利润表的编制方法以及利润表的比较分析和主要项目的解读。

利润表是反映企业在一定会计期间经营成果的报表。我国利润表采用多步式。利润表中的各个项目应根据各损益类科目的发生额分析填列。第一步，以营业收入为基础计算出营业利润；第二步，以营业利润为基础计算出利润总额；第三步，以利润总额为基础计算出净利润（或亏损）。

利润表的比较分析是通过对水平利润表和垂直利润表分别分析来完成的，在分析时要结合各项目的内涵和质量，从内因揭示企业利润的变动情况。

本情境学习的重点是根据资料完成利润表的编制，并运用比较分析法结合企业实际情况对利润表进行分析。

做中学

一、单项选择题

1. 利润表的趋势分析主要通过编制（　　）来进行。

A. 比较利润表　　B. 资产负债分析表

C. 比较资产负债表　　D. 期间费用分析表

2. 多步式结构利润表体现了收益的（　　）。

A. 主要项目的结构　　B. 收支结构

C. 业务结构　　D. 总体结构

3.（　　）是企业创造利润的核心，最具有未来的可持续性。

A. 营业收入　　B. 投资收入

C. 其他业务收入　　D. 营业外收入

4. 下列报表中，（　　）能够反映企业一定期间内的经营成果，表明企业运用所拥有资产的获利能力。

A. 资产负债表　　B. 利润表

C. 现金流量表　　D. 利润分配表

5. 下列各项中，属于期间费用的是（　　）。

A. 主营业务成本　　B. 制造费用
C. 财务费用　　D. 营业外支出

6. 与利润分析无关的资料是(　　)。

A. 利润表　　B. 应交增值税明细表
C. 成本报表　　D. 营业外收支明细表

7. 资产收益转化为经营收益的关键环节是(　　)。

A. 产品出售　　B. 收回货款　　C. 资金周转　　D. 资金运用

8. 企业接受的现金捐赠,应计入(　　)。

A. 资本公积　　B. 营业外收入　　C. 盈余公积　　D. 未分配利润

9. 企业当期因日常经营活动应缴纳的增值税为54 000元,当期确认并缴纳的消费税、营业税、资源税、城市维护建设税和教育费附加分别为5 000元、600元、8 500元、6 810元,则反映在利润表上的税金及附加项目的数额应为(　　)元。

A. 74 910　　B. 20 910　　C. 14 100　　D. 54 000

10. 某产品的销售单价是180元,单位成本是120元。本月销售2 500件,则本月实现的毛利额是(　　)元。

A. 300 000　　B. 450 000　　C. 750 000　　D. 150 000

二、多项选择题

1. 可以提高产品销售收入的途径有(　　)。

A. 扩大销售数量　　B. 改善品种结构
C. 适当提高单位售价　　D. 降低单位生产成本

2. 对营业成本进行质量分析时,需要注意以下几点:(　　)。

A. 关注企业存货发出的方法及其变动
B. 应检查企业营业收入与营业成本之间的匹配关系
C. 产成品的库存状况
D. 企业的利润率

3. 下列选项中,可以增加产品销售收入的有(　　)。

A. 扩大销售数量　　B. 提高单位售价
C. 改善品种结构　　D. 降低单位成本
E. 减少销售费用

4. 企业销售商品确认收入后,对于客户实际享受的现金折扣,下列说法中错误的是(　　)。

A. 确认当期财务费用　　B. 冲减当期主营业务收入
C. 确认当期管理费用　　D. 确认当期主营业务成本

5. 下列各项中,应计入营业外收入的是(　　)。

A. 债务重组利得　　B. 处置固定资产净收益
C. 收发差错造成存货盘盈　　D. 确实无法支付的应付账款

6. 下列各项中,应计入税金及附加的有(　　)。

A. 处置无形资产应交的营业税　　B. 销售商品应交的增值税
C. 销售应税产品的资源税　　D. 销售应税消费品应交的消费税

7. 下列各项资产减值准备中,一经确认,在相应资产持有期间内均不得转回的有(　　)。

A. 坏账准备　　B. 固定资产减值准备
C. 存货跌价准备　　D. 投资性房地产减值准备

8. 下列各项中，影响企业营业利润的有(　　)。
A. 出售原材料损失
B. 计提无形资产减值准备
C. 公益性捐赠支出
D. 出售以公允价值计量且其变动计入当期损益的金融资产损失

9. 下列各项中，属于反映企业经营成果的会计要素有(　　)。
A. 收入　　B. 费用　　C. 所有者权益　　D. 利润

10. 企业缴纳的下列税款中，应记入"管理费用"科目的是(　　)。
A. 增值税　　B. 印花税　　C. 房产税　　D. 土地使用税

三、判断题

1. 在财务分析中，利润表是非常重要的，因为无论对于哪方利益相关人，他从企业获取的利益来源都是企业形成的利润。(　　)

2. 每股收益越高，意味着股东可以从公司分得的股利越高。(　　)

3. 通过利润表，可以了解企业在一定期间内的收入和成本费用状况，判断企业的盈利能力和利润来源。(　　)

4. 如果企业的利润总额绝大部分来源为投资收益，则企业的利润质量较高。(　　)

5. 每股收益是评价上市公司获利能力的基本和核心指标。(　　)

四、实训题

1. 利达公司为增值税一般纳税企业，增值税税率为16%，产品销售成本按经济业务逐笔结转。所得税税率为25%。利达公司2018年发生如下经济业务：

(1)向A公司赊销产品一批，不含税销售价格535 000元，产品成本305 000元。产品已经发出，并开出增值税专用发票，已向银行办妥托收手续。

(2)根据债务人的财务状况，对应收账款计提20 000元坏账准备。

(3)采用预收款方式销售商品，当年收到第一笔款项10 000元，已存入银行。

(4)收到A公司甲产品退货。该退货系利达公司2014年售出，售出时售价共计2 000元，成本1 750元，该货款当时已如数收存银行。利达公司用银行存款支付退货款项，退回的甲产品已验收入库，并按规定开出红字增值税专用发票(假定不属于日后调整事项)。

(5)年末公司持有的以公允价值计量且其变动计入当期损益的金融资产账面价值为40 000元，公允价值为41 000元。

(6)计提已完工工程项目的长期借款利息3 000元(一次还本、分期付息)；用银行存款支付发生的管理费用5 000元，销售费用2 000元。

(7)销售产品应交的城市维护建设税1 400元，应交的教育费附加600元。

(8)计算并确认应交所得税(不考虑纳税调整事项)。

要求：

(1)编制利达公司有关经济业务的会计分录(除"应交税费"科目外，其余科目可不写明细科目)。

(2)根据会计分录编制利润表，填表3—7。

表 3—7 **利润表** 会企 02 表

编制单位:利达公司 2018 年度 单位:元

项　目	本期金额	上期金额
一、营业收入		41 248
减:营业成本		26 801
税金及附加		164
销售费用		1 380
管理费用		2 867
研发费用		
财务费用		1 615
其中:利息费用		
利息收入		
资产减值损失		
加:公允价值变动收益(损失以“—”号填列)		
投资收益(损失以“—”号填列)		990
其中:对联营企业和合营企业的投资收益		
公允价值变动收益(损失以“—”号填列)		
资产处置收益(损失以“—”号填列)		
二、营业利润(亏损以“—”号填列)		9 411
加:营业外收入		683
减:营业外支出		79
三、利润总额(亏损总额以“—”号填列)		3 305
减:所得税费用		6 710
四、净利润(净亏损以“—”号填列)		
(一)持续经营净利润(净亏损以“—”号填列)		
(二)终止经营净利润(净亏损以“—”号填列)		
五、其他综合收益的税后净额		
六、综合收益总额		
七、每股收益		
(一)基本每股收益		
(二)稀释每股收益		

2. 根据利润表 3—7 的资料,对利达公司的利润表进行比较分析和结构分析,填表 3—8。

表 3—8 利达公司利润表

项 目	利润(元)		增减额(元)	增减率(%)	2018 年构成百分比(%)	2017 年构成百分比(%)
	2018 年	2017 年				
一、营业收入		41 248				
减:营业成本		26 801				
税金及附加		164				
销售费用		1 380				
管理费用		2 867				
研发费用						
财务费用		1 615				
其中:利息费用						
利息收入						
加:投资收益		990				
二、营业利润		9 411				
加:营业外收入		683				
减:营业外支出		79				
三、利润总额		10 015				
减:所得税费用		3 305				
四、净利润		6 710				

情境四

现金流量表编制与分析

情境引例

杨子大学毕业后选择在一家基金公司工作。一天,在讨论上市公司业绩时,公司的一位股票基金经理对他说了以下一番话:盈亏已经不是决定股票价值的唯一重要因素,单从财务报表所反映的信息来看,现金流量日益取代净利润,成为评价公司股票价值的一个重要标准。从经典的股票定价理论来看,上市公司股票价格是由公司未来的每股收益和每股经营性现金流量的净现值来决定的。做中线投资最好选择每股税后利润和每股现金流量净额双高的个股,利用每股经营活动现金流量净额去分析公司的获利能力,比每股盈利更加客观。

你能理解基金经理的这番话吗?

职业能力目标

通过本情境的学习,明确现金流量表的结构,掌握现金流量表的编制方法,掌握比较现金流量表的编制与分析方法。

典型学习任务

本情境的典型学习任务主要有阅读现金流量表,能够编制现金流量表;根据现金流量表编制比较现金流量表,并对其进行分析。

子情境一 现金流量表的编制

一、现金流量表的概述

现金流量表,是综合反映企业一定会计期间内有关现金和现金等价物的流入和流出信息的会计报表。该表通过对企业现金流入量、现金流出量和现金净流量的反映,具体说明企业现金项目从期初到期末的变动过程,以便于会计报表的使用者了解和评价企业获取现金和现金等价物的能力,并据此预测企业未来现金流量。因此,现金流量分析是财务分析的重要组成部分,对于投资人、债权人和企业的管理者都具有重要意义。

(一)现金流量

现金流量指企业一定时期的现金和现金等价物的流入和流出的数量。

1. 现金

现金流量表中的“现金”,是指企业的现金和现金等价物。其包含内容如图 4—1 所示。

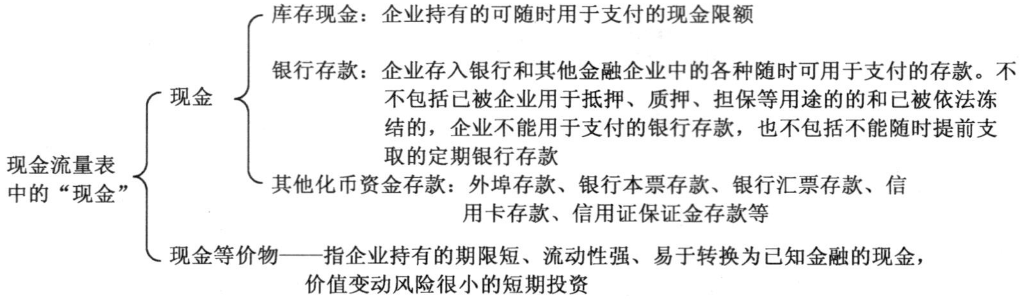

图 4—1 现金流量表中的“现金”内容

应注意的是,作为现金等价物的短期投资必须同时满足上述定义中的四项条件,缺一不可。

2. 现金流量的产生

现金流量本质上是一种增量,即企业在一定时期内增加的流入量和流出量,没有增量,就不会形成现金流量。

以下四种情形不产生现金流量:

(1)现金各种形式之间的转换不形成现金的增量,即现金没有流入或流出企业,只是内部现金的存放形式发生了变化。如企业从银行提取现金、将库存现金存入银行等。

(2)现金和现金等价物之间的转换也不产生增量现金,不形成现金流量。如企业用现金购买将于 3 个月内到期的国库券,并不改变企业的支付能力,因此不构成报告期的现金流动。

(3)企业日常发生的经济业务,若仅涉及非现金各项目之间的增减变动,因为不涉及现金收支,不会产生增量现金,所以也不形成现金流量。如计提坏账准备,提取固定资产折旧,摊销无形资产和长期待摊费用,预提利息,用存货、固定资产等非现金资产清偿债务或对外投资,计提各项资产减值准备或转销非现金资产的损失,分配职工工资,计提职工福利费等。

(4)在同时涉及现金与非现金项目的经济业务中,会产生现金增量,形成现金流量。如销售商品、借入短期借款等。

3. 现金流量的分类

现金流量的分类是编制现金流量表的基础。

现金流量的产生是由企业的各项业务活动引起的。例如,销售商品、提供劳务、出售固定资产、向银行借款等取得现金,形成企业的现金流入;购买原材料、接受劳务、购建固定资产、对外投资、偿还债务等而支付现金等,形成企业的现金流出。又如,企业对外投资引起现金的流出,收回投资引起现金的流入等。

《企业会计准则——现金流量表》将现金流量归结为三类:经营活动产生的现金流量、投资活动产生的现金流量和筹资活动产生的现金流量。

(1)经营活动产生的现金流量。经营活动是指直接进行产品生产、商品销售或劳务提供的活动,它们是企业取得净收益的主要交易和事项。

(2)投资活动产生的现金流量。投资活动指长期资产的购建和不包括在现金等价物范围内的投资及其处置活动。

(3)筹资活动产生的现金流量。筹资活动指导致企业资本及债务规模和构成发生变化的活动。资本包括实收资本(股本)、资本溢价(股本溢价),债务指企业所借入的款项。

(二)现金流量表的作用

现金流量表反映了企业在一定时期内创造的现金数额,揭示了在一定时期内现金流动的状况。对现金流量表进行分析,其作用如下:

第一,提供企业一定时期内因经营活动而发生的现金收入来源和支出去向的信息。借以预测企业在未来期间产生现金流量的能力。

第二,反映企业现金增减变动的原因,分析在一定时期企业所产生的现金能否足够偿还债务和满足其他需要现金的预算支出,判断和衡量企业偿债能力和支付股利的能力。

第三,反映企业经营成果和营业活动的现金流量之间的关系,便于分析企业现金充裕或紧缺的原因。

第四,分析企业投资活动和筹资活动对财务状况的影响,有助于财务信息使用者评价和比较不同企业未来现金流量的情况以及投资的风险。

二、认知现金流量表的结构

现金流量表分为正表和补充资料两部分。

(一)现金流量表正表

现金流量表正表根据企业经济业务的性质和现金流量的来源,分类反映经营活动产生的现金流量、投资活动产生的现金流量和筹资活动产生的现金流量,最后汇总反映企业某一期间现金及现金等价物的净增加额。在有外币现金流量及境外子公司的现金流量折算为人民币的企业,还应单设"汇率变动对现金及现金等价物的影响"项目。其格式如表4—1所示。

表4—1 **现金流量表** 会企03表

编制单位: 年度 单位:元

项 目	本期金额	上期金额
一、经营活动产生的现金流量		
销售商品、提供劳务收到的现金		
收到的税费返还		
收到的其他与经营活动有关的现金		
经营活动现金流入小计		
购买商品、接受劳务支付的现金		
支付给职工以及为职工支付的现金		
支付的各项税费		
支付的其他与经营活动有关的现金		
经营活动现金流出小计		
经营活动产生的现金流量净额		

续表

项　目	本期金额	上期金额
二、投资活动产生的现金流量		
收回投资收到的现金		
取得投资收益收到的现金		
处置固定资产、无形资产和其他长期资产收回的现金净额		
处置子公司及其他营业单位收到的现金净额		
收到的其他与投资活动有关的现金		
投资活动现金流入小计		
购建固定资产、无形资产和其他长期资产支付的现金		
投资支付的现金		
取得子公司及其他营业单位支付的现金净额		
支付的其他与投资活动有关的现金		
投资活动现金流出小计		
投资活动产生的现金流量净额		
三、筹资活动产生的现金流量		
吸收投资收到的现金		
取得借款收到的现金		
收到的其他与筹资活动有关的现金		
筹资活动现金流入小计		
偿还债务支付的现金		
分配股利、利润或偿付利息支付的现金		
支付的其他与筹资活动有关的现金		
筹资活动现金流出小计		
筹资活动产生的现金流量净额		
四、汇率变动对现金及现金等价物的影响		
五、现金及现金等价物净增加额		
加:期初现金及现金等价物余额		
六、期末现金及现金等价物余额		

(二)现金流量表补充资料

现金流量表补充资料是对正表内容的补充说明,主要包括三项内容:

(1)将净利润调节为经营活动现金流量。

(2)不涉及现金收支的投资和筹资活动。

(3)现金及现金等价物净增加情况。

现金流量表补充资料的格式如表 4—2 所示。

表 4—2　　现金流量表补充资料

补充资料	本期金额	上期金额
1. 将净利润调节为经营活动现金流量		
净利润		
加:资产减值准备		
固定资产折旧、油气资产折耗、生产性生物资产折旧		
无形资产摊销		
长期待摊费用摊销		
处置固定资产、无形资产和其他长期资产的损失(收益以"—"号填列)		
固定资产报废损失(收益以"—"号填列)		
公允价值变动损失(收益以"—"号填列)		
财务费用(收益以"—"号填列)		
投资损失(收益以"—"号填列)		
递延所得税资产减少(增加以"—"号填列)		
递延所得税负债增加(减少以"—"号填列)		
存货的减少(增加以"—"号填列)		
经营性应收项目的减少(增加以"—"号填列)		
经营性应付项目的增加(减少以"—"号填列)		
其他		
经营活动产生的现金流量净额		
2. 不涉及现金收支的重大投资和筹资活动		
债务转为资本		
一年内到期的可转换公司债券		
融资租入固定资产		
3. 现金及现金等价物净变动情况		
现金的期末余额		
减:现金的期初余额		
加:现金等价物的期末余额		
减:现金等价物的期初余额		
现金及现金等价物净增加额		

补充资料不仅是对主表部分的补充说明,而且两者中的某些项目存在相等一致的关系:

(1)主表中的第一项"经营活动产生的现金流量净额"必须与补充资料中的第一项,即由净利润调节后得到的"经营活动产生的现金流量净额"相等一致。

(2)主表中最后第五项"现金及现金等价物净增加额"必须与补充资料中最后第三项的"现

金及现金等价物净增加额”相等一致。

三、现金流量表的编制方法

(一)直接法和间接法

编制现金流量表时，列报经营活动的现金流量的方法有直接法和间接法两种。在直接法下，一般是以利润表中的营业收入为起算点，调节与经营活动有关的项目的增减变动，然后计算出经营活动产生的现金流量。在间接法下，将净利润调节为经营活动现金流量，实际上就是将按权责发生制原则确定的净利润调整为现金净流入，并剔除投资活动和筹资活动对现金流量的影响。

采用直接法编报的现金流量表，便于分析企业经营活动产生的现金流量的来源和用途，预测企业现金流量的未来前景；采用间接法编报现金流量表，便于将净利润与经营活动产生的现金流量净额进行比较，了解净利润与经营活动产生的现金流量差异的原因，从现金流量的角度分析净利润的质量。所以，我国企业会计准则规定企业应当采用直接法编报现金流量表，同时要求在附注中提供以净利润为基础调节到经营活动现金流量的信息。

采用直接法具体编制现金流量表时，可以采用工作底稿法或 T 形账户法，也可以根据有关科目记录分析填列。

(二)分析填列法

分析填列法是直接根据资产负债表、利润表和有关会计科目明细账的记录，分析计算现金流量表各项目的金额，并据以编制现金流量表的一种方法。

1. 经营活动产生的现金流量

(1)“销售商品、提供劳务收到的现金”项目。该项目反映企业销售商品、提供劳务实际收到的现金(含销售收入和应向购买者收取的增值税税额)，包括本期销售商品、提供劳务收到的现金，以及前期销售商品、前期提供劳务本期收到的现金和本期预收的账款，减去本期销售本期退回的商品和前期销售本期退回的商品支付的现金。企业销售材料和代购代销业务收到的现金，也在本项目反映。本项目可以根据“库存现金”“银行存款”“应收票据及应收账款”“预收账款”“主营业务收入”“其他业务收入”等科目的记录分析填列。计算公式如下：

$$\begin{matrix}\text{销售商品、接受劳务}\\\text{收到的现金}\end{matrix}=\begin{matrix}\text{当期销售商品、}\\\text{提供劳务收到的现金}\end{matrix}+\begin{matrix}\text{当期收到前期的}\\\text{应收票据及应收账款}\end{matrix}$$

该项目在编制时还可以采用以下公式进行计算：

$$\begin{matrix}\text{销售商品、接受劳务}\\\text{收到的现金}\end{matrix}=\begin{matrix}\text{销售商品、提供劳务产生的}\\\text{“收入和增值税销项税额”}\end{matrix}+\begin{matrix}\text{应收票据及应收账款本期减少额}\\\text{(期初余额－期末余额)}\end{matrix}+\begin{matrix}\text{预收款项本期增加额}\\\text{(期末余额－期初余额)}\end{matrix}\pm\begin{matrix}\text{特殊}\\\text{调整业务}\end{matrix}$$

【学中做 4－1】

某企业 2018 年度有关资料如下：

①利润表中“营业收入”项目金额为 300 000 元；

②“应交税费——应交增值税(销项税额)”贷方发生额为 51 000 元；

③资产负债表中“应收票据及应收账款”项目期初余额为 131 000 元，期末余额为 82 000 元；

④资产负债表中“预收款项”项目的期初余额为40 000元，期末余额为80 000元。

⑤企业当期收回的应收账款中，以商品抵偿债务的金额为10 000元。

要求：计算销售商品、接受劳务收到的现金。

$$\text{销售商品、接受劳务收到的现金}=300\ 000+51\ 000+(131\ 000-82\ 000)+(80\ 000-40\ 000)-10\ 000=430\ 000(\text{元})$$

(2)"收到的税费返还"项目。该项目反映企业收到返还的各种税费，如收到的增值税、消费税、所得税、教育费附加返还等。本项目可以根据"库存现金""银行存款""营业外收入""其他应收款"等科目的记录分析填列。

【学中做 4-2】

某公司前期出口一批商品，已缴纳的增值税按照规定应退回8 000元，前期未退还，本期收到存入银行；本期收到教育费附加返还款52 000元，存入银行。

要求：计算收到的税费返还数额。

本期收到的税费返还=8 000+52 000=60 000(元)

(3)"收到的其他与经营活动有关的现金"项目。该项目反映企业除了上述各项目外，收到的其他与经营活动有关的现金流入，如罚款收入、流动资产损失中由个人赔偿的现金收入、收到的经营租赁的租金、收到的押金、收到退还的其他应收款等。其他现金流入如价值较大的，应单列项目反映。本项目可以根据"库存现金""银行存款""营业外收入"等科目的记录分析填列。

(4)"购买商品、接受劳务支付的现金"项目。该项目反映企业购买材料、商品，接受劳务实际支付的现金，包括本期购入材料、商品、接受劳务支付的现金(包括增值税进项税额)以及本期支付前期购入商品、接受劳务的未付款项和本期预付款项。本期发生的购货退回收到的现金应从本项目内减去。企业代购代销业务支付的现金，也在该项目反映。本项目可以根据"库存现金""银行存款""应付票据及应付账款""预付账款""主营业务成本""其他业务成本"等科目的记录分析填列。其计算公式如下：

$$\text{购买商品、接受劳务支付的现金}=\text{当期购买商品、接受劳务支付的现金}+\text{当期支付前期的应付票据及应付账款}+\text{当期预付的账款}-\text{当期因购货退回收到的现金}$$

购买商品、接受劳务支付的现金也可以采用以下公式计算：

$$\begin{aligned}\text{购买商品、接受劳务支付的现金}=&\text{购买商品、接受劳务产生的“销售成本和增值税进项税额”}+\text{应付票据及应付账款本期减少额(期初余额}-\text{期末余额)}\\&+\text{预付款项本期增加额(期末余额}-\text{期初余额)}+\text{存货本期增加额(期末余额}-\text{期初余额)}\pm\text{特殊调整业务}\end{aligned}$$

【学中做 4-3】

某企业本期发生的经济业务如下：

①利润表中"营业成本"项目的金额为2 000 000元。

②"应交税费——应交增值税(进项税额)"借方发生额为170 000元。

③资产负债表中，"存货"项目的期初余额为970 000元，期末余额为780 000元，均是与经营活动有关的存货。

④资产负债表中"应付票据及应付账款"项目的期初余额为145 000元，期末余额为140 000元；

⑤制造费用中，本期计提折旧的金额为100 000元。

⑥用固定资产偿还应付账款110 000元。

⑦生产成本中，"直接工资"项目含有生产工人工资400 000元。

要求：计算购买商品、接受劳务支付的现金。

购买商品、接受劳务支付的现金 $=2\,000\,000+170\,000+(780\,000-970\,000)+(145\,000-140\,000)-100\,000-110\,000-400\,000=1\,375\,000$（元）

（5）“支付给职工以及为职工支付的现金”项目。该项目反映企业实际支付给职工以及为职工支付的现金，包括本期实际支付给职工的工资、奖金、各种津贴和补贴等，以及为职工支付的其他费用，不包括支付的离退休人员的各项费用和支付给在建工程人员的工资等。企业支付给离退休人员的各项费用，包括支付的统筹退休金以及未参加统筹的退休人员的费用，在“支付的其他与经营活动有关的现金”项目中反映；支付给在建工程人员的工资，在“购建固定资产、无形资产和其他长期资产所支付的现金”项目中反映。本项目可以根据“应付职工薪酬”“库存现金”“银行存款”等科目的记录分析填列。

企业为职工支付的养老、失业等社会保险基金、补充养老保险、住房公积金、支付给职工的住房困难补助，以及企业支付给职工或为职工支付的其他福利费用等，应按职工的工作性质和服务对象，分别在本项目和在“购建固定资产、无形资产和其他长期资产所支付的现金”项目中反映。

【学中做 4—4】

某企业 2018 年度有关职工薪酬资料如表 4—3 所示，本期用银行存款支付离退休人员工资400 000元。假定应付职工薪酬本期减少数均以银行存款支付，应付职工薪酬为贷方余额。假定不考虑其他事项。

要求：

①计算支付给职工以及为职工支付的现金；

②计算支付的其他与经营活动有关的现金；

③计算购建固定资产、无形资产和其他长期资产所支付的现金。

表 4—3 **职工薪酬表** 单位：元

项目		年初数	本期分配或计提数	期末数
应付职工薪酬	生产工人工资	100 000	1 000 000	80 000
	车间管理人员工资	60 000	500 000	30 000
	行政管理人员工资	60 000	800 000	45 000
	在建工程人员工资	40 000	320 000	18 000

① 支付给职工以及为职工支付的现金 $=(100\,000+60\,000+60\,000)+(1\,000\,000+500\,000+800\,000)-(80\,000+30\,000+45\,000)=2\,365\,000$（元）。

②支付的其他与经营活动有关的现金 $=400\,000$（元）

③ 购建固定资产、无形资产和其他长期资产所支付的现金 $=40\,000+320\,000-18\,000=342\,000$（元）

（6）“支付的各项税费”项目。该项目反映企业按规定支付的各种税费，包括本期发生并支付的税费，以及本期支付以前各期发生的税费和预交的税金，如支付的教育费附加、矿产资源补偿费、印花税、房产税、土地增值税、车船税、增值税、消费税等。不包括计入固定资产价值、实际支付的耕地占用税、契税等，也不包括本期退回的增值税、所得税，本期退回的增值税、所得税在“收到的税费返还”项目中反映。本项目可以根据“应交税费”“库存现金”“银行存款”等科目的记录分析填列。

【学中做 4—5】

某企业 2018 年有关资料如下：

①2018 年利润表中的所得税费用为1 000 000元（均为当期应交所得税产生的所得税费用）；

②“应交税费—应交所得税”科目年初数为40 000元，年末数为20 000元。假定不考虑其他税费。

要求：根据上述资料，计算“支付的各项税费”项目金额。

支付的各项税费＝40 000＋1 000 000－20 000＝1 020 000（元）

（7）“支付的其他与经营活动有关的现金”项目。该项目反映企业除上述各项目外所支付的其他与经营活动有关的现金流出，如罚款支出、支付的差旅费、业务招待费现金支出、支付的保险费等，其他现金流出如价值较大的，应单列项目反映。本项目可以根据“库存现金”“银行存款”“管理费用”“营业外支出”科目的记录分析填列。

2. 投资活动产生的现金流量

（1）“收回投资所收到的现金”项目。该项目反映企业出售、转让或到期收回除现金等价物以外的对其他企业的权益工具、债务工具和合营中的权益等投资收到的现金。收回债务工具实现的投资收益、处置子公司及其他营业单位收到的现金净额不包括在本项目内。本项目可以根据“持有至到期投资”“长期股权投资”“可供出售金融资产”“库存现金”“银行存款”等科目的记录分析填列。

【学中做 4—6】

某企业本期投资资料如下：

①出售一项债权投资，本金为400 000元，收回全部投资金额480 000元，其中80 000元为债券的利息，款项存入银行。

②出售以公允价值计量且其变动计入当期损益的金融资产，投资成本为30 000元，出售收入为35 000元，存入银行。

③出售一项长期投资的股票，投资成本为480 000元，转让收入为460 000元，存入银行。

要求：计算企业收回投资收到的现金。

收回投资收到的现金＝400 000＋35 000＋460 000＝895 000（元）

（2）“取得投资收益所收到的现金”项目。该项目反映企业除现金等价物以外的对其他企业的权益工具、债务工具和合营中的权益投资分回的现金股利和利息，不包括股票股利。本项目可以根据“库存现金”“银行存款”“投资收益”等科目的记录分析填列。

【学中做 4—7】

某企业出售一项债权投资，本金为400 000元，收回全部投资金额480 000元，其中80 000元为债券的利息，款项存入银行；以公允价值计量且其变动计入当期损益的金融资产持有期间分的现金股利40 000元，存入银行。

要求：计算取得投资收益收到的现金。

取得投资收益收到的现金＝80 000＋40 000＝120 000（元）

(3)“处置固定资产、无形资产和其他长期资产所收回的现金净额”项目。该项目反映企业出售、报废固定资产、无形资产和其他长期资产所取得的现金(包括因资产毁损收到的保险赔偿款),减去为处置这些资产而支付的有关费用后的净额。如所收回的现金净额为负数,则应作为投资活动现金流出项目反映,列在“支付的其他与投资活动有关的现金”项目中。本项目可以根据“固定资产清理”“库存现金”“银行存款”等科目的记录分析填列。

【学中做 4—8】

某企业出售一台设备,收到价款240 000元存入银行,设备原价420 000元,已提折旧140 000元;同时,报废一台设备,原价150 000元,已提折旧135 000元,以现金支付清理费用3 000元,取得清理收入3 500元。

要求:计算企业处置固定资产、无形资产和其他长期资产所收回的现金净额。

处置固定资产、无形资产和其他长期资产所收回的现金净额 =240 000+(3 500−3 000)=240 500(元)

(4)“处置子公司及其他营业单位收到的现金净额”项目。该项目反映企业处置子公司及其他营业单位所取得的现金,减去相关处置费用以及子公司及其他营业单位持有的现金和现金等价物后的净额。本项目可以根据“长期股权投资”“银行存款”“库存现金”等科目的记录分析填列。

(5)“收到的其他与投资活动有关的现金”项目。该项目反映企业除了上述各项目以外,所收到的其他与投资活动有关的现金流入。比如,企业收回购买股票和债券时支付的已宣告但尚未领取的现金股利或已到付息期但尚未领取的债券利息。若其他与投资活动有关的现金流入金额较大,应单列项目反映。本项目可以根据“应收股利”“应收利息”“银行存款”“库存现金”等有关科目的记录分析填列。

(6)“购建固定资产、无形资产和其他长期资产支付的现金”项目。该项目反映企业本期购买、建造固定资产、取得无形资产和其他长期资产实际支付的现金,以及用现金支付的应由在建工程和无形资产负担的职工薪酬,不包括为购建固定资产而发生的借款利息资本化的部分,以及融资租入固定资产支付的租赁费;企业支付的借款利息和融资租入固定资产支付的租赁费,在筹资活动产生的现金流量中反映。本项目可根据“固定资产”“在建工程”“无形资产”“库存现金”“银行存款”等科目的记录分析填列。

(7)“投资支付的现金”项目。该项目反映企业取得除现金等价物以外的对其他企业的权益工具、债务工具和合营中的权益投资所支付的现金,以及支付的佣金、手续费等交易费用,但取得子公司及其他营业单位支付的现金净额除外。本项目可以根据“可供出售金融资产”“持有至到期投资”“长期股权投资”“库存现金”“银行存款”等科目的记录分析填列。

(8)“取得子公司及其他营业单位支付的现金净额”项目。该项目反映企业购买子公司及其他营业单位购买出价中以现金支付的部分,减去子公司及其他营业单位持有的现金和现金等价物后的净额。本项目可以根据“长期股权投资”“库存现金”“银行存款”等科目的记录分析填列。

(9)“支付其他与投资活动有关的现金”科目。该项目反映企业除上述各项以外,所支付的其他与投资活动有关的现金流出,如企业购买股票和债券时,支付的已宣告但尚未领取的现金股利或已到付息期但尚未领取的债券利息等。若某项其他与投资活动有关的现金流出金额较大应单列项目反映。本项目可以根据“应收股利”“应收利息”“银行存款”“库存现金”等科目的记录分析填列。

【学中做 4—9】

某企业发生以下与投资有关的经济业务：

①购入准备近期出售的股票100 000元，以银行存款支付。

②企业购入准备长期持有的债券，债券面值200 000元，票面利率 7%，企业实际支付的金额为240 000元。

③购入股票投资，实际支付的价款为255 000元，其中包括已宣告尚未领取的现金股利5 000元，另支付手续费4 000元，上述款项通过银行存款支付。

要求：计算投资活动的现金流出。

投资支付的现金＝100 000＋240 000＋(255 000－5 000＋4 000)＝594 000(元)

支付其他与投资活动有关的现金＝5 000(元)

3. 筹资活动产生的现金流量

(1)“吸收投资收到的现金”项目。该项目反映企业以发行股票、债券等方式筹集资金实际收到的款项净额(发行收入减去支付的佣金、手续费、宣传费、咨询费、印刷费等发行费用后的净额)。本项目可以根据“实收资本(或股本)”“库存现金”“银行存款”等科目的记录分析填列。

(2)“取得借款收到的现金”项目。该项目反映企业举借各种长、短期借款实际收到的现金。本项目可根据“短期借款”“长期借款”“库存现金”“银行存款”等科目记录分析填列。

(3)“收到其他与筹资活动有关的现金”项目。该项目反映企业除上述各项目外，所收到的其他与筹资活动有关的现金流入，如接受现金捐赠等。若某项其他与筹资活动有关的现金流入金额较大，应单列项目反映。本项目可以根据“银行存款”“营业外收入”“库存现金”科目的记录分析填列。

【学中做 4—10】

某企业发生以下与筹资活动现金流入有关的经济业务：

①企业购入股票1 000万股，每股面值 1 元，发行价格为 1.2 元/股，发行手续费为发行收入的 2%，发行费共计240 000元，企业将股票发行的净收入存入银行。

②取得短期借款170 000元，存入银行。

③接受现金捐赠200 000元，存入银行。

④发行长期债券，债券面值为2 000 000元，发行价格为2 200 000元。证券公司代收手续费66 000元、代为支付印刷宣传费8 000元，费用均直接从发行收入中扣除。企业以银行存款支付审计费5 000元。

要求：计算筹资活动的现金流入。

①吸收投资收到的现金＝(10 000 000×1.2－240 000)＋(2 200 000－66 000－8 000)

＝13 886 000(元)

②借款收到的现金＝170 000(元)

③收到其他与筹资活动有关的现金＝200 000(元)

提示：企业发行债券时支付的审计费5 000元，属于“支付的其他与筹资活动有关的现金”项目。

(4)“偿还债务支付的现金”项目。该项目反映企业以现金偿还债务的本金，包括偿还金融企业的借款本金、偿还债券本金等。企业偿还的借款利息、债券利息，在“分配股利、利润或偿付利息支付的现金”项目中反映，不包括在本项目内。本项目可以根据“短期借款”“长期借款”“应付债券”“库存现金”“银行存款”等科目的记录分析填列。

(5)“分配股利、利润或偿付利息支付的现金”项目。该项目反映企业实际支付的现金股利，支付给其他投资单位的利润以及用现金支付的借款利息、债券利息等。本项目可以根据“应付股利”“应付利息”“财务费用”“库存现金”“银行存款”等科目的记录分析填列。

(6)“支付的其他与筹资活动有关的现金”项目。该项目反映企业除上述各项外所支付的其他与筹资活动有关的现金流出，如捐赠现金支出、融资租入固定资产支付的租赁费等。若某项其他与筹资活动有关流出金额较大，应单列项目反映。本项目可以根据“银行存款”“营业外支出”“长期应付款”“库存现金”科目的记录分析填列。

【学中做 4－11】

某企业本期发生以下与筹资活动有关的现金流出的经济业务：

①以银行存款支付在建工程负担的借款资本化利息200 000元。

②偿还短期借款本金300 000元，利息15 000元。

③支付现金股利90 000元。

④宣告发放股票股利150 000股，每股面值 1 元。

⑤支付融资租入的固定资产的租赁费70 000元。

要求：计算企业与筹资活动有关的现金流出。

①偿还债务支付的现金＝300 000(元)

②分配股利、利润或偿付利息所支付的现金＝200 000＋15 000＋90 000＝305 000(元)

③支付的其他与筹资活动有关的现金＝70 000(元)

4. 汇率变动对现金及现金等价物的影响

该项目反映企业外币现金流量及境外子公司的现金流量折算为人民币时，所采用的现金流量发生日的即期汇率或按照系统合理方法确定的、与现金流量发生日的即期汇率近似汇率折算的人民币金额与“现金及现金等价物净增加额”中外币现金净增加额按期末汇率折算的人民币金额之间的差额。

【学中做 4－12】

某企业当期出口商品一批，售价900 000美元，当日收汇汇率为 1∶6.20，当期进口货物一批，价值500 000美元，当日结汇汇率为 1∶6.25，资产负债表日汇率为 1∶6.30，假设企业当期没有其他外币业务发生。

要求：计算汇率变动对现金及现金等价物的影响。

汇率变动对现金及现金等价物的影响＝900 000×(6.30－6.20)－500 000×(6.30－6.25)＝65 000(元)

5.“现金流量表补充资料”项目

现金流量表采用直接法反映经营活动产生的现金流量，同时，还应采用间接法反映经营活动产生的现金流量。

采用间接法列报经营活动产生的现金流量时，将净利润调整为经营活动现金净额，需要对四大类项目进行调整。

(1)扣除非经营活动的损益。扣除非经营活动的损益即从净利润中扣除筹资和投资活动的损益，基本原则是由筹资和投资活动引起的损失应加回到净利润中，而由筹资和投资活动引起的收益应从净利润中减去。主要包括：处置固定资产、无形资产、其他长期资产的损失，固定资产报废损失，财务费用，投资损失(减收益)。即

净利润－非经营活动损益＝经营活动净损益

（2）加上不支付经营资产的费用。不支付经营资产的费用已在计算利润时扣除，但没有在本期支付现金，所以计算经营活动现金流量时应将其加回。不支付经营资产的费用主要包括计提的减值准备、计提固定资产折旧、无形资产摊销、长期待摊费用摊销。

（3）加上非现金流动资产减少。存货和应收项目减少，可以使企业收回在流动资产上占用的资金，导致现金增加；反之，导致现金减少。主要包括：存货减少（减增加）；经营性应收项目减少（减增加），如应收票据及应收账款减少、预付账款减少、其他应收款减少。

（4）加上经营性应付项目增加。经营性应付项目增加的原因有两种：一种是由现金流入，但未增加利润，如收到押金；另一种是已减少利润，但未支付现金，如应付工资计入费用，减少了损益，但没有付现。主要包括：经营性应付项目增加（减去减少数），如应付票据及应付账款增加、其他应付款增加、应付职工薪酬增加、应交税费增加。

【学中做 4—13】 现金流量表编制实例

根据情境二【学中做 2—6】和情境三【学中做 3—1】的相关资料，编制 GY 公司现金流量表，如表 4—4 所示。

表 4—4 **现金流量表** 会企 03 表

编制单位：GY 公司 2018 年度 单位：元

项 目	行次	本期金额	上期金额
一、经营活动产生的现金流量			
销售商品、提供劳务收到的现金	1	30 160	
收到的税费返还	2	0	
收到的其他与经营活动有关的现金	3	0	
经营活动现金流入小计	4	30 160	
购买商品、接受劳务支付的现金	5	20 000	
支付给职工以及为职工支付的现金	6	0	
支付的各项税费	7	2 300	
支付的其他与经营活动有关的现金	8	0	
经营活动现金流出小计	9	22 300	
经营活动产生的现金流量净额	10	7 860	
二、投资活动产生的现金流量			
收回投资所收到的现金	11	0	
取得投资收益所收到的现金	12	0	
处置固定资产、无形资产和其他长期资产收回的现金净额	13	180 000	
处置子公司及其他营业单位收到的现金净额	14	0	
收到的其他与投资活动有关的现金	15	0	
投资活动现金流入小计	16	0	
购建固定资产、无形资产和其他长期资产支付的现金	17	0	

续表

项　目	行次	本期金额	上期金额
投资所支付的现金	18	0	
取得子公司及其他营业单位支付的现金净额	19	0	
支付的其他与投资活动有关的现金	20	0	
投资活动现金流出小计	21	0	
投资活动产生的现金流量净额	22	180 000	
三、筹资活动产生的的现金流量			
吸收投资收到的现金	23	0	
取得借款收到的现金	24	0	
收到的其他与筹资活动有关的现金	25	0	
筹资活动现金流入小计	26	0	
偿还债务所支付的现金	27	0	
分配股利、利润或偿付利息支付的现金	28	0	
支付的其他与筹资活动有关的现金	29	0	
筹资活动现金流出小计	30	0	
筹资活动产生的现金流量净额	31	0	
四、汇率变动对现金及现金等价物的影响		0	
五、现金及现金等价物净增加额	32	187 860	
加:期初现金及现金等价物余额	33	400 500	
六、期末现金及现金等价物余额	34	588 360	

子情境二　现金流量表的水平分析

一、现金流量表水平分析的意义

现金流量的水平分析通常是采用编制两年或历年现金流量表，即将指标一同列示，进行对比，加以分析，以确定其增减差异，观察变动趋势。单看一个报告期的报表，不能有效地预测企业未来的现金流量状况。只有观察连续两期或数期的会计报表，进行相应数据的比较分析，才能了解哪些项目发生了变化，并从中掌握其变动趋势，来判断企业的发展前景，进而做出正确的决策。

在进行比较分析时，还应当结合资产负债表和利润表等信息，以明确企业整体现金流量和分项目现金流量变动的结果是有利还是不利。

二、水平现金流量表的编制

水平现金流量表是将两期或以上的连续若干期间的现金流量相关数额平行列示变动差异

额和差异变动百分比的报表。具体编制步骤如下：

(1)按从低向高的年度连续期间平行排列金额，并增加变动情况数据计算栏。

(2)增加“增减额”与“增减率”率栏目，对比计算增减差异额，用差异额除以基期对比。

水平现金流量表可以编制短期的，即仅取最近两期现金流量表的数据进行比较，因为最近两期提供的信息是报表使用者最为关心的信息；也可以编制长期的，即选取两年以上的现金流量表的数据进行比较，这样可以更加准确地反映企业发展的总体趋势，更好地预测企业的发展前景。

【学中做 4－14】 编制水平现金流量表

C公司根据2017年、2018年现金流量表资料编制水平现金流量表，见表4－5。

表 4－5 **水平现金流量表**

编制单位：C公司 2018年度 单位：元

项　目	本期金额	上期金额	增减额	增减率(%)
一、经营活动产生的现金流量				
销售商品、提供劳务收到的现金	1 484 500	1 000 000	484 500	48.45
收到的税费返还				
收到的其他与经营活动有关的现金				
经营活动现金流入小计	1 484 500	1 000 000	484 500	48.45
购买商品、接受劳务支付的现金	426 662	267 000	159 662	59.80
支付给职工以及为职工支付的现金	300 000	280 000	20 000	7.14
支付的各项税费	209 330	127 000	82 330	64.83
支付的其他与经营活动有关的现金	48 000	27 000	21 000	77.78
经营活动现金流出小计	983 992	701 000	282 992	40.37
经营活动产生的现金流量净额	500 508	299 000	201 508	40.26
二、投资活动产生的现金流量				
收回投资所收到的现金	200 500		200 500	
取得投资收益所收到的现金		2 000	－2 000	－100
处置固定资产、无形资产和其他长期资产收回的现金净额	300		300	
处置子公司及其他营业单位收到的现金净额				
收到的其他与投资活动有关的现金				
投资活动现金流入小计	200 800	2 000	198 800	9 940
购建固定资产、无形资产和其他长期资产支付的现金	562 450	193 000	369 450	191.42
投资所支付的现金				
取得子公司及其他营业单位支付的现金净额				
支付的其他与投资活动有关的现金				

续表

项　目	本期金额	上期金额	增减额	增减率(%)
投资活动现金流出小计	562 450	193 000	369 450	191.42
投资活动产生的现金流量净额	－361 650	－191 000	－170 650	89.35
三、筹资活动产生的现金流量				
吸收投资收到的现金				
取得借款收到的现金	2 000 000	200 000	1 800 000	900
收到的其他与筹资活动有关的现金				
筹资活动现金流入小计	2 000 000	200 000	1 800 000	900
偿还债务所支付的现金	30 000	80 000	－50 000	－62.5
分配股利、利润或偿付利息支付的现金	116 000	89 000	27 000	30.34
支付的其他与筹资活动有关的现金				
筹资活动现金流出小计	146 000	169 000	－23 000	－13.61
筹资活动产生的现金流量净额	1 854 000	31 000	1 823 000	5 880.65
四、汇率变动对现金及现金等价物的影响				
五、现金及现金等价物净增加额	1 992 858	139 000	1 853 858	1 333.71

【帮你学】

除了上述介绍的现金流量表编制方法外，现金流量表还有一些简化编制方法，如现金类日记账法。

由于现金流量表是以现金及现金等价物为基础，反映企业的经营活动、投资活动和筹资活动的现金流入量和现金流出量，涉及的会计账簿主要有“库存现金”“银行存款”和“其他货币资金”，这几个账簿可以统称为现金类日记账。具体步骤如下：

(1)设置“库存现金日记账”“银行存款日记账”和“其他货币资金日记账”。因为企业的日常核算就要设置这三个日记账，因此，一般只需增设“现金等价物明细账”即可。

(2)在现金类日记账的摘要旁增加“现金流量表行次”一列，简称“行次”，以备积累编制现金流量表的基本资料。“行次”的数字以本书现金流量表中列示的行次为准，实际代表的是该行现金流量表的项目名称。

(3)企业发生的影响现金流量的业务，在登记现金类日记账借贷方的同时，确认该业务应记入现金流量表的项目，将该项目对应的行次的序号记入该账户的“行次”一列。例如，企业从银行借入 3 年期借款800 000元，存入银行。在登记银行存款日记账借方800 000元的同时，在“行次”内加注序号(筹资活动中“借款收到的现金”所在的行号)，表明该项现金流入应列入筹资活动的“借款收到的现金”项目。

(4)在某项业务涉及现金及现金等价物，但不影响企业的现金净流量，在登记现金类日记账的同时，在“行次”内打“×”，表示该项业务不应计入现金流量表。例如，从银行提取现金300 000元，备发工资。在银行存款日记账的贷方登记300 000元，同时在“行次”内划“×”，现金日记账的登记方法相同。

(5)期末，现金类日记中的“行次”相同的项目所记录的数字汇总，将其合计数列入现金流量表对应的项目，即可完成现金流量表的编制。

三、水平现金流量表分析

水平现金流量表的分析采用比较分析法。

根据分析的目的和要求不同，比较分析法有以下三种形式：

(1)实际指标同预算比较。实际指标同预算(计划或定额)比较，可以揭示实际与预算(计划或定额)之间的差异，了解该指标的完成情况。

(2)本期指标同上期指标或历史最好水平比较。本期指标同上期指标或历史最好水平比较，可以确定前后不同时期有关指标的变动情况，了解企业生产经营活动的发展趋势和管理工作的改进情况。

(3)本企业指标与国内外同行业先进指标比较。本企业指标与国内外同行业先进指标比较，可以找出与先进企业之间的差异，推动本企业改善经营管理方法，赶超先进水平。

【学中做 4－15】 分析水平现金流量表

根据表 4—5 C 公司 2018 年水平现金流量表的资料，对 C 公司的水平现金流量表进行分析。

分析要点：从表 4—5 可以看出，C 公司 2018 年现金及现金等价物的净增加额比 2017 年增加 1 853 858 元，说明公司获取现金的能力增强。经营活动、投资活动和筹资活动产生的净现金流量变动额分别为 201 508 元、—170 650 元和 1 823 000 元。

经营活动净现金流量比上年增长201 508元，增长率为 40.26%。经营活动现金流入量比上年增长484 500元，增长率为 48.45%；经营活动现金流出量比上年增长282 992元，增长率为 40.37%。经营活动现金流入量的增加主要是因为销售商品、提供劳务收到的现金。经营活动现金流出量的增加主要是因为支付给职工以及为职工支付的现金、购买商品接受劳务支付的现金。

投资活动的现金流入量比上年增长198 800元，增长率为9 940%，主要来自收回投资收到的现金；投资活动净现金流出量比上年增长 89.35%。主要原因是购建固定资产、无形资产和其他长期资产支付的现金大幅增加。

筹资活动现金流入量为2 000 000元，增长了1 800 000元，增长率为 900%，主要是企业借款筹资导致的；筹资活动的现金流出量降低了23 000元，降低率为 13.61%；由于筹资活动流入量与流出量的影响，导致筹资活动净现金流量比上年增长 1 823 000 元，增长率为 5 880.65%。主要原因是取得借款收到的现金比上年大幅增加，即借款大于还款。

子情境三　现金流量表的结构分析

一、现金流量表结构分析的意义

现金流量表结构分析是通过对现金流量表中不同项目之间的比较，分析企业现金流入和流出的来源与方向，评价各种现金流量的形成原因。根据企业业务活动的性质和现金流量的来源，一定期间产生的现金流量进一步又划分为三类：经营活动现金流量、投资活动现金流量和筹资活动现金流量。三类现金流入量和流出量的含义不同，对信息使用者产生的作用也不一样。现金流量表的结构分析包括现金流入结构分析、现金流出结构分析和现金流入流出结构分析。

二、垂直现金流量表的编制与分析

垂直现金流量表的分析是指各种现金流入量、现金流出量及净现金流量在企业总的现金流入量、现金流出量及全部净现金流量的比例关系。

【学中做 4－16】 垂直现金流量表的编制与分析

以表 4－5 C 公司的水平现金流量表的资料为基础，可得出现金流入流出结构情况，编制 C 公司 2018 年度垂直现金流量表，见表 4－6。

表 4－6 **垂直现金流量表** 金额单位：元

编制单位：C 公司 2018 年度 结构单位：%

项　目	现金流入量	现金流入结构	现金流出量	现金流出结构	净现金流量	净现金流量结构
一、经营活动的现金流入总量	1 484 500	40.28				
其中：						
销售商品提供劳务收到的现金	1 484 500	40.28				
收到的税费返还						
收到的其他与经营活动有关的现金						
二、经营活动的现金流出总量			983 992	58.14		
其中：						
购买商品接受劳务支付的现金			426 662	25.21		
支付给职工以及为职工支付的现金			300 000	17.73		
支付的各项税费			209 330	12.37		
支付的其他与经营活动有关的现金			48 000	2.83		
三、经营活动的净现金流量					500 508	25.12
四、投资活动的现金流入总量	200 800	5.45				
其中：						
收回投资所收到的现金	200 500	5.44				
处理固定资产收到的现金净额	300	0.01				
五、投资活动的现金流出总量			562 450	33.23		
其中：						
购建固定资产所支付的现金			562 450	33.23		
权益性投资所支付的现金					－361 650	
六、投资活动的净现金流量						－18.15
七、筹资活动的现金流入总量	2 000 000	54.27				
其中：						
吸收权益性投资所收到的现金						

续表

项　目	现金流入量	现金流入结构	现金流出量	现金流出结构	净现金流量	净现金流量结构
借款所收到的现金	2 000 000	54.27				
八、筹资活动的现金流出总量			146 000	8.63		
其中：						
偿还债务所支付的现金			30 000	1.77		
分配股利或利润所支付的现金			116 000	6.86		
偿还利息所支付的现金						
支付的其他与筹资活动有关的现金						
九、筹资活动的净现金流量					1 854 000	93.03
现金流量总额	3 685 300	100	1 692 442	100	1 992 858	100

三、现金流量表结构分析

现金流量表结构分析，目的在于揭示现金流入量和现金流出量的结构情况，从而抓住企业现金流量管理的重点。具体可以从以下几个方面进行：

（一）现金流入结构分析

现金流入结构反映经营活动、投资活动和筹资活动这三类活动的现金流入在全部现金流入中的比重及各项业务活动现金流入中具体项目的构成情况，现金流入结构分析是将这三类活动各项现金流入加总合计，然后计算每个现金流入项目占总流入的比率。通过现金流入结构分析，可以明确企业的现金究竟来自何方，为企业增加现金流入提供可行的思路和措施。其计算公式如下：

$$\text{各项目现金流入量占总现金流入量比重}=\frac{\text{该项目现金流入量}}{\text{总现金流入量}}\times 100\%$$

（二）现金流出结构分析

现金流出结构包括两部分：一部分是反映企业经营活动的现金流出量、投资活动的现金流出量和筹资活动的现金流出量分别占现金总流出量的比重；另一部分是反映经营活动、投资活动和筹资活动等各项业务活动现金流出中具体项目的构成比重。现金流出结构分析是指企业的各项现金支出占企业当期全部现金支出的百分比。它具体反映企业的现金的主要去向和各项现金流出波动情况，以查找可以节约开支的项目，也可以借此分析企业未来财务运营能力和发展状况。

$$\text{各项目现金流出量占总现金流出量比重}=\frac{\text{该项目现金流出量}}{\text{总现金流出量}}\times 100\%$$

（三）净现金流量结构分析

净现金流量结构反映公司经营活动、投资活动及筹资活动的现金净流量占公司全部净现金流量的比例，也就是企业本年度创造的现金及现金等价物净增加额中，以上三类活动的贡献程度。通过净现金流量结构分析，可以明确反映出本期的现金净流量主要为哪类活动所产生，以此说明现金净流量形成的原因是否合理。

现金流量垂直分析方法主要采用比率分析法，通过判断比例的合理性程度来反映企业现金流量的水平。

【学中做 4—17】 分析【学中做 4—16】资料

通过表 4—6 的计算分析结果可以看出：

(1)2018 年公司现金流入总量为3 685 300元，现金流出总量为1 692 442元，现金净流入量为1 992 858元，表明公司在 2018 年较 2017 年实现了现金资产的净增加。但是，这些数据没有表明何种业务活动导致了现金的净增加，因此，还必须从动态角度按照现金净增加额的形成过程展开分析，以判断对企业的影响是好还是坏。

(2)从现金流入结构看，经营活动现金流入量占全部现金流入量的 40.28%，全部为销售商品提供劳务收到的现金。投资活动现金流入量占全部现金流入量的 5.45%，而其中收回投资所收到的现金占 5.44%，这表明该公司投资带来的现金流入基本上全部是收回投资而非获利，说明公司调整对外投资的方向。筹资活动现金流入量占全部现金流入量的 54.27%，全部为借款所收到的现金，表明该企业主要依靠负债筹资满足资金的需求。

(3)从现金流出结构看，经营活动现金流出量占全部现金流出量的 58.14%，其中购买商品接受劳务支付的现金占 25.21%，支付给职工以及为职工支付的现金占 17.73%，支付的各项税费占 12.37%。投资活动现金流出量占全部现金流出量的 33.23%，表明企业投资扩张。筹资活动现金流出量占总流出量的 8.63%；而其中分配股利或利润所支付的现金占 6.86%，占较大比重。

(4)根据净现金流量结构，公司经营活动净现金流量占 25.12%，投资活动净现金流量占—18.15%，筹资活动净现金流量占 93.03%。

子情境四　现金流量表的项目解读

一、现金流量表项目解读的意义

现金流量的项目解读是指对企业的现金流量各主要项目内涵进行深入分析，尤其是分析由于会计政策、会计估计等变动对有关项目的影响，辨别出现金流量表反映数据的真实程度。具有较高质量的现金流量应具有如下特征：第一，企业现金流量的状态体现了企业发展战略的要求；第二，在稳定发展阶段，企业经营活动现金流量应与企业经营活动所对应的利润之间具有紧密联系，并能为企业的经营扩张提供支持。因此，对信息使用者而言，现金流量表项目质量分析的意义可体现在以下四点：

(1)对企业利润质量做出评价。

(2)对企业支付能力及偿债能力做出评价

(3)对企业风险水平和抗风险能力做出评价。

(4)对企业未来现金流量预测做出评价。

二、现金流量表分析的内容

(一)经营活动现金流量主要项目解读

经营活动产生的现金流量是现金流量的一项重要指标，它说明企业在不动用外部筹资的情况下，通过经营活动产生的现金流量是否足以偿还债务、支付股利和对外投资。

1. 销售商品、提供劳务收到的现金

“销售商品、提供劳务收到的现金”包括本期销售商品、提供劳务收到的现金，以及前期销售和前期提供劳务本期收到的现金和本期预收的账款，减去本期退回本期销售的商品和前期销售本期退回的商品支付的现金；也包括销售材料和代购代销业务收到的现金。该项目是企业现金流入的主要来源，通常具有数额大、所占比重大等特点，通过与利润表中的营业收入总额相对比，可以判断企业销售收现率的情况。一般来讲，较高的收现率表明企业产品定位正确，适销对路，并已形成卖方市场的良好经营环境。

2. 收到的税费返还

“收到的税费返还”包括收到的增值税、消费税、所得税、教育费附加返还等。该项目通常数额不大，对经营活动现金流入量影响也不大。

3. 收到的其他与经营活动有关的现金

“收到的其他与经营活动有关的现金”如罚款收入、流动资产损失中由个人赔偿的现金收入等。其他现金流入若价值较大，应单独列项反映。该项目具有不稳定性，数额不应过多。

4. 购买商品、接受劳务支付的现金

“购买商品、接受劳务支付的现金”包括本期购入材料、商品及接受劳务等支付的现金(包括增值税进项税额)，本期支付前期购入等的未付款项和本期预付款项。该项目应是企业现金流出的主要方向，通常具有数额大、所占比重大等特点。将其与利润表中的营业成本相对比，可以判断企业购买商品付现率的情况，借此可以了解企业资金的紧张程度或企业的商业信用情况，从而可以更加清楚地认识到企业目前所面临的财务状况。

5. 支付的其他与经营活动有关的现金

“支付的其他与经营活动有关的现金”包括本期实际支付给职工的工资、奖金、各种津贴与补贴等。企业为职工支付的现金是企业为职工购买的各种社会保险、商业保险而发生的现金支出。该项目不包括支付给离退休人员的各项费用和支付给在建工程人员的工资等。该项目具有不稳定性，数额不应过多。

经营活动现金净流量为经营活动现金流入减去经营活动现金流出的数额。

解读要领：

(1)如果经营活动现金流量净额为负数，说明企业通过正常的商品购销活动所带来的现金流入量不足以支付因经营活动而引起的货币流出，需要采用筹资或拖延债务支付、收回投资等方式来解决经营所需的现金流出。

(2)如果经营活动现金流量净额等于零，说明企业通过正常的商品购销活动所带来的现金流入量，恰好能够支付因上述经营活动而引起的货币流出，企业经营活动现金流量处于“收支平衡”的状态。因此，企业正常的经营活动不需要额外补充流动资金，也不需要通过投资活动及筹资活动来贡献现金。

(3)如果经营活动现金流量净额为正数，说明企业通过正常的商品购销活动所带来的现金流入量不但能够支付因经营活动而引起的货币流出，而且还能为企业的投资等活动提供现金流量的支持，表明企业生产的产品产销对路，销售回款能力较强，成本费用控制在较适宜的水平上。

企业经营活动产生的现金流量良好，表明企业经营活动健康稳定，对企业规模的扩大起到重要的支持作用。

应当注意的是，在企业不同的发展阶段，对于经营活动现金流量的质量的要求也不同。在企业开始从事经营活动的初期，由于经营生产的各个环节处于“磨合”状态，设备与人力资源的利用率相对较低，材料消耗量相对较高，从而导致企业在这一时期的经营活动表现为现金流量“入不敷出”的状态，这是企业在发展过程中出现的不可避免的正常状态。但是，如果企业在正常生产经营期间仍然出现这种状态，说明企业通过经营活动创造现金流量的能力下降，企业经营活动现金流量的质量不高。

（二）投资活动现金流量主要项目解读

现金流量表中的投资活动不仅包含对外的投资行为，还包括对内的各种长期资产的购建。投资活动的现金流量是企业在某一时期内由于投资活动而引起现金流入和流出的数量。

1. 收回投资所收到的现金

“收回投资所收到的现金”反映企业出售、转让或到期收回除现金等价物以外的以公允价值计量且其变动计入当期损益的金融资产、长期股权投资而收到的现金，以及收回长期债券投资本金而收到的现金。不包括长期债券投资收回的利息，以及收回的非现金资产。该项目不能绝对地追求数额过大。投资扩张是企业未来创造利润的增长点，缩小投资可能意味着企业存在规避投资风险、投资战略改变或资金紧张等问题。

2. 取得投资收益收到的现金

“取得投资收益收到的现金”包括因股权性投资、债权性投资而取得的现金股利、利息，以及从子公司、联营企业和合营企业分得利润收到的现金。不包括股票股利。该项目表明企业进入投资回收期，通过分析可以了解投资回报率的高低。

3. 处置固定资产、无形资产和其他长期资产收回的现金净额

“处置固定资产、无形资产和其他长期资产收回的现金净额”反映企业处置固定资产、无形资产和其他长期资产所取得的现金，减去为处置这些资产而支付的有关费用后的净额。也包括固定资产报废、毁损的变卖收益及因自然灾害造成的固定资产等长期资产损失而收到的保险赔偿收入。该项目一般金额不大，如果数额较大，表明企业的产业、产品结构将有所调整，或者表明企业未来的生产能力将受到严重的影响，已经陷入深度的债务危机之中，靠出售设备来维持经营。

4. 处置子公司及其他营业单位收到的现金净额

“处置子公司及其他营业单位收到的现金净额”反映除上述各项流入以外，收到的其他与投资活动有关的现金流入。如企业收到已宣告发放但尚未领取的现金股利或已到付息期但尚未领取的债券利息，在本项目中反映。其他现金流入若价值较大，应单独列项反映。该项目反映企业处置子公司及其他营业单位所取得的现金减去相关处置费用后的净额。

5. 购建固定资产、无形资产和其他长期资产支付的现金

“购建固定资产、无形资产和其他长期资产支付的现金”反映企业购买、建造固定资产时所支付的现金，以及取得无形资产和其他长期资产时所支付的现金及增值税税款。不包括为购建固定资产而发生的借款利息资本化的部分，以及融资租入固定资产支付的租赁费（在筹资活动中反映）。该项目表明企业扩大再生产能力的强弱，可以了解企业未来的经营方向和获利能力，揭示企业未来经营方式和经营战略的发展变化。

6. 投资支付的现金

“投资支付的现金”包括企业取得的除现金等价物以外的短期股票投资、短期债券投资、长期股权投资、长期债权投资支付的现金，以及支付的佣金、手续费等附加费用。该项目表明企业参与资本市场运作、实施股权及债权投资能力的强弱，分析投资方向与企业的战略目标是否

一致。

投资活动是企业现金流动的主要形式之一。对投资活动现金流量的分析，主要应关注投资活动的现金流出量与企业发展战略之间的吻合程度。

解读要领：

(1)如果投资活动产生的现金流量为负数，意味着企业在购建固定资产、无形资产和其他长期资产、权益性投资以及债权性投资等方面所支付的现金之和大于企业收回投资，分得股利或利润，取得债券利息收入，处置固定资产、无形资产和其他长期资产而收到的现金净额之和。表明企业扩大再生产的能力较强，参与资本市场运作、实施股权及债权投资能力较强。

(2)如果投资活动产生的现金流量为正数，意味着可能是由于企业在经营活动与筹资活动方面急需资金而不得不处理手中的长期资产以求变现等原因而引起的；也可能是因为投资回收活动的规模大于投资支出的规模，表明企业投资收效显著，投资回报及变现能力较强。

(三)筹资活动现金流量主要项目解读

筹资活动现金流量是指导致企业权益性资本及借款规模和构成发生变化的活动所产生的现金流入与现金流出。

1. 吸收投资收到的现金

“吸收投资收到的现金”包括以发行股票、债券等方式筹集的资金实际收到的款项净额。以发行股票方式筹集资本而由企业直接支付的审计、咨询等费用，不在本项目中反映，而在“支付的其他与筹资活动有关的现金”项目中反映。该项目表明企业通过资本市场筹资能力的强弱。

2. 取得借款收到的现金

“取得借款收到的现金”反映企业向银行或其他金融机构等借入的各种短期、长期借款所收到的现金。该项目数额的大小，表明企业通过银行筹集资金能力的强弱，在一定程度上代表了企业商业信用的高低。

3. 偿还债务支付的现金

“偿还债务支付的现金”反映企业以现金偿还债务的本金，包括偿还银行或其他金融机构等的借款本金、偿还债券本金等。企业偿还的借款利息、债券利息不包括在本项目中，企业应将其列入“偿还利息所支付的现金”项目中。该项目有助于分析企业资金周转是否已经进入良性循环状态。

4. 分配股利、利润和偿付利息支付的现金

“分配股利、利润和偿付利息支付的现金”反映企业实际支付的现金股利，支付给其他投资单位的利润，以及用现金支付的借款利息、债券利息等。利润的分配情况可以反映企业现金的充裕程度。

5. 收到的其他与筹资活动有关的现金、支付的其他与筹资活动有关的现金

“收到的其他与筹资活动有关的现金、支付的其他与筹资活动有关的现金”反映企业除上述各项内容外，与筹资活动有关的其他现金流出，如捐赠现金支出、融资租入固定资产支付的租赁费等。其他现金流出若价值较大，应单独列项反映。该项目数额一般较小，如果数额较大，应注意分析其合理性。

对筹资活动产生的现金流量进行分析，主要应关注筹资活动的现金流量与经营活动、投资活动现金流量之间的适应程度。在企业经营活动、投资活动需要现金支持时，企业应通过筹资活动及时、足额地筹到相应的资金；在企业经营活动、投资活动产生大量现金时，企业应及时清

偿相应的贷款，避免不必要的利息支出。

解读要领：

(1)如果筹资活动产生的现金流量为正数，意味着企业筹资活动产生的现金流入大于筹资活动产生的现金流出，表明企业通过银行及资本市场筹资的能力较强。同时，应密切关注资金的使用效果，防止企业未来无法支付到期的债务本息而陷入债务危机。

(2)如果筹资活动产生的现金流量为负数，意味着企业筹资活动产生的现金流入小于筹资活动产生的现金流出，这种情况可能是由于企业在本会计期间集中发生偿还债务、支付筹资费用、分配股利或利润、偿付利息等业务而产生的，也可能是因为企业经营活动与投资活动在现金流量方面运转较好，有能力完成各项支付而产生的。但是，企业筹资活动产生的现金流量为负数，也可能是企业在投资和企业扩张方面没有更多作为的一种表现。

分析企业筹资活动产生的现金流量，应关注企业的筹资活动与企业的未来发展规划的关联度，企业的筹资活动是企业管理层为扩大投资和经营活动而采取的主动筹资行为，还是企业因投资活动和经营活动的现金流出失控而采取的不得已的筹资行为。

(四)汇率变动对现金的影响解读

汇率变动对现金的影响反映下列项目的差额：

(1)企业外币现金流量及境外子公司的现金流量折算为记账本位币时，所采用的现金流量发生日的即期汇率或按照系统合理的方法确定的、与现金流量发生日即期汇率近似的汇率折算的金额。

(2)“现金及现金等价物净增加额”中外币现金净增加额按期末汇率折算的金额。

如果现金及现金等价物净增加额数额较大，需要借助会计报表附注的相关内容分析其原因及其合理性。

子情境五　现金流量表的财务比率分析

除前面的分析和解读外，现金流量表分析还有若干财务比率指标，通过这些财务比率指标可以反映和考察企业现金流量满足生产经营、投资与偿债需要的程度。现金流量表分析涉及的财务比率指标有以下几方面：

一、现金流动性分析

现金流动性分析的目的：考察企业经营活动产生的现金流量与债务之间的关系。

(一)现金流动负债比

现金流动负债比，指年度经营活动产生的现金净流量与流动负债的比值。反映企业经营活动产生的现金流量对当期流动负债偿还的满足程度。计算公式为：

$$\text{现金流动负债比}=\frac{\text{经营活动现金净流量}}{\text{流动负债}}\times 100\%$$

该指标数值越大，表明企业对当期债务清偿的保障越强，流动资产的流动性越好。

(二)债务保障率

债务保障率，又称现金负债总额比，指经营活动产生的现金净流量与全部债务的比值。反映企业本期经营活动产生的现金流量对当期全部债务偿还的满足程度。计算公式为：

$$\text{债务保障率}=\frac{\text{经营活动现金净流量}}{\text{流动负债}+\text{长期负债}}\times 100\%$$

它同前一个指标的差别在于，现金流动负债比可能为短期债权人所重视，而债务保障率更为长期债权人所关注。该指标数值越高，表明企业承担债务总额的能力越强。

【学中做 4－18】

假定某企业的经营活动现金净流量为 72 万元，债务总额为 600 万元，则：

$$债务保障率=\frac{72}{600}\times 100\%=12\%$$

数据表明，该企业最大的付息能力是 12%，即利息高达 12% 时该企业仍能按时付息。只要能按时付息，就能借新债偿还旧债，维持债务规模。如果市场利率是 9%，那么企业最大的负债能力是 800 万元(72÷9%)。仅从付息能力看，该企业还可借债 200 万元(800－600)，可见该企业的举债能力是不错的。

二、获取现金能力分析

获取现金能力分析，主要反映企业经营活动获取现金的能力。指标包括：

(一)每元销售现金净流入

每元销售现金净流入，指经营活动现金净流量与主营业务销售收入的比值。反映企业通过销售获取现金的能力。计算公式为：

$$每元销售现金净流入=\frac{经营活动现金净流量}{主营业务销售收入}$$

该指标数值越高，表明企业经营活动获取现金的能力越强。将该指标与同行业水平相比，可以评价企业经营活动获取现金能力的强弱；与历史水平相比，可以评价获取现金的能力的变化趋势。

(二)每股经营现金流量

每股经营现金流量是经营活动现金净流量与发行在外的普通股股数的比值。该指标反映企业每一普通股获取的现金流入量。计算公式为：

$$每股经营现金流量=\frac{经营活动现金净流量-优先股股利}{发行在外的普通股股数}$$

该指标数值越高，表明企业经营活动获取现金的能力越强。

(三)全部资产现金回收率

全部资产现金回收率是经营活动现金净流量与全部资产的比值，反映企业运用全部资产获取经营活动产生的现金的能力，说明企业的资产运用效率。计算公式为：

$$全部资产现金回收率=\frac{经营活动现金净流量}{全部资产}\times 100\%$$

该指标数值越高，表明企业经营活动获取现金的能力越强。

三、财务弹性

财务弹性是指企业自身产生的现金与现金需求之间的适合程度。若企业自身产生的现金大大少于现金需求，则只能从外部筹资。一个企业的债务越大，还债压力就越大，再筹资就越困难。因此，财务弹性小的企业，由于筹资困难往往会失去盈利机会。

反映企业财务弹性的指标包括现金流量适合比率、现金再投资比率、现金股利保障倍数。

(一)现金流量适合比率

现金流量适合比率，指一定时期经营活动产生的现金净流量与同期资本支出、存货净投资额及发放现金股利的比值。反映经营活动现金满足主要现金需求的程度。计算公式为：

$$现金流量适合比率=\frac{一定时期经营活动产生的现金净流量}{同期资本支出+同期存货净投资额+同期现金股利}\times 100\%$$

计算结果如果该指标等于 1，说明企业经营活动所形成的现金流量恰好能够满足企业日常基本需要；如果该指标小于 1，说明企业经营活动产生的现金流量不能满足需要，应当采取筹资措施；如果该指标大于 1，说明企业经营活动产生的现金流量大于日常需要，企业可以考虑偿还债务以减轻利息负担，扩大生产经营规模或增加长期投资等。

(二)现金再投资比率

现金再投资比率是经营活动现金净流量减去现金股利和利息支出后的余额与总投资的比值。反映企业有多少现金留下来并投入企业用于资产更新和企业发展。计算公式为：

$$现金再投资比率=\frac{经营活动现金净流量-现金股利-利息支出}{固定资产+对外投资+其他资产+营运资金}\times 100\%$$

该比率的行业比较有重要意义。现金再投资比率通常应在 7%～10%，但各行业有区别，同一企业的不同年份也有区别。一般来讲，在企业高速扩张的年份，现金再投资比率低一些，稳定发展的年份高一些。

(三)现金股利保障倍数

现金股利保障倍数，指经营活动净现金流量与现金股利支付额之比。反映企业用年经营活动净现金流量支付现金股利的能力。计算公式为：

$$现金股利保障倍数=\frac{经营活动净现金流量}{现金股利支付额}\times 100\%$$

该指标数值越大，说明企业现金股利占经营活动现金流量的比重越小，企业支付现金股利的能力越强。

四、收益质量分析

收益质量是指收益和公司业绩评价之间的相关性。如果企业的收益能如实反映公司业绩，则认为其收益质量高；如果收益不能很好地反映公司的业绩，则认为其收益质量低。通常，收益质量高的企业具有以下特点：(1)持续的、稳健的会计政策，且该政策对公司财务状况和净收益的计量是谨慎的；(2)公司的盈利是由经常性的与公司基本业务相关的交易所带来的，而不是一次性的，并且公司所依赖的业务具有较好的发展前景；(3)会计上所反映的利润能迅速转化为现金；(4)公司的债务水平相当；(5)盈利趋势是稳定的、可预测的；(6)资产的运转状况良好等。收益质量低的公司情况则相反。

评价收益质量的财务比率是现金营运指数，它是经营活动现金净流量与经营所得现金的比值。反映企业营运管理的水平和收益的质量。计算公式为：

$$现金营运指数=\frac{经营活动现金净流量}{经营所得现金}\times 100\%$$

其中：

$$经营所得现金=净收益-非经营净收益+非付现费用$$

若营运指数等于 1，说明经营所得现金全部实现；若营运指数小于 1，说明一部分收益尚没有取得现金，停留在实物或债权形态，未收现的收益质量低于已收现的收益；若营运指数大于 1，说明一部分营运资金被收回，返回现金状态。

【学中做 4—19】

假定某公司列示在现金流量表的“补充资料”(部分)如表 4—7 所示。

表 4—7 **收益质量分析** 单位:元

补充资料	本期金额	收益质量分析
净利润	2 379 010	
加:资产减值准备	9 000	没有支付现金的费用(即非付现费用)共1 609 000元,如果少提取这类费用,增加收益却不增加现金流入,会使收益质量下降
固定资产折旧、油气资产折耗、生产性生物资产折旧	1 000 000	
无形资产摊销	600 000	
长期待摊费用摊销	0	
处置固定资产、无形资产和其他长期资产的损失(收益以“—”号填列)	—500 000	非经营净收益403 000元,不代表正常的收益能力
固定资产报废损失(收益以“—”号填列)	197 000	
公允价值变动损失(收益以“—”号填列)	0	
财务费用(收益以“—”号填列)	215 000	
投资损失(收益以“—”号填列)	—315 000	
递延所得税资产减少(增加以“—”号填列)	0	
递延所得税负债增加(减少以“—”号填列)	0	
存货的减少(增加以“—”号填列)	53 000	经营资产净增加947 000元,现金流入没有增加,收益质量在下降
经营性应收项目的减少(增加以“—”号填列)	1 000 000	
经营性应付项目的增加(减少以“—”号填列)	173 440	经营负债增加173 440元,收益不变,现金增加
其他	0	
经营活动产生的现金流量净额	2 811 450	

经营所得现金=2 379 010—403 000+1 609 000=35 85010(元)

现金营运指数 =2 811 450÷3 585 010=0.78

该企业每1元的经营活动现金收益只收回 0.78 元,另外的 0.22 元到哪里去了?它们被投入营运资金了。应收项目增加、存货增加等使实际得到的经营现金减少。这种情况不是一个好兆头。现金营运指数小于1,说明一部分收益尚没有取得现金,停留在实物或债权形态,而实物或债权资产的风险大于现金,应收账款能否足额变现是有疑问的,存货也有贬值的风险,所以未收现的收益质量低于已收现的收益质量。

【帮你学】

为什么非经营收益越多,收益质量越差呢?

解析:与经营收益相比,非经营收益的可持续性低。非经营收益的来源主要是资产处置和证券交易。资产处置不是企业的主要业务,不反映企业的核心能力。有些企业正是利用“资产置换”达到操纵利润的目的。通过短期证券交易获利是靠运气,而长期对外投资的主要目的是控制子企业,通过控制权取得额外的好处,而不是直接获利。因此,非经营收益虽然也是“收益”,但不能代表企业的收益“能力”。

情境小结

本情境主要介绍了现金流量表的结构、现金流量表的编制方法以及现金流量表的比较分析和主要项目的解读。

现金流量表是反映企业在一定会计期间现金及现金等价物流入、流出情况的报表。现金流量表反映了现金的变化过程。现金流量表中的“现金”包括现金和现金等价物两部分；现金流量表比较分析是通过对水平现金流量表和垂直现金流量表分别分析来完成的，在分析时要结合各项目的内涵和质量，从内因揭示企业现金及现金等价物的变动情况。

本情境的学习重点是根据资料完成现金流量表的编制，并运用比较分析法结合企业实际情况对现金流量表进行分析。

做中学

一、单项选择题

1. 下列各项中，不属于现金流量表“筹资活动产生的现金流量”的是（　　）。

A. 取得借款收到的现金

B. 吸收投资收到的现金

C. 处置固定资产收回的现金净额

D. 分配股利、利润或偿付利息支付的现金

2. 某企业2018年度发生以下业务：以银行存款购买将于2个月后到期的国债500万元，偿还应付账款200万元，支付生产人员工资150万元，购买固定资产300万元。假定不考虑其他因素，该企业2018年度现金流量表中“购买商品、接受劳务支付的现金”项目的金额为（　　）万元。

A. 200　　B. 350　　C. 650　　D. 1 150

3. 支付的在建工程人员的工资属于（　　）产生的现金流量。

A. 筹资活动　　B. 经营活动　　C. 汇率变动　　D. 投资活动

4. 下列各项现金流出中，属于企业现金流量表中“经营活动产生的现金流量”项目的有（　　）。

A. 偿还应付账款　　B. 偿还短期借款

C. 发放现金股利　　D. 支付借款利息

5. 下列（　　）是采用收付实现制编制的。

A. 资产负债表　　B. 利润表

C. 所有者权益变动表　　D. 现金流量表

二、多项选择题

1. 下列交易或事项中，会引起现金流量表“投资活动产生的现金流量净额”项目发生变化的有（　　）。

A. 购买股票支付的现金　　B. 向投资者派发的现金股利

C. 购建固定资产支付的现金　　D. 收到被投资单位分配的现金股利

2. 下列各项中，属于现金流量表“现金及现金等价物”项目的有（　　）。

A. 库存现金　　B. 银行本票

C. 银行承兑汇票　　　　　　　　　D. 持有2个月内到期的国债

3. 下列各项中，属于现金流量表“经营活动产生的现金流量”的项目的有(　　)。

A. 收到的税费返还　　　　　　　　B. 偿还债务支付的现金

C. 销售商品、提供劳务收到的现金　　D. 支付给职工以及为职工支付的现金

4. 对于现金流量表，下列说法中正确的是(　　)。

A. 在具体编制时，可以采用工作底稿法或T形账户法

B. 在具体编制时，也可以根据有关科目记录分析填列

C. 采用多步式

D. 采用报告式

5. 下列事项中，不会引起现金流量净额变动的是(　　)。

A. 将现金存入银行　　　　　　　　B. 用银行存款购买1个月到期的债券

C. 用固定资产抵偿债务　　　　　　D. 用银行存款清偿20万元的债务

三、判断题

1. 支付给职工的工资均属于经营活动的现金流量。(　　)

2. 用银行存款偿还应付账款、应付票据等商业应付款属于经营活动，不属于筹资活动。(　　)

3. 购买商品、接受劳务支付的现金反映企业购买材料、商品，接受劳务实际支付的现金，包括本期购入材料、商品，接受劳务支付的现金(包括增值税进项税额)，但是不包括本期支付前期购入商品、接受劳务的未付款项和本期预付款项。(　　)

4. 直接法是以净利润作为出发点，将所有非现金事项进行调整，间接法是按照现金流入和现金支付的主要类型来编制的。(　　)

5. 企业在高速成长的时期，投资活动的现金流入量往往会小于流出量。(　　)

6. 存货增加导致经营活动现金流量增加。(　　)

四、实训题

天利公司为增值税一般纳税人，适用的增值税税率为16%，2018年度，天利公司有关业务资料如下：

1. 部分账户年初、年末余额或本年发生额如下表4—8所示。

表4—8　　部分账户余额表　　单位：万元

资产类账户名称	年初余额	年末余额	负债类账户名称	年初余额	年末余额
短期投资	200	500	短期借款	120	140
应收账款	1 200	1 600	应付账款	250	600
坏账准备	12	16	预收账款	124	224
预付账款	126	210	应付工资	262	452
存货	620	900	应付福利费	121	0
存货跌价准备	20	40	应付股利	30	0
待摊费用	220	700	应交税费(应交增值税)	0	0
长期股权投资	720	1 360	预提费用	210	215

续表

资产类账户名称	年初余额	年末余额	负债类账户名称	年初余额	年末余额
固定资产	8 600	8 880	长期借款	360	840
无形资产	640	180			
无形资产减值准备	20	40			
主营业务收入		8 400	财务费用	40	
主营业务成本	4 600		投资收益		405
营业费用	265		营业外支出	49	
管理费用	908				

2. 其他有关资料如下：

(1)本期以现金购入短期股票投资400万元，本期出售短期股票投资，款项已存入银行，获得投资收益40万元，不考虑其他与短期投资增减变动有关的交易或事项(短期投资不属于现金等价物)。

(2)采用备抵法核算坏账损失，本期收回以前年度核销的坏账2万元，款项已存入银行，销售产成品均开出增值税专用发票。(应收账款、预收账款的增减变动仅与产成品销售有关，且均以银行存款结算。)

(3)原材料的增减变动均与购买原材料或生产产品消耗原材料有关。

年初存货均为外购原材料，年末存货仅为外购原材料和库存产成品。其中，库存产成品成本为630万元，外购原材料成本为270万元。

年末库存产成品成本中，原材料为252万元；工资及福利费为315万元；制造费用为63万元，其中折旧费13万元，其余均为以货币资金支付的其他制造费用。

本年已销产成品的成本(即主营业务成本)中，原材料为1 840万元；工资及福利费为2 300万元；制造费用为460万元，其中折旧费60万元，其余均为以货币资金支付的其他制造费用。

(4)待摊费用年初数为预付的以经营租赁方式租入的一般管理用设备租金，本年另以银行存款预付经营租入一般管理用设备租金540万元。本年摊销待摊费用的金额为60万元。

(5)4月1日，以专利权向乙公司投资，占乙公司有表决权股份的40%，采用权益法核算；天利公司所享有乙公司所有者权益的份额为400万元。该专利权的账面余额为420万元，已计提减值准备20万元(按年计提)。

2018年4月1日到12月31日，乙公司实现的净利润为600万元；天利公司和乙公司适用的所得税税率均为25%。

(6)1月1日，以银行存款400万元购置设备一台，不需要安装，当日即投入使用。

4月2日，对一台管理用设备进行清理，该设备账面原价120万元，已计提折旧80万元，已计提减值准备20万元，以银行存款支付清理费用2万元，收到变价收入13万元，该设备已清理完毕。

(7)无形资产摊销额为40万元，其中包括专利权对外投出前摊销额15万元，年末计提无形资产减值准备40万元。

(8)借入短期借款240万元，借入长期借款460万元，长期借款年末余额中包括确认的20万元长期借款利息费用。

预提费用年初数和年末数均为预提短期银行借款利息，本年度的财务费用均为利息费用。财务费用包括预提的短期借款利息费用 5 万元，确认长期借款利息费用 20 万元，其余财务费用均以银行存款支付。

(9)应付账款、预付账款的增减变动均与购买原材料有关，以银行存款结算，本期购买原材料均取得增值税专用发票。

本年应交增值税借方发生额为1 428万元，其中购买商品发生的增值税进项税额为 296.14 万元，已交税金为1 131.86万元，贷方发生额为1 428万元，均为销售商品发生的增值税销项税额。

(10)应付职工薪酬、应付福利费年初数、年末数均与投资活动和筹资活动无关，本年确认的工资及福利费均与投资活动和筹资活动无关。

(11)营业费用包括工资及福利费 114 万元，均以货币资金结算或形成应付债务；折旧费用 4 万元；其余营业费用均以银行存款支付。

(12)管理费用包括工资及福利费 285 万元，均以货币资金结算或形成应付债务；折旧费用 124 万元；无形资产摊销 40 万元；一般管理用设备租金摊销 60 万元，计提坏账准备 2 万元，计提存货跌价准备 20 万元，其余管理费用均以银行存款支付。

(13)投资收益包括从丙股份有限公司分得的现金股利 125 万元，款项已存入银行，天利公司对丙股份有限公司的长期股权投资采用成本法核算，分得的现金股利为公司投资后丙股份有限公司实现净利润的分配额。

(14)除上述所给资料外，有关债权、债务的增减变动均以货币资金结算。

(15)不考虑本年度发生的其他交易或事项，以及除增值税以外的其他相关税费。

要求：计算天利公司 2018 年度现金流量表有关项目的金额，并将结果填入表 4—9 内。

表 4—9　　现金流量表有关项目表

	现金流量表有关项目	金额（万元）
1	销售商品、提供劳务收到的现金	
2	购买商品、接受劳务支付的现金	
3	支付给职工以及为职工支付的现金	
4	支付的其他与经营活动有关的现金	
5	收回投资收到的现金	
6	取得投资收益收到的现金	
7	处置固定资产、无形资产和其他长期资产收回的现金净额	
8	购建固定资产、无形资产和其他长期资产支付的现金	
9	投资支付的现金	
10	借款收到的现金	
11	偿还债务支付的现金	
12	分配股利、利润和偿付利息支付的现金	

情境五

所有者权益变动表编制与分析

情境引例

小李大学毕业后，分配到某银行信贷部门工作，刚刚接手信贷工作的他，在协助老信贷员放贷的过程中，已对某企业的资产负债表、利润表和现金流量表进行了相应的解读，但是老信贷员提醒小李，除了认真做好前面的工作外，还要注意分析所有者权益变动表中所有者权益总额的各个组成部分是如何形成的。小李并不理解老信贷员的意图，老信贷员告诉他："所有者权益变动表体现了企业综合收益的理念，该表能全面地体现企业各项交易和事项导致的所有者权益增减变动的来源和去向，以及所有者权益各组成部分增减变动的结构性信息，有利于全面地了解企业所有者权益项目的变化情况。和以前的'利润分配表'相比，引入所有者权益变动表以后，利润分配作为所有者权益变动的组成部分，不需要单独设表列示，直接通过权益的变动就可以知道利润的来源和去向。"

同学们，你们能理解老信贷员的这番话吗？通过本情境的学习，大家一定会对此有所认识！

职业能力目标

通过本情境的学习，掌握所有者权益变动表的结构，理解所有者权益变动表的编制方法，掌握比较所有者权益变动表的编制与分析方法。

典型学习任务

本情境的典型学习任务主要有阅读所有者权益变动表，能够编制所有者权益变动表；根据所有者权益变动表编制所有者权益变动结构分析表，并对其进行分析。

子情境一　所有者权益变动表的编制

一、所有者权益变动表的编制原理

所有者权益变动表是反映企业一定时期构成所有者权益各组成部分当期增减变动情

况的报表。所有者权益变动表不仅反映所有者权益总量的增减变动，还反映所有者权益增减变动的重要结构性信息，特别是要列示无法在利润表中反映的直接计入所有者权益的利得和损失，让报表使用者准确理解所有者权益增减变动的根源。在所有者权益变动表中，净利润和直接计人所有者权益的利得和损失均单列项目反映，体现了企业综合收益的构成。

二、所有者权益变动表的作用

所有者权益变动表提供了各项交易和事项导致的所有者权益增减变动，以及所有者权益各组成部分增减变动的结构性信息。其作用主要体现在以下几个方面：

(一)反映企业抵御财务风险的能力，为报表使用者提供企业获利能力方面的信息

所有者权益是企业的自有资本，也是企业生产经营、承担债务责任、抵御财务风险的物质基础。所有者权益的增减变动直接反映着企业经济实力的强弱变化，即企业承担债务责任、抵御财务风险的能力变化。而所有者权益的增减主要来源于企业利润的增长，所以所有者权益变动表也间接地反映出企业的获利能力，从而为报表使用者提供企业获利能力方面的信息。

(二)反映企业自有资本的质量，揭示所有者权益变动的原因，为报表使用者正确评价企业经营管理工作提供信息

所有者权益的增减变动有多种原因，该表全面地记录了影响所有者权益变动的各个因素的年初余额和年末余额。通过每个项目年末和年初余额的对比，以及各项目构成比例的变化，揭示所有者权益变动的原因及过程，从而为报表使用者判断企业自有资本的质量、正确评价企业的经营管理工作提供信息。

(三)反映企业股利分配政策及现金支付能力，为投资者投资决策提供全面信息

所有者权益变动表中提供的所有者结构变动信息与资产负债表中和利润表中的部分信息相辅相成，提供了所有者权益变动的详细信息。所有者权益变动表既有资产负债表的内容(所有者权益)，又有利润表中的项目内容(净利润)，还包括利润分配的内容。同时，企业向股东支付股利取决于公司的股利分配政策和现金支付能力。现金支付能力的信息又来源于现金流量表。因此，该表通过反映利润分配情况，不仅向投资者或潜在投资者提供了有关股利分配政策和现金支付能力方面的信息，而且通过这一过程将四个会计主表有机地联系在一起，为报表使用者全面评价企业的财务状况、经营成果和企业发展能力提供了全面的信息。

三、所有者权益变动表结构认知

所有者权益变动表主要从两方面反映构成所有者权益的各组成部分当期的增减变动情况：一方面，列示导致所有者权益变动的交易或事项，从所有者权益变动的来源对一定时期所有者权益变动情况进行全面反映；另一方面，按照所有者权益各组成部分(包括实收资本、资本公积、盈余公积和未分配利润)及其总额列示交易或事项对所有者权益的影响。此外，企业还需要提供比较所有者权益变动表，分为“本年金额”和“上年金额”两栏，分别反映当年和上年所有者权益增减变动以及年初、年末情况。其格式如表 5—1 所示。

表 5-1

所有者权益变动表

会企 04 表

编制单位：　　　　　　年度　　　　　　单位:元

项目	本年金额						上年金额					
	实收资本（或股本）	资本公积	减:库存股	盈余公积	未分配利润	所有者权益合计	实收资本（或股本）	资本公积	减:库存股	盈余公积	未分配利润	所有者权益合计
一、上年年末余额												
加:会计政策变更												
前期差错更正												
二、本年年初余额												
三、本年增减变动金额(减少以“—”号填列)												
(一)净利润												
(二)直接计入所有者权益的利得和损失												
1. 可供出售金融资产公允价值变动净额												
2. 权益法下被投资单位其他所有者权益变动的影响												
3. 与记入所有者权益项目相关的所得税影响												
4. 其他												
上述(一)和(二)小计												
(三)所有者投入和减少资本												
1. 所有者投入资本												
2. 股份支付计入所有者权益的金额												
3. 其他												
(四)利润分配												
1. 提取盈余公积												
2. 对所有者(或股东)的分配												
3. 其他												
(五)所有者权益内部结转												
1. 资本公积转增资本(或股本)												
2. 盈余公积转增资本(或股本)												
3. 盈余公积弥补亏损												
4. 其他												
四、本年年末余额												

四、所有者权益变动表编制方法

所有者权益变动表中涉及的是所有者权益类的各个账户，反映企业所有者权益各项目的增减变化。各项目应根据“实收资本(股本)”“资本公积”“盈余公积”“库存股”“利润分配”各明细账户的本年年初余额、借方发生额、贷方发生额、年末余额分析填列，增加金额用“+”填列，减少金额用“—”填列。

(一)所有者权益变动表各项目的填列

1. 上年年末余额

“上年年末余额”反映企业上年资产负债表中实收资本(或股本)、资本公积、库存股、盈余公积、未分配利润的年末余额。

2. 会计政策变更和前期差错更正

“会计政策变更”和“前期差错更正”分别反映企业采用追溯调整法处理的会计政策变更的累积影响金额和采用追溯重述法处理的会计差错更正的累积影响金额。影响的项目主要涉及“盈余公积”“未分配利润”项目。填列时，要根据“盈余公积”“利润分配”账户的发生额。

3. 本年增减变动额

“本年增减变动额”项目分别反映如下内容：

(1)“净利润”项目，反映企业当年实现的净利润(或净亏损)金额，并对应列在“未分配利润”一栏。

(2)“直接计入所有者权益的利得和损失”项目，反映企业当年直接计入所有者权益的利得和损失金额。主要包括以下内容：

“可供出售金融资产公允价值变动净额”项目，反映企业持有的可供出售金融资产当年公允价值变动的金额，并对应列在“资本公积”栏。

企业根据自身业务的特点和风险管理的要求对取得的金融资产在初始确认时可分为以下几类：以公允价值计量且其变动计入当期损益的金融资产，持有至到期投资，贷款和应收款项，可供出售的金融资产。

“权益法下被投资单位其他所有者权益变动的影响”项目，反映企业对按照权益法核算的长期股权投资，在被投资单位除当年实现的净损益以外其他所有者权益当年变动中应享有的份额，并对应列在“资本公积”栏。

“与记入所有者权益项目相关的所得税影响”项目，反映企业根据《企业会计准则第18号——所得税》规定应记入所有者权益项目的当年所得税影响金额，并对应列在“资本公积”栏。

(3)“所有者投入和减少资本”项目，反映企业当年所有者投入的资本和减少的资本。其中：

“所有者投入资本”项目，反映企业接受投资者投入形成的实收资本(或股本)和资本溢价或股本溢价，并对应列在“实收资本”和“资本公积”栏。

“股份支付计入所有者权益的金额”项目，反映企业处于等待期中的权益结算的股份支付当年计入资本公积的金额，并对应列在“资本公积”栏。

(4)“利润分配”项目下的各项目，反映当年对所有者(或股东)分配的利润(或股利)金额和按照规定提取的盈余公积金额，并对应列在“未分配利润”和“盈余公积”栏。

未分配利润是指企业留待以后年度分配的结存利润，也是企业所有者权益的组成部分。

从数量上来说，是期初未分配利润，加上本期实现的净利润，减去提取的盈余公积和分出利润后的余额。

未分配利润通常用于以后年度向投资者进行分配。因此，这部分利润越多，说明企业当年和以后年度的积累能力、股利分配能力以及应付风险的能力就越强；未分配利润相对于盈余公积而言，属于未确定用途的留存收益，所以企业在使用上有较大的自主权，受国家法律法规的限制较少。

(5)“所有者权益内部结转”项目下的各项目，反映不影响当年所有者权益总额的所有者权益各组成部分之间当年的增减变动，包括资本公积转增资本(或股本)、盈余公积转增资本(或股本)、盈余公积弥补亏损等项金额。

(二)“上年金额”和“本年金额”栏的填列说明

所有者权益变动表“上年金额”栏内各项数字，应根据上年度所有者权益变动表“本年金额”栏内所列数字填列。如果上年度所有者权益变动表规定的各个项目的名称和内容同本年度不相一致，应对上年度所有者权益变动表各项目的名称和数字按本年度的规定进行调整，填入所有者权益变动表“上年金额”栏内。

所有者权益变动表“本年金额”栏内各项数字一般应根据“实收资本(或股本)”“资本公积”“盈余公积”“利润分配”“库存股”“以前年度损益调整”账户的发生额分析填列。

【学中做5－1】 编制所有者权益变动表

根据情境二【学中做2－6】中GY公司的相关资料，编制GY公司2018年度所有者权益变动表如表5－2所示。

所有者权益变动表的编制主要依据资产负债表、利润表及企业的有关业务资料。

工作步骤一：

可以先根据资产负债表中的期初数据，将所有者权益项目填入所有者权益变动表中“本年年初余额”。

工作步骤二：

分析经济业务，按照所有者权益变动表的各个项目，查找企业经济业务中与所有者权益相关的，将数据填入表中。

工作步骤三：

将所有者权益各项目从“年初余额”调整为“本年增减变动”得到所有者权益项目的“本年年末余额”，完成所有者权益变动表的编制。

表 5—2

所有者权益变动表

2018 年度

会企 04 表

编制单位:GY 公司　　　　单位:元

项　目	本年金额						上年金额					
	实收资本(或股本)	资本公积	减:库存股	盈余公积	未分配利润	所有者权益合计	实收资本(或股本)	资本公积	减:库存股	盈余公积	未分配利润	所有者权益合计
一、上年年末余额	2 000 000			120 000	7 700	2 127 700						
加:会计政策变更												
前期差错更正												
二、本年年初余额	2 000 000			120 000	7 700	2 127 700						
三、本年增减变动金额(减少以"—"号填列)				9 750.15	87 751.35	97 501.5			略			
(一)净利润					97 501.5	97 501.5						
(二)直接计入所有者权益的利得和损失												
1. 可供出售金融资产公允价值变动净额												
2. 权益法下被投资单位其他所有者权益变动的影响												
3. 与记入所有者权益项目相关的所得税影响												
4. 其他												
上述(一)和(二)小计				97 501.5	97 501.5							
(三)所有者投入和减少资本												
1. 所有者投入资本												
2. 股份支付计入所有者权益的金额												
3. 其他												
(四)利润分配												
1. 提取盈余公积				9 750.15	—9 750.15							
2. 对所有者(或股东)的分配												
3. 其他												
(五)所有者权益内部结转												
1. 资本公积转增资本(或股本)												
2. 盈余公积转增资本(或股本)												
3. 盈余公积弥补亏损												
4. 其他												
四、本年年末余额	2 000 000			129 750.15	95 451.35	2 225 201.5	2 000 000			120 000	7 700	2 127 700

子情境二　所有者权益变动表结构分析

一、所有者权益变动表结构分析的意义

所有者权益结构分析是指所有者权益的各项目金额占所有者权益总额的比重，它反映了企业所有者各项目的分布情况，揭示了企业的经济实力和风险承担能力。此外，由于所有者权益中的盈余公积和未分配利润属留存收益，是企业税后利润分配的结果。因此，所有者权益结构分析也能反映出企业的内部积累能力，间接反映企业的经营状况。

二、影响所有者权益结构的因素

（一）所有者权益规模

所有者权益的变化，往往会由于其规模或总量的变动而相应地变动。如在其他条件相对稳定时，投资者追加投资或法定收回投资或者盈余公积转增资本、送配股等，都会引起所有者权益总量或其中某个项目总量的变动，进而引起所有者权益结构的变动。

（二）利润分配政策

企业投入资本和留存收益的结构，直接受制于企业的利润分配政策，若企业某期采取高利分配政策，而盈余公积又按照法定比例提取，则未分配利润减少，必然引起留存收益的比重降低；反之，采取低利润分配或暂缓分配政策，留存收益的比重必然会因此提高。

（三）企业控制权

企业的控制权掌握在控股股东或持有一定股份的大股东手中，如果企业决定接受其他投资者的投资，就会稀释股权，分散企业的控制权。若企业现有的投资者（股东）愿意接受这种筹资方式，其结果必然引起所有者权益结构的变化。如果所有者不愿分散对企业的控制权，就会采取负债筹资的方式，这样不会影响所有者权益结构。

（四）权益资本成本

企业的权益资本成本往往要高于负债资本成本，因为所有者承担的风险要大于债权人承担的风险，所以其要求的回报也要高一些。在所有者权益的内部，投入资本的资本成本往往要高于留存收益的资本成本。因此，要降低筹资成本，应尽量利用留存收益，加大其比重，这样，综合资本成本率则会相对降低。

（五）外部因素

企业在选择筹资渠道时，往往不因企业的主观意志而定，还受到经济环境、金融政策、资本市场状况等因素的制约，这些因素影响企业的筹资方式，也必然影响所有者权益结构。

三、所有者权益的结构分析

引起所有者权益增减变动的主要原因有增加或减少注册资本、资本公积发生增减变化、留存收益的增加或减少等。通过对所有者权益构成及增减变动分析，可以进一步了解企业对负债偿还的保证程度和企业自身积累资金的能力与潜力。

【学中做 5—2】

根据 E 公司 2018 年所有者权益变动表相关资料（见表 5—3），对该公司的所有者权益进行结构分析。

表 5—3　　所有者权益结构及增减变动分析表

项　目	2017 年		2018 年		差　异	
	金额(元)	比重(%)	金额(元)	比重(%)	金额(元)	比重(%)
实收资本	10 824 057	16.97	10 821 057	16.73	0	—0.24
资本公积	20 380 218.5	31.96	20 456 401	31.63	76 182.5	—0.33
盈余公积	24 148 421.5	37.88	24 600 239.5	37.57	151 818	—0.31
未分配利润	8 411 287.5	13.19	9 106 149	14.07	694 861.5	0.88
所有者权益合计	63 760 984.5	100	64 683 846.5	100	922 862	0

由表 5—3 可知，该公司 2018 年的所有者权益比 2017 年增加了922 862元，其中资本公积增加了76 182.5元，盈余公积增加了151 818元，未分配利润增加了694 861.5元。说明该公司除了实收资本项目以外，其他所有者权益项目都有所增加，特别是未分配利润增长额度较大，其次是盈余公积金的增长，资本公积项目虽然也有所增加，但需进一步分析。这意味着公司的自有资金增加，投资和债权的保证程度提高，公司偿债能力和获利能力都提高了。

子情境三　所有者权益变动表的项目解读

一、所有者权益变动表的纵向项目解读

所有者权益变动表的主要项目解读，是将组成所有者权益的主要项目进行具体剖析对比，分析其变动成因、合理合法性、有无人为操控的迹象等事项的过程。

所有者权益变动表纵向主要项目的解读具体如下：

(一)“上年年末余额”与“本年年初余额”项目

一般情况下，本年年初余额等于上年年末余额。但是，如果企业年度内发生会计政策变更和会计差错更正等事项，需要对上年所有者权益进行调整的，企业在上年年末余额的基础上，将会计政策变更和会计差错更正的影响金额在本表中单独列示，将上年年末余额调整为本年年初余额。即

上年年末余额＋会计政策变更＋前期差错更正＝本年年初余额

1.“会计政策变更”项目

会计政策变更将直接影响期初盈余公积和未分配利润，从而使所有者权益出现变动。变更的影响额在本项目中反映。同时，会计政策变更涉及相关的资产、负债项目的调整，将导致资产负债结构发生变化，这些变化相应调整了相关项目的数额。

【帮你学】

会计政策是指企业在会计核算过程中所采用的原则、基础和会计处理方法。

会计政策变更是指企业对相同的交易或事项由原来采用的会计政策改为另一会计政策的行为。也就是说，在不同的会计期间企业执行了不同的会计政策。为了保证会计信息的可比性，使财务报告使用者在比较企业一个以上期间的财务报表时，能够正确判断企业的财务状况、经营成果和现金流量的趋势。一般情况下，企业在不同的会计期间应采用相同的会计政

策，不应也不能随意变更会计政策，否则将削弱会计信息的可比性，使会计信息使用者在比较经营成果时发生困难。

会计政策变更并不意味着以前期间的会计政策是错误的，只是由于情况发生了变化，或者企业掌握了新的信息，积累了更多的经验，使得变更的会计政策能够更好地反映企业的财务状况、经营成果和现金流量。企业变更会计政策必须符合下列条件之一：

(1)法律、行政法规或国家统一的会计制度等要求变更。

(2)变更的会计政策能够为企业提供更可靠、更相关的会计信息。

2.“前期差错更正”项目

前期差错是指由于没有运用或错误运用下列两种信息：(1)编报前期财务报表时，预期能够取得并加以考虑的可靠信息；(2)前期财务报告批准报出时能够取得的可靠信息——从而对前期财务报表造成省略或错报。

【帮你学】

《企业会计准则》规定，会计差错更正是指对企业在会计核算中，由于计量、确认、记录等方面出现的错误进行的纠正。会计差错包括非重大会计差错和重大会计差错。非重大会计差错是指不足以影响会计报表使用者对企业财务状况、经营成果和现金流量做出正确判断的会计差错；而重大会计差错是指企业发现的使公布的会计报表不再具有可靠性的会计差错。重大会计差错一般是指金额比较大、性质比较严重的差错。通常某项交易或事项的金额占该类交易或事项的金额的10%及以上则认为金额比较大，以及企业为了调节利润滥用会计政策、会计估计及其变更。如某企业提前确认未实现的营业收入占全部营业收入的10%以上，以及企业为了调节利润本应按应收账款余额6%计提坏账准备的改按20%计提，则认为是重大差错。

常见的会计差错主要有以下几个方面：

(1)采用法律或会计准则等行政法规、规章所不允许的会计政策。例如，按照我国会计制度规定，为购建固定资产而发生的借款利息费用，在固定资产尚未交付使用前发生的，应予以资本化，计入所购建固定资产的成本；在固定资产交付使用后发生的，计入当期损益。如果企业固定资产已交付使用后发生的借款费用也计入该项固定资产的价值，予以资本化，则属于企业采用法律或会计准则等行政法规、规章所不允许的会计政策。

(2)对事实的忽视和误用。例如，企业对某项建造合同应按建造合同规定的方法确认营业收入，但该企业按确认商品收入的原则确认收入。

(3)账户分类以及计算错误。例如，企业购入的5年期国债，意图为长期持有，但在记账时计入了以公允价值计量且其变动计入当期损益的金融资产，导致账户分类上的错误，并导致资产负债表上的流动资产和长期投资的分类也有错误。

(4)会计估计错误。例如，企业在估计某项固定资产的预计使用年限时，多估计或少估计预计使用年限，从而造成会计估计错误。

(5)划分收益性支出与资本性支出出现差错。例如，工业企业发生的管理人员的工资一般作为收益性支出，直接计入当期损益，而发生的工程人员的工资一般作为资本性支出。如果企业将发生的工程人员的工资计入了当期损益，则属于资本性支出与收益性支出的划分错误。

(6)漏记已完成的交易。例如，企业销售一批商品，商品已发出，并开出增值税专用发票，商品销售收入确认的条件均已满足，但企业在期末未将已实现的销售收入入账。

(7)提前确认未实现的收入。例如,在采用委托代销销售方式下,企业应在收到代销单位的代销清单时,确认其营业收入的实现,如企业在发出委托代销商品时即确认收入,则为提前确认尚未实现的收入。

对于由上述各种原因造成的会计差错,企业如不加以调整,可能会使公布的会计报表所反映的信息不可靠,并有可能误导投资者、债权人及其他会计报表阅读者。因此,企业应当根据差错的性质及时纠正,调整期初的留存收益金额,以保证会计资料的真实、合法和完整,从而保证会计信息的可靠。

解读要领:

对于发生了重大会计差错调整的情况,作为报表使用者,应关注两方面的内容:

(1)上市公司在年度的财务报告中,会就企业有关重大会计差错处理的原因做出解释和说明。如企业解释不具有合理性,应考虑该公司财务状况与经营状况的真实性。

(2)企业在重大会计差错的会计期间内担任年度财务报告审计的会计师事务所的变化情况。如果在重大会计差错的会计期间内担任年度财务报告审计的会计师事务所没有变化,那么这就在很大程度上意味着企业对重大会计差错的处理是同一家会计师事务所"自己纠正自己"的"重大差错";如果在重大会计差错的会计期间内担任年度财务报告审计的会计师事务所发生了变化,则在很大程度上意味着企业对重大会计差错的处理是继任会计师事务所"纠正"前任会计师事务所的"重大差错"。就审计意见而言,如果以前各期审计意见对本期重大会计差错涉及的问题有所提及,则本期对重大会计差错的处理并不一定是对以前各期审计质量的否定;反之,如果以前各期审计意见对本期重大会计差错的问题根本没有提及,而且本期对重大会计差错的处理最终证明是正确的,则本期的处理在很大程度上意味着对以前各期审计质量的否定。

将上年年末余额加上或减去会计政策变更与前期差错更正影响的盈余公积和未分配利润即为本年年初各相关项目的余额。

(二)"净利润"项目

本内容在情境三利润表项目解读部分中已做解读,此处不再详述。

(三)"直接计入所有者权益的利得或损失"项目

直接计入所有者权益的利得或损失是指企业不计入当期损益、会导致所有者权益发生增减变动的、与所有者投入资本或者向所有者分配利润无关的利得或损失。其中,利得是指由企业非日常活动所形成的、会导致所有者权益增加的、与所有者投入资本无关的经济利益的流入;损失是指由企业非日常活动所发生的、会导致所有者权益减少的、与向所有者分配利润无关的经济利益的流出。

【帮你学】

利得和损失包括两部分:

(1)计入所有者权益的利得和损失。如计入"资本公积"的可供出售金融资产的公允价值变动额。

(2)计入当期损益的利得和损失。如计入"营业外支出"的非常损失。

一般而言,已实现确认的利得与损失在发生当年记入利润表,未实现确认的利得与损失可能在资产负债表中确认,同时,所有者权益变动表涵盖了这些信息。利润表反映公司在会计年度内已实现的损益。若出现未实现的损益,公司的资产价值就会增减,但未实现的损益不在年度利润表中披露,而是直接计入所有者权益。

利润表不予披露的未实现损益通常包括固定资产重估产生的未实现损益、货币折算价差产生的未实现损益以及长期商业投资重估产生的未实现损益等。

(1)固定资产重估产生的未实现损益。公司对固定资产(如房地产)进行重估时,资产负债表中资产的价值就会增加,资本公积也会随之增加。除非公司后来将该资产出售,否则这笔重估收益就一直无法实现,也不在利润表中体现。

(2)货币折算价差产生的未实现损益。例如,美国某公司拥有一家英国子公司,在合并报表时,就要将该子公司资产价值折成等值的美元。不同报表日的汇率不同,就会造成资产价值的升降。这种由于货币折算而产生的资产价值的增减变化也是一种未实现损益。

(3)长期商业投资重估产生的未实现损益。对非子公司、非联营企业和合资企业的其他公司的股权投资,若股票市场上被投资方的股价发生变化,那么商业投资的价值就会发生变化,因此将出现未实现损益。

在所有者权益变动表中,直接计入所有者权益的利得和损失的内容包括四项内容:可供出售金融资产公允价值变动净额;权益法下被投资单位其他所有者权益变动的影响;与计入所有者权益项目相关的所得税影响;其他。通过对直接计入所有者权益的利得与损失分析,可以进一步说明会计期间所有者权益是如何增减变化的。

1.“可供出售金融资产公允价值变动净额”项目

可供出售金融资产公允价值变动净额,反映企业在资产负债表日可供出售金融资产公允价值增加或减少的金额。

【帮你学】

企业根据自身业务的特点和风险管理的要求,对取得的金融资产在初始确认时可分为以下几类:①以公允价值计量且其变动计入当期损益的金融资产,如以公允价值计量且其变动计入当期损益的金融资产;②持有至到期投资;③贷款和应收款项;④可供出售的金融资产。

可供出售的金融资产是指初始确认时即被指定为可供出售的非衍生金融资产,以及除了贷款和应收款项、持有至到期投资以及以公允价值计量且其变动计入当期损益的金融资产以外的非衍生金融资产。

在利润表所反映的信息中,当以公允价值计量且其变动计入当期损益的金融资产在资产负债表日当公允价值发生变动时,变动额直接计入当期损益中的公允价值变动收益。这里需要注意的是:可供出售金融资产公允价值增减变动的金额,不是计入当期损益,而是直接计入所有者权益中的资本公积。

2.“权益法下被投资单位其他所有者权益变动的影响”项目

权益法下被投资单位其他所有者权益变动的影响,反映企业按照权益法核算的长期股权投资,在被投资单位除当年实现的净损益以外其他所有者权益当年变动中应享有的份额。

例如,企业对A公司的长期股权投资采用权益法进行核算,在持股比例不变的情况下,对于A公司除净利润以外的其他变动(如可供出售金融资产公允价值的变动),如果是利得,则相应按持股比例计算企业应享有A公司所有者权益的增加数额;如果是损失,则相应按持股比例计算企业应调整A公司所有者权益的减少数额。

3.“与记入所有者权益项目相关的所得税影响”项目

与记入所有者权益项目相关的所得税影响,反映企业按规定应记入所有者权益项目的当年所得税影响金额。

(四)“所有者投入和减少资本”项目

1.“所有者投入资本”项目

所有者投入资本通常采用以下形式:(1)投资者追加投入的资本;(2)分配股票股利,在办理增资手续后增加的股本;(3)公司发行的可转换公司债券按规定转为股本等。这些形式会引起企业实收资本或股本的增加。

2.“股份支付计入所有者权益金额”项目

股份支付计入所有者权益金额,反映企业处于等待期中的权益结算的股份支付当年计入资本公积的金额。

(五)“利润分配”项目

1.“提取盈余公积”项目

提取盈余公积,反映企业按规定提取的盈余公积。包括提取的法定盈余公积和任意盈余公积。

2.“对所有者(或股东)的分配”项目

对所有者(或股东)的分配,反映经股东大会或类似权力机构决议后对所有者(或股东)分配的利润、现金股利和股票股利的金额。

(六)“所有者权益内部结转”项目

1.“资本公积转增资本(或股本)”项目

资本公积转增资本(或股本),反映企业资本公积转增资本或股本的金额。

资本公积是企业的一种储备形式资本,常常被称为企业的“准资本”。根据《公司法》等法律的规定,资本公积的用途主要是用来转增资本(或股本)。资本公积转增资本,既没有改变企业的投入资本总额,也没有改变企业的所有者权益(净资产)总额,也不会增加企业的价值。

2.“盈余公积转增资本(或股本)”项目

盈余公积转增资本(或股本),反映企业盈余公积转增资本或股本的金额。

分析时,应特别关注法定盈余公积的增减变动信息。如果法定盈余公积金已超过股本的50%,在公司盈利持续增长的情况下,利用盈余公积转增资本的送股方案的可能性较大。上市公司如不实行盈余公积转增方案,也可能实施资本公积转增股本,或者直接采用未分配利润送红股的方案。不论是资本公积转增还是直接送红股,这些措施都将增大上市公司的股本规模。股本规模扩大后,法定盈余公积金就不会超过股本的50%。

3.“盈余公积弥补亏损”项目

盈余公积弥补亏损,反映企业以盈余公积弥补亏损的金额。

未分配利润是上市公司送红股和派发现金股利的资金来源。巨额的未分配利润也许能为企业送红股提供充足的理由,然而企业是否执行派发现金股利的方案,则主要取决于公司现金净流量和投资需求状况。当公司面临良好的投资机会或扩张契机时,为利于投资,会尽量少派发现金股利,多送红股或转增资本。根据股东权益在资产总额中所占比重的大小,可以分析判断被投资企业竞争实力的强弱。企业盈利多,并不代表企业分红就一定多。获得丰厚的投资回报是投资者投资的主要目的之一。投资者如能在上市公司对外公布分红方案之前,对公司相关数据进行分析,推测出上市公司的分红方案,并做出投资买卖决策,是投资者获得丰厚收益的有效途径。

(七)“本年年末余额”项目分析

本年年初余额＋本年增减变动金额＝本年年末余额

二、所有者权益变动表的横向项目解读

所有者权益主要分为实收资本、资本公积、库存股、盈余公积和未分配利润。其中:实收资本和资本公积,属于投资者投入资本;库存股,是企业收购、转让或注销的本公司股份金额;盈余公积和未分配利润,属于企业生产经营过程中形成的留存收益。

(一)“实收资本”项目

对于“实收资本”项目的解读,应从以下方面进行:

1. 实收资本增加的分析

实收资本增加的途径有资本公积转入、盈余公积转入、利润分配转入和发行新股等,其中,前三种途径增加的实收资本是以其他所有者权益项目的减少为前提的,也就是说,实收资本的增加是所有者权益项目的内部结转所带来的。而发行新股(企业投资者增加投入资本),不仅能增加注册资本和股东权益,而且可以增加公司的现金资产,表明投资者对公司的发展充满信心,是对公司发展最有利的增资方式。

实收资本的增加既能为公司发展积累物质基础,也可能带来一些新的问题。因此,对实收资本变动的分析要综合进行。对资本公积转入、盈余公积转入、利润分配转入所增加的实收资本,主要应关注其转增和分配的合理性。对投资者追加投入资本(或发行新股),应着重分析公司的业务范围、资金的使用效率及其盈利能力,是否形成新的利润增长点,为公司的持续发展和利润的稳定增长奠定基础。在分析实收资本增加的同时,应分析营业收入和净利润是否相应增加,从而保持或提高每股收益。

2. 分析实收资本结构的合理性

通过分析实收资本占所有者权益的比重,分析其结构的合理性。

3. 分析实收资本的变动趋势

从实收资本的趋势变动,分析其所有者权益资本的增长速度和变化趋势。

解读要领:

(1)了解企业真实的资本状况。应将企业账簿和会计报表中记载的实收资本与注册资本的最低限额比较,避免仅仅通过企业的注册资本数额做出判断。

(2)注意观察实收资本的结构,看企业是否建立了合理的代表各方利益的资本结构。

(3)注意将资本结构与净收益分配结构相比较,观察资本的平均权利在企业的实现程度。

(4)注意将企业实收资本与负债比较,观察企业财务结构的稳定性和风险。

【帮你学】

实收资本是指投资者按照企业章程、合同或协议的约定投入到企业中的各种资产的价值,是企业实际收到的投资者投入的资本。除非企业出现增资、减资等情况,实收资本在企业正常经营期间一般不发生变动。实收资本的变动将会影响企业原有投资者对企业的所有权和控制权,而且对企业的偿债能力、获利能力等都会产生重大的影响。

实收资本具有无固定利率和期限长的特点。无固定利率是指投资者投入企业的资本,只有盈利时才能分配利润,没有盈利或盈利较少时可以不分配利润;期限长是指投资者实收企业的资本,对于企业来说是永久性资本,可以长期占用,无须到期还本。

(二)"资本公积"项目

资本公积不同于实收资本,实收资本是来自于投资者对公司的原始投入,而资本公积是由特定来源形成的,除了资本溢价(股本溢价)是企业投资者出资额超出其在注册资本或股本中所占份额的部分以外,还包括直接计入所有者权益的利得和损失。

资本公积具体包括资本溢价(股本溢价)、接受捐赠非现金资产准备、股权投资准备、外币资本折算差额、关联交易差价和其他资本公积等内容,其中,其他资本公积包括现金捐赠、债务重组、资本公积准备转入等内容。

从性质上讲,资本公积属于股东权益,有特定的使用流向,是一种"准资本"。资本公积是企业在非经营业务中产生的增值,在未按规定转增资本之前,既无期限又无利息。

解读要领:

(1)注意根据资本公积的性质和内容,了解资本公积的形成过程,关注其使用流向,进而分析公司权益资本的质量。资本公积增加的原因包括资本溢价和其他资本公积。

(2)要注意新准则引入"公允价值"概念后,会出现大量的公允价值与账面价值的差额,这个差额体现在资本公积项目下的"其他资本公积"中。

(3)要注意转增资本额度的确定、转增股本后的股数和新的股权比例情况,以及转增资本以后对未来收益的影响等。资本公积减少的原因主要是转增资本(股本)。资本公积转增资本是公司内部权益资本结构的调整,即增加股本、减少资本公积。它既不是投入资本的实质性增加,也不属于利润分配。具体可通过转增股本前后的股本收益率、每股净资产等指标进一步加以分析。

(三)"库存股"项目

虽然我国在一定程度上建立了库存股制度,但与其他国家和地区相比,我国的库存股无论在时间上还是用途上都存在很大限制。库存股的分析因回购的目的不同而有所不同,具体可以根据我国《公司法》第 143 条所规定的公司可以回购本公司股份的几种情形来展开:

1. 减少注册资本。

为减少公司注册资本目的回购的,公司应当自收购之日起 10 日内注销所回购股份。分析时应关注公司的回购日与注销日之间的时间间隔,尤其是公司回购的股份是否已按《公司法》规定注销。也就是说,为了减少公司注册资本而回购的股份不应形成库存股。

2. 股权激励计划。

基于公司股权激励计划回购的本公司股份,不得超过本公司已发行股份总额的 5%;用于收购的资金应当从公司的税后利润中支出;所收购的股份应当在一年内转让给职工。即对回购股份的比例、所用资金以及转让给职工的时间都有明确的规定。

3. 与其他持股公司合并。

因为与持有本公司股份的其他公司合并,或者股东因对股东大会做出的公司合并、分立决议持异议,要求公司收购其股份的,公司应当在 6 个月内转让或者注销该股份。

分析时应特别注意的是,公司在进行股票回购时有无操纵市场的嫌疑,公司的董事有无利用股份购回及再出售机制来操控公司股价,或当公司出于正当目的进行重大库存股运作前,公司董事个人或其他内幕人员可能通过事先采取行动而从中获利。公司是否通过缩小股本规模而提高每股收益或其他业绩比率,营造其业绩较好的表象,使报表使用者以为其股份有价值等。

【帮你学】

库存股也称库藏股，是指由股份公司购回而没有注销的，并由该公司持有的已发行股份。换句话说，就是公司将已经发行出去的股票，从市场中买回，存放于公司，而尚未再出售或是注销。可见，库存股往往产生于上市公司的股份回购之时，回购后并不注销，而由公司自己持有，在适当的时机再向市场出售或用于对员工的激励。库存股的特性和未发行的股票类似，没有投票权或是分配股利的权利，在公司解散时也不能变现。股份公司对于回购的股份，往往作为资本运作的一种方式，而库存股制度的建立对股份公司的股权结构调整和激励机制的安排有很大作用。

(四)“盈余公积”项目

盈余公积是指企业按照规定从净利润中提取的各种积累资金。盈余公积具体又分为法定盈余公积、任意盈余公积。公司制企业按照税后利润的10%提取法定盈余公积，当法定盈余公积累计额已达注册资本的50%时可以不再提取；任意盈余公积主要是公司制企业按照股东大会的决议提取。

盈余公积具有以下特点：①无须支付利息；②期限长。如果不用来弥补亏损，则可以永久性使用，无须到期还本。企业的盈余公积可用于弥补亏损或转增资本。转增股本后留存的盈余公积金不得少于注册资本的25%。股份公司还可以在亏损的年份，在不超过面值的6%的范围内用盈余公积发放股利，以维护其股票在市场上的信誉，避免股票价格发生大幅度的波动。

对于企业来说，在所有的资本来源中，盈余公积最为稳定，既无期限又无利息，因此，在盈利后除分配利润外，应尽可能多提取盈余公积。

盈余公积的提取实际上是企业当期实现的净利润向投资者分配利润的一种限制。提取盈余公积本身就属于利润分配的一部分，提取盈余公积相对应的资金，一经提取形成盈余公积后，在一般情况下不得用于向投资者分配利润或股利。盈余公积的用途，并不是指其实际占用形态，提取盈余公积也并不是单独将这部分资金从企业资金周转过程中抽出。企业提取的盈余公积，无论是用于弥补亏损还是用于转增资本，只不过是在企业所有者权益内部结构的转换，如企业以盈余公积弥补亏损时，实际是减少盈余公积留存的数额，以此抵补未弥补亏损的数额，并不引起企业所有者权益总额的变动；企业以盈余公积转增资本时，也只是减少盈余公积结存的数额，但同时增加企业实收资本或股本的数额，也并不引起所有者权益总额的变动。至于企业盈余公积的结存数，实际只表现企业所有者权益的组成部分，表明企业生产经营资金的一个来源而已，其形成的资金可能表现为一定的货币资金，也可能表现为一定的实物资产，如存货和固定资产等，随同企业的其他来源所形成的资金进行循环周转。

解读要领：

(1)注意盈余公积形成的合法性。因为盈余公积是从企业税后利润中提取的积累资金，所以要注意分析公司是否按照有关规定提取盈余公积，包括法定盈余公积、任意盈余公积。注意提取的基数是否准确，比例如何确定，任意盈余公积的提取是否依据股东大会的决议等。

(2)注意盈余公积使用是否符合规定。盈余公积属于企业留存收益中指定专门用途的积累资金。所谓“专门用途”是指这部分净利润不能再直接分配给投资者，而是要用于法律、公司章程或股东会议指定的方面。各种不同形式的盈余公积，在其使用上有着各自不同的规定。

①分析用盈余公积弥补亏损时，应注意是否由董事会提议，并经股东大会批准。

②分析盈余公积转增资本(股本)时，应注意转增资本是否经股东大会做出决议，是否办理了增资手续，如到工商行政管理部门申请办理注册资金变更等手续。用法定盈余公积派送新股时，按股票面值和派送新股总数计算的金额如有差额，是否记入“资本公积——股本溢价”账户。

③公司用盈余公积分派股利的分析，应注意是否经股份有限公司股东大会做出决议；用法定盈余公积分派股票股利增加的股本是否办理了增资手续；分派股票股利的每股面值与派送价格之差是否记入“资本公积——股本溢价”账户。

(五)“未分配利润”项目

未分配利润是指企业留待以后年度分配的结存利润，也是企业所有者权益的组成部分。从数量上来说，是期初未分配利润，加上本期实现的净利润，减去提取的盈余公积和分出利润后的余额。

未分配利润的多寡可以用来衡量公司的储备和获利能力，它在所有者权益中的比例越高，说明企业获利能力越强。未分配利润是公司留存收益的一部分。留存收益的增减变化及变动金额的多少，取决于企业的盈亏状况和企业的利润分配政策。一般来说，企业当年盈利，会增加未分配利润；反之，如果企业当年亏损，则未分配利润会减少。此外，未分配利润的增减数额，还取决于企业的利润分配政策。如果企业留多分少，保持较高的留存收益比率，则未分配利润增加数就较多；反之，如果是留少分多，留存收益比率较低，则未分配利润增加的数额就少。未分配利润是公司利润分配的最终结果，既可以用于生产经营，又可以用于公司开展新的业务领域，还可以留待以后年度进行股利分配。

解读要领：

(1)注意了解未分配利润的增减变动总额、变动原因和变动趋势。

(2)要注意由于净利润的变动对未分配利润的影响，同时应关注公司的利润分配政策对未分配利润的影响。

【学中做 5—3】

根据 E 公司 2018 年所有者权益变动表相关资料(见表 5—4)，对该公司的所有者权益变动表中的“会计政策变更”项目进行解读。

通过解读该公司的所有者权益变动表，发现该公司 2017 年因会计政策变更，调增资本公积42 010元、调减盈余公积429 088.5元、调减未分配利润2 183 508元；2018 年因会计政策变更，调增资本公积76 182.5元、调减盈余公积6 867元、调减未分配利润27 467元。若要进一步了解该公司会计政策变更的原因，还应查阅相关的记录和资料，并审核其是否符合有关规定，有无人为操纵的因素。

【学中做 5—4】

根据【学中做 5—2】表 5—3 所有者权益变动表，对 E 公司的所有者权益变动表中的“提取盈余公积”项目进行解读。

通过解读该资料中所有者权益变动表，发现该公司 2017 年提取了 10%的法定盈余公积和 8.81%的任意盈余公积，2018 年提取了 10%的法定盈余公积和 8.01%的任意盈余公积，由此得出结论，该公司比较重视资本积累。

表 5—4

E公司所有者权益变动表

编制单位:E公司　　2018年度　　会企04表　单位:元

项目	本年金额						上年金额					
	实收资本（或股本）	资本公积	减:库存股	盈余公积	未分配利润	所有者权益合计	实收资本（或股本）	资本公积	减:库存股	盈余公积	未分配利润	所有者权益合计
一、上年年末余额	10 821 057	20 380 218.5		24 148 421.5	8 411 287.5	63 760 984.5	10 821 057	20 338 208.5		24 494 238	10 235 388	65 888 891.5
加:会计政策变更		76 182.5		−6 876	−27 467	41 848.5		42 010		−429 088.5	−2 183 508	−2 570 586.5
前期差错更正												
二、本年年初余额	10 821 057	20 456 401		24 141 554.5	8 383 820.5	63 802 833	10 821 057	20 380 218.5		24 065 149.5	8 051 880	63 318 305
三、本年增减变动金额（减少以“—”号填列）												
(一)净利润					881 013.5	881 013.5					442 679.5	442 679.5
(二)直接计入所有者权益的利得和损失												
1.可供出售金融资产公允价值变动净额												
2.权益法下被投资单位其他所有者权益变动的影响												
3.与计入所有者权益项目相关的所得税影响												
4.其他												
上述(一)和(二)小计					881 013.5	881 013.5					442 679.5	442 679.5
(三)所有者投入和减少资本												
1.所有者投入资本												

续表

项目	本年金额						上年金额					
	实收资本（或股本）	资本公积	减:库存股	盈余公积	未分配利润	所有者权益合计	实收资本（或股本）	资本公积	减:库存股	盈余公积	未分配利润	所有者权益合计
2.股份支付计入所有者权益的金额												
3.其他												
（四）利润分配												
1.提取盈余公积					158 685	−158 685				83 272	−83 272	
2.对所有者（或股东）的分配												
3.其他												
（五）所有者权益内部结转												
1.资本公积转增资本（或股本）												
2.盈余公积转增资本（或股本）												
3.盈余公积弥补亏损												
4.其他												
四、本年年末余额	10 821 057	20 456 401		24 300 239.5	9 106 149	64 683 846.5	10 821 057	20 380 218.5		24 148 421.5	8 411 287.5	63 760 984.5

【学中做 5—5】

根据表 5—4 提供的资料，对 E 公司的“股本”“资本公积”“盈余公积”和“未分配利润”项目进行分析。

“股本”项目：该公司两个年度的股本相同，2017 年和 2018 年股本占所有者权益的比重分别为 16.97%和 16.37%，比例偏低，公司股本结构基本没有变化。说明公司两年的股本和所有者权益总额均没有增长。

“资本公积”项目：该公司的资本公积连续两年呈现增加，且增加的原因均是因会计政策的变更，既没有发生直接计入所有者权益的利得和损失，也没发生股本溢价（因公司两年中没有发行新股），应通过会计报表附注等信息资料进一步详细分析公司会计政策变更的动因。

该公司 2017 年和 2018 年资本公积占所有者权益的比重分别为 31.96%和 31.63%，两年均没有转增资本，说明公司没有扩张股本意愿。

“盈余公积”项目：该公司 2017 年提取盈余公积83 272元，提取比例为 18.81%（83 272÷442 679.5）；2018 年提取盈余公积158 685元，提取比例为 18.81%（158 685÷881 013.5）。公司不仅按规定提取了法定盈余公积，还提取了任意盈余公积，为公司的发展做了较好的资本积累，可以通过查阅公司决议，了解提取任意盈余公积是否经过了股东大会的批准。

由于会计政策变更，2017 年和 2018 年分别调减了盈余公积429 088.5元和6 867元。应进一步深入分析会计政策变更的原因。

该公司盈余公积的结存情况：2017 年年末为24 148 421.5元，2018 年年末为24 300 239.5元，两年盈余公积总额变动不大，但 2018 年提取额是 2017 年的近 2 倍，说明 2018 年盈利远远好于 2017 年。两年盈余公积占注册资本的比重分别为 223.16%和 224.56%，但两年均没有转增资本和分派股利，说明公司的资本积累比较充足。

“未分配利润”项目：该公司 2017 年年末未分配利润总额为8 411 287.5元，2018 年年末未分配利润总额为9 106 149元，增长了694 861.5元，增长率为 826%。其中，净利润增长438 334元，增长率为 99.01%，两年均没有向投资者分配利润。所以，公司的留存收益较高。

从公司未分配利润的增长率来看，公司的获利能力增长态势不错，但是要判断其未来的发展趋势还要查看其他年份的相关数据，同时要关注公司所处的行业发展状况及市场占有情况。

情境小结

所有者权益变动表是反映公司本期（年度或中期）内截至期末所有者权益增减变动情况的报表。它全面反映了企业所有者权益在年度内的变化情况，直接反映了主体在一定期间内的总收益与总费用，从全面收益角度反映了主体权益的综合变动。

所有者权益变动表分析，主要是对所有者权益的来源及其变动情况的分析，了解会计期间内影响所有者权益变动的具体原因，判断构成所有者权益各个项目变动的合理性与合法性，为报表使用者提供所有者权益总额及其变动的信息。

所有者权益变动表结构分析是指对所有者权益的各子项目金额占所有者权益总额的比重的计算，并进行分析评价，揭示了企业当期所有者权益各子项目的比重及其变动情况，解释了公司净资产构成的变动原因，从而进行相关决策的过程。

本情境学习的重点是把握好所有者权益变动表的编制方法，能够对所有者权益项目进行解读，对所有者权益变动表进行结构分析。

做中学

一、单项选择题

1. 所有者权益变动表中的“本年金额”栏应根据“实收资本”等科目的(　　)分析填列。

A. 期末余额　　B. 发生额　　C. 期初余额　　D. 本期增加额

2. 新准则引入“公允价值”概念后,会出现大量的公允价值与账面价值的差额,这个差额体现在“资本公积”项下的(　　)。

A. 资本溢价　　B. 接受捐赠　　C. 其他资本公积　　D. 股本溢价

3. 为了清楚地反映构成所有者权益的各组成部分的增减变动情况,所有者权益变动表采用(　　)的格式。

A. 账户式　　B. 报告式　　C. 单步式　　D. 矩阵式

4. 所有者权益结构是指所有者权益各项目金额占(　　)的比重,揭示了企业的经济实力和风险承担能力。

A. 所有者权益总额　　B. 资产总额

C. 负债及所有者权益总额　　D. 负债总额

5. 综合收益是指企业在某一期间与所有者之外的其他方进行交易或其他事项所引起的(　　)的变动。

A. 净利润　　B. 营业收入　　C. 营业外收入　　D. 净资产

二、多项选择题

1. 企业的综合收益的构成内容包括(　　)。

A. 营业收入　　B. 营业外收入

C. 净利润　　D. 直接计入所有者权益的利得和损失

2. 下列项目中,应在所有者权益变动表中列示的有(　　)。

A. 利润总额　　B. 直接计入所有者权益的利得和损失

C. 净利润　　D. 会计差错更正的影响数

3. 下列所有者权益项目中,属于投资者投入资本的是(　　)。

A. 盈余公积　　B. 未分配利润

C. 资本公积　　D. 实收资本

4. 企业实施利润分配以后的留存收益包括(　　)。

A. 利润总额　　B. 未分配利润

C. 资本公积　　D. 盈余公积

5. 盈余公积属于企业留存收益中指定专门用途的积累资金,其主要用途有(　　)。

A. 弥补亏损　　B. 转增资本　　C. 分派股利　　D. 对外捐赠

6. 下列项目中,属于所有者权益内部结转的有(　　)。

A. 资本公积转增资本　　B. 盈余公积转增资本

C. 盈余公积弥补亏损　　D. 企业获得净利润

7. 企业实收资本增加的途径有(　　)。

A. 资本公积转入　　B. 盈余公积转入

C. 利润分配转入　　D. 发行新股

三、判断题

1. 直接计入所有者权益的利得和损失是企业已实现但根据《企业会计准则》的规定已确认的收益。 （ ）

2. 企业的综合收益是其净利润加上直接计入所有者权益的利得和损失。 （ ）

3. 所有者权益变动表列示了所有者权益项目的比较信息。 （ ）

4. 企业的资本公积、盈余公积和未分配利润，属于企业生产经营过程中形成的留存收益。 （ ）

5. 企业资本公积减少的主要原因是转增资本和弥补亏损。 （ ）

情境六

财务报表综合分析

情境引例

据报道，苏宁电器(002024)201×年年报显示，公司净利润同比翻了一番。公司201×年全年彩电、通信、数码、IT产品的主营业务收入占比超过50%，基本完成向“3C”综合家电零售商的转型。报告期内，公司实现主营业务收入249.28亿元，同比增长56.42%，与店面数量增长比率基本持平；实现净利润7.20亿元，同比增长105.43%；每股收益1元，公司拟每10股转赠10股。

201×年，公司新进入3个省份、29个地级以上城市，新开连锁店136家，置换连锁店9家。截至前一年年底，公司已在全国90个地级以上城市开设351家连锁店，店面数量较上年同期增长56.70%；连锁店面积达到142.22万平方米，较上年同期增长48.66%；单位面积主营业务收入同比增长5.22%。

同学们，你们能根据以上案例所给的资料，对苏宁电器的财务状况进行分析吗？

职业能力目标

通过本情境的学习，明确企业财务效率分析的内容与评价方法，掌握主要的偿债能力、获利能力、营运能力及发展能力指标的计算与分析。

典型学习任务

本情境的典型学习任务主要有企业偿债能力分析、企业获利能力分析、企业营运能力分析、企业发展能力分析。

子情境一　偿债能力分析

一、偿债能力分析的含义

偿债能力是指企业对到期债务的清偿能力，包括短期内对到期债务的现实偿付能力和对未来债务预期的偿付能力。偿债能力分析是对企业偿还到期债务能力的分析评价。偿债能力的强弱是企业生存和发展的重要前提。通过偿债能力分析可以评价企业的财务状况，揭示企业的财务风险，预测企业的筹资前景，把握企业的财务活动。

企业的经营离不开资金，而资金来源于企业自有资金和外部资金。完全依靠企业自有资金生产经营，可能会因为资金不足失去很多盈利机会，增大了机会成本。同时，由于负债经营的利息支出作为财务费用能在税前扣除，而作为用资费用的股利则只能在税后扣除，因此，负债经营带来了节税的效果。另一方面，负债经营能够利用财务杠杆，在企业投资回报率高于借款利息率的前提下，通过借款经营获得更多的盈利。所以，企业应保持一个合适的负债比率，既具有较强的偿债能力，又能充分利用负债来获利。

外来资金筹集的一种渠道就是借债或欠债，它是企业筹资的常用渠道。负债经营虽然能解决企业资金不足的困难，但这也意味着企业有了财务上的偿债压力，企业必须按照借款或欠款协议在既定时间偿还既定借款。如果企业不能及时还款，就可能陷入财务危机，严重情况下，可能会威胁企业的生存。因此，财务人员应当通过偿债能力分析来更好地对企业进行评价，帮助信息使用者做出决策。

二、偿债能力分析的目的

偿债能力分析是企业投资者、债权人、经营者和与企业有关联的各方面等都十分关注的重要问题。站在不同的角度，分析的目的也有所区别。

(一)企业投资者分析偿债能力的目的

企业的投资者包括企业的所有者和潜在投资者，投资者通过偿债能力分析，可以判断其投资的安全性及盈利性，因为投资的安全性与企业的偿债能力密切相关。通常，企业的偿债能力越强，投资者的安全性越高。在这种情况下，企业不需要通过变卖财产偿还债务。另外，投资的盈利性与企业的长期偿债能力密切相关。在投资收益率大于借入资金的资金成本率时，企业适度负债，不仅可以降低财务风险，还可以利用财务杠杆的作用，增加盈利。盈利能力是投资者资本保值增值的关键。

(二)企业债权人分析偿债能力的目的

企业的债权人更会从他们的切身利益出发来研究企业的偿债能力，只有企业有较强的偿债能力，才能使他们的债权及时收回，并能按期取得利息。由于债权人的收益是固定的，他们更加关注企业债权的安全性。实际工作中，债权人的安全程度与企业偿债能力密切相关。企业偿债能力越强，债权人的安全程度也就越高。

(三)企业经营者分析偿债能力的目的

企业经营者主要是指企业经理及其他高级管理人员。他们进行财务分析的目的是综合的、全面的。他们既关心企业的盈利，也关心企业的风险，与其他主体最为不同的是，他们特别需要关心盈利、风险产生的原因和过程。因为只有通过原因和过程的分析，才能及时发现融资活动中存在的问题和不足，并采取有效措施解决这些问题。因此，企业经营者进行分析的目的有以下几个方面：

1. 了解企业的财务状况，优化资本结构

企业偿债能力的强弱是反映企业财务状况的重要标志。资本结构不同，企业的偿债能力也不同。同时，不同的资本结构，其资金成本也有差异，进而会影响企业价值。通过偿债能力的分析，可以揭示企业资本结构中存在的问题，及时加以调整，进而优化资本结构，提高企业价值。

2. 揭示企业所承担的财务风险程度

财务风险是由于负债融资引起的权益资本收益的变动性及到期不能偿还债务本息而破产的可能性。企业所承担的财务风险与负债筹资直接相关,不同的融资方式和融资结构会对企业形成不同的财务风险,进而影响企业的总风险。负债必须按期归还,而且要支付利息。任何企业只要通过举债筹集资金,就等于承担了一项契约性质的责任或义务,不管企业的经营是盈是亏,其义务必须履行。这就是说,当企业举债时,就可能会出现债务到期不能按时偿付的可能,这就是财务风险的实质所在。而且,企业的负债比率越高,到期不能按时偿付的可能性越大,企业所承担的财务风险越大。如果企业有足够的现金或随时可以变现的资产,即企业偿债能力强时,其财务风险就相对较小;反之,则财务风险就较高。

3. 预测企业筹资前景

企业生产经营所需资金,通常需要从各种渠道,以各种方式取得。当企业偿债能力强时,说明企业财务状况较好,信誉较高,债权人就愿意将资金借给企业;否则,企业就很难从债权人那里筹集到资金。因此,在企业偿债能力较弱时,企业筹资前景不容乐观。如果企业愿以较高的代价筹资,其结果会使企业承担更高的财务风险。

4. 为企业进行各种理财活动提供重要参考

企业的理财活动集中表现在筹资、用资和资金分配三个方面。企业在什么时候取得资金,其数额多少,取决于生产经营活动的需要,也包括偿还债务的需要。如果企业偿债能力较强,则可能表明企业有充裕的现金或其他能随时变现的资产,在这种情况下,企业就可以利用暂时闲置的资金进行其他投资活动,以提高资产的利用效果。反之,如果企业偿债能力不强,特别是近期内有需要偿付的债务时,企业就必须及早地筹措资金,以便在债务到期时能够偿付,使企业信誉得以维护。

(四)企业其他关联方分析偿债能力的目的

企业在实际工作中,会与其他部门和企业产生经济联系。对企业偿债能力进行分析也有重要意义。从政府及相关管理部门来说,通过偿债能力分析,可以了解企业经营的安全性,从而制定相应的财政金融政策;对于业务关联企业,通过偿债能力分析,可以了解企业是否具有支付能力,借以判断企业信用状况和未来业务能力,并做出是否建立长期稳定的业务合作关系的决定。

三、偿债能力分析的内容

偿债能力分析主要包括短期偿债能力分析和长期偿债能力分析两项内容。短期偿债能力也称为支付能力,主要是指企业用流动资产偿还流动负债的现金保障程度。通过对反映短期偿债能力的主要指标和辅助指标的分析,了解企业短期偿债能力的高低及其变动情况,说明企业的财务状况和风险程度。长期偿债能力是指企业偿还长期债务的能力。通过对反映长期偿债能力指标的分析,了解企业长期偿债能力的高低及其变动情况,说明企业整体财务状况和债务负担及偿债能力的保障程度。

企业偿付债务的压力主要来自两个方面:一是一般性债务本息的偿还,如各种长期借款、应付债券、长期应付款和各种长期结算债务。二是具有刚性的各种应付税款,企业必须偿付。不是所有的债务都会对企业直接构成压力。真正直接对企业构成压力的是那些即将到期的债务。企业能够及时清偿到期债务是建立在有足够的资产的基础之上,而且要有足够的现金流入作为保障。即使是处于盈利阶段的公式,如果不能及时履行对债权人的义务,企业也可能破产。比如曾经显赫一时的中国普马、德隆、巨人集团等，都是由于无力偿债而破产的典型案例。

四、影响短期偿债能力的因素

短期偿债能力的高低对企业的生产经营活动和财务状况有重要影响。企业的短期偿债能力不强，会因资金周转困难而影响正常生产经营，降低企业的获利能力，严重时会出现财务危机，甚至导致企业因不能按期偿债而破产。短期偿债能力不足对企业的影响还体现在：无法取得购货折扣；不能按期支付货款致使材料供应不能保证；影响职工收入的正常发放或不能按期加薪，使得企业在人力资源市场上失去竞争力。短期偿债能力不足对企业的另一影响是造成企业信誉下降，这是无法估计的损失。

从短期偿债能力对企业的影响可以看出，企业必须重视短期偿债能力的分析和研究，了解影响短期偿债能力的因素。影响企业短期偿债能力的因素可从企业内部和企业外部两方面进行分析。

(一)企业内部因素

影响短期偿债能力的企业内部因素主要有：

1. 企业流动资产的结构

在企业的资产结构中，如果流动资产所占的比重大，则企业的短期偿债能力相对大些，因为流动负债一般要通过流动资产变现来偿还。如果流动资产所占的比重较高，但其内部结构不合理，企业的实际偿债能力也会受到影响。如企业的流动资产中存货比重较大，由于存货的变现速度一般低于其他流动资产，所以其偿债能力也会减弱。

2. 企业流动负债的结构

企业的流动负债有些是必须用现金来偿付的，如短期借款、应付账款等；有些则可以用产品或劳务来偿还，如预收账款等。需要用现金偿还的流动负债对流动资产流动性的要求更高，企业只有拥有足够的现金才能保证其清偿能力。此外，流动负债中各种负债的偿还期限是否集中，也会对偿债能力产生影响。

3. 企业经营现金流量水平

企业的短期债务多数是用现金来偿付的，因此，现金流量是决定企业短期偿债能力的重要因素。企业现金流量状况，主要受企业的经营状况和融资能力两方面影响，如果没有充足的现金流量，即使是盈利企业也可能因无法及时偿还到期债务而导致信用危机，甚至是破产。

4. 企业融资能力

有时候仅仅通过偿债能力指标，还不足以判断企业的实际偿债能力。有些企业各种偿债能力指标都很好，但却不能按期偿付到期债务；而另一些企业，因为有较强的融资能力，随时能够从银行等金融机构筹集到大量资金，即使偿债能力指标不高，却能按期偿付其债务本息。因此，融资能力也是影响偿债能力的重要因素。

(二)企业外部因素

影响企业短期偿债能力的企业外部因素主要有：

1. 宏观经济形势

当国家经济持续稳定增长时，社会的有效需求也会随之稳定增长，产品畅销。由于市场条件良好，企业的产品和存货可以较容易地通过销售转化为货币资金，从而提高企业短期偿债能力；反之，国民经济处于迟滞阶段，消费者购买力不足，就会使企业产品积压，企业资金周转不灵，企业间相互拖欠形成“三角债”，企业的偿债能力也会受到影响。

2. 证券市场的完善程度

在企业流动资产中，会包括一些有价证券，在分析企业短期偿债能力时，是把有价证券视同等量现金的。实际上，这样计算的偿债能力与企业实际偿债能力是有区别的。因为如果证券市场发达，企业就随时可以将手中的短期证券出售转换为现金；而如果证券市场不发达，企业转让有价证券就很困难，或不得已将短期证券以较低的价格出售。这就会对企业的短期偿债能力产生影响。

3. 银行信贷政策

国家为保证国民经济的正常运转，就会利用金融、税收等宏观经济政策调整产业结构与经济发展速度。一个企业的产品是国民经济急需的，发展方向是属于国家政策鼓励的，就会较为容易地从银行取得借款，其偿债能力也会提高。

五、短期偿债能力静态评价指标

（一）营运资本分析

营运资本是流动资产总额减去流动负债总额的差额。营运资本表示的是偿还流动负债之后还剩下的部分，营运资本越多，证明企业越有能力偿还短期债务。其计算公式为：

营运资本＝流动资产－流动负债

【学中做 6－1】

根据【学中做 2－6】表 2－3 GY 公司资产负债表的资料，计算 GY 公司 2018 年年末营运资本。

营运资本＝1 773 728－1 067 760.5＝705 967.5（元）

GY 公司 2018 年营运成本均大于 0，说明公司用于偿还流动负债的资金较充足，且本期营运资本的偿债能力比上期有所增强。

营运资本实际是长期资金来源被占用到流动资产上。营运资本还有一个计算公式，即“营运资本＝长期资本－企业的长期资产”；其中，长期资本包括非流动负债和所有者权益。其关系如图 6－1 所示。

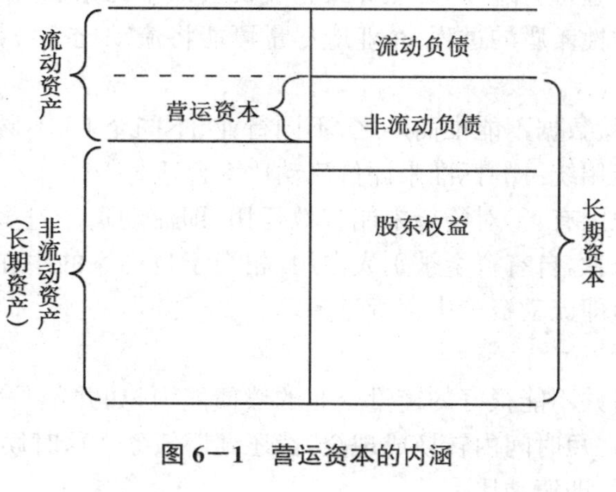

图 6－1　营运资本的内涵

如果流动资产高于流动负债，即营运资本大于 0，表示企业有一定的短期偿付能力。该指标越高，表示企业可用于偿还流动负债的资金越充足，企业的短期偿付能力越强，企业面临的短期流动性风险越小，债权人安全程度较高。但不能说越大越好，因为营运资本过大，说明企业闲置资金过多，既未用于投资，也未用于偿还债务。因此，可以将营运资本作为评价企业短期偿债能力的绝对数指标。对营运成本进行分析，可以从静态上评价企业当期的偿债能力状况，也可以结合企业规模等因素，评价企业不同时期的偿债能力的变动情况。

(二)流动比率分析

流动比率是流动资产与流动负债的比率。它表明每1元流动债务有多少流动资产作为偿还的保证，反映企业有多少流动资产可以在短期内转化为现金对到期的流动负债进行偿还的能力。其计算公式为：

$$流动比率=\frac{流动资产}{流动负债}$$

【学中做6—2】

根据【学中做2—6】表2—3 GY公司资产负债表的资料，计算GY公司的2018年年末流动比率如下：

$$流动比率=\frac{1\ 773\ 728}{1\ 067\ 760.5}=1.66$$

通常认为，流动比率越高，企业的短期偿还能力就越好。因为这个时候，企业有更多的营运资金，可以用来抵偿到期债务，这样债权人到期收不到账款的可能性就会大大缩小。一般人认为，流动比率为2∶1比较合适，在这种情况下，每1元短期债务都能有2元的流动资产与之相对应，不仅能够满足企业日常的经营所需，还能够比较轻松地偿还到期的债务。如果这个比例过低，分析者普遍认为企业就没有足够的能力来偿还到期债务；比例过高，分析者又会认为企业的流动资金占用过多，企业资金使用效率低下，盈利能力受到影响。

运用流动比率时，还需要注意以下几个问题：

(1)流动比率并不必然反映企业短期偿债能力的强弱，还需要考虑流动资产的组成。如流动资产中存货、应收账款等资产不能立即用来偿还短期债务，流动比率本身并不反映企业的资产结构。

(2)从短期债权人角度看，希望流动比率越高越好。但从企业经营者角度看，过高的流动比率意味着企业闲置现金持有过多，必然导致企业机会成本的增加和获利能力的下降。这主要是协调流动性与盈利性矛盾的过程，企业应尽量可能将流动比率维持在不使货币资金闲置的水平。

(3)流动比率的经验数据不能推而广之，不同行业、不同企业、不同时期、不同规模的评价标准应进行调整。不能用统一的标准来评价流动比率合适与否。

流动比率过高的原因有：①对资金未能有效运用，即流动资产过多。②赊销过多，即流动资产中有大量的应收账款，自有资金被别人占用，相当于自己家的牛在别人家的牛棚里产奶。③销售不力，存货积压，即流动资产中存货过多。

(三)速动比率分析

由于流动比率有时并不能很好的衡量企业的偿债能力，如并不是所有的流动资产都具有很好的变现能力，能够在短时间内转换成现金，偿还到期债务。这时候人们通常使用另一个衡量企业偿还能力的指标，即速动比率。

速动比率是指企业速动资产与流动负债的比率。速动资产是指流动资产扣除存货、待摊费用、一年内到期的非流动资产和其他流动资产等后的差额，包括货币资金、以公允价值计量且其变动计入当期损益的金融资产和各种应收款项等。之所以要扣除存货等非速动资产，是因为:(1)存货必须经过出售和款项回收才能回笼资金,其变现能力相对较差,部分存货可能因为销售困难等原因损失报废未做处理,不能用于偿债。(2)待摊费用不能出售变现。(3)一年内到期的非流动资产和其他非流动资产具有偶然性,不能代表企业正常的变现能力。

速动比率的计算公式为:

$$速动比率=\frac{速动资产}{流动负债}$$

【学中做 6—3】

根据【学中做 2—6】表 2—3 GY 公司资产负债表的资料,计算 GY 公司的 2018 年年末速动比率。

$$速动比率=\frac{1\ 773\ 728-710\ 000}{1\ 067\ 760.5}\times 100\%=99.62\%$$

速动资产主要指可偿债资产,用速动比例衡量企业的短期偿债能力更加准确。一般认为,速动比率控制在 1∶1 会比较合适,它表明企业每 1 元的负债都有 1 元能够迅速变现的资产与之相对应,偿还能力较好,又不会过多地占用资金,影响企业的获利能力。但是,这仅是一般的看法,没有统一的标准,行业不同,速动比率会有很大的差别。例如,采用大量现金销售的商店,几乎没有应收账款,小于 1 的速动比率则是比较合理的;相反,一些应收账款较多的公司,速动比率可能要大于 1 才会被认为是合理的。

对公司短期偿债能力的分析,应将速动比率与流动比率结合起来评价。当速动比率较高,流动比率较低时,公司的短期偿债能力仍然较强;反之,当速动比率较低,而流动比率较高时,关键要看存货的变现能力,如果存货的变现能力较强,其短期的偿债能力也不弱;只有两个比率都较低,且大大低于标准时,才表现公司短期偿债能力弱。

上市公司资产的安全性应包括两个方面的内容:一是有相对稳定的现金流和流动资产;二是短期资产流动性比较强,不至于影响盈利的稳定性。因此在分析上市公司资产的安全性时,应该从以下两方面入手:首先,上市公司资产的流动性越大,上市公司资产的安全性就越大。假如一个上市公司有 500 万元的资产:一种情况是,资产全部为设备;另一种情况是 70%的资产为实物资产,其他为各类金融资产。假设,有一天该公司资金发生周转困难,公司的资产中急需有一部分去兑现偿债时,当然是后一种情况偿债能力强。许多公司倒闭,问题往往不在于公司资产额太小,而在于资金周转不过来,不能及时清偿债务。因此,资产的流动性就带来了资产的安全性问题。其次,流动性资产中有两种资产形态:一种是存货,比如原材料、半成品等实物资产;另一种是速动资产,如证券等金融资产。显而易见,速动资产比存货更容易兑现,它的比重越大,资产流动性就越大。

(四)现金比率分析

现金比率是指企业现金类资产与流动负债的比率。其中,现金类资产是指速动资产中流动性最强、可直接用于偿债的资产。包括企业所有的货币资金和现金等价物,比如易于变现的有价证券。虽然流动比率、速动比率能够反映资产的流动性或偿债能力,但这种反映具有一定的局限性,因为真正能用于偿还短期债务的是现金,有利润的年份不一定有足够的现金来偿还债务,所以利用现金和流动债务之比可以更好地反映偿债能力的强弱。现金比率的计算公式为:

$$现金比率=\frac{现金}{流动负债}\times 100\%=\frac{货币资金+以公允价值计量且其变动计入当期损益的金融资产}{流动负债}\times 100\%$$

【学中做 6—4】

根据【学中做 2—6】表 2—3 GY 公司资产负债表的资料，计算 GY 公司的 2018 年年末现金比率。

$$现金比率=\frac{588\ 360}{1\ 067\ 760.5}\times100\%=55.10\%$$

利用该指标评价公司偿债能力将更为谨慎，衡量了企业直接偿付流动负债的能力，是最严格、最稳健的偿债指标，反映了企业在最坏情况下的偿债能力。一般该比率越大，说明公司现金流动性越好，短期偿债能力越强。而从公司资金的合理使用角度看，比率过高意味着公司拥有闲置资金过多，资金使用效率差。因此，公司应根据行业实际情况确定最佳比率。债权人也不应过分看重该比率，因为企业不可能一直保持足够还债的现金资产，如果是这样，企业就没有短期借款的必要。

六、短期偿债能力动态评价指标

企业偿债能力从本质上来讲，是衡量企业能否按期归还到期债务的能力，但在计算短期偿债能力静态指标时所使用的流动负债，是企业某一时点上的债务。它表明企业在这一时点上仍然承担的流动负债规模，并不表示这些债务已经到期，并且需要在这一时点上偿还，这些债务往往需要在这一时点之后的未来某一时点上偿还。在计算这一指标时所使用的流动资产或速动资产也只是时点上的资产存量，只是为企业现在承担的债务提供了一份资产保证，反映的是用这些资产偿债的可能性，并不表明这些资产马上就可以用来偿还债务。因此，上述的短期偿债能力静态评价指标主要反映了偿还负债的资产保障程度。企业偿还负债是一个动态的过程，其偿债能力也是在未来某一时点上的能力。当具体某一负债到期时，企业可以用现存资产变现偿还，也可以用债务到期前所获得的现金去偿还。因此，对企业短期偿债能力分析还应从动态角度进行。

动态反映企业短期偿债能力的指标是建立在现金流量表分析的基础之上的，主要有现金流量比率、速动资产够用天数和短期负债偿还期等。

(一)现金流量比率分析

现金流量比率是指企业经营活动现金流量净额与流动负债的比率，用来衡量企业流动负债用经营活动所产生现金来支付的程度，是流动比率、速动比率的延伸。其计算公式为：

$$现金流量比率=\frac{经营活动现金流量净额}{流动负债}$$

【学中做 6—5】

根据【学中做 2—6】表 2—3 GY 公司资产负债表和【学中做 4—13】表 4—4 GY 公司现金流量表的资料计算 GY 公司 2018 年年末现金流量比率。

$$现金流量比率=\frac{7\ 860}{1\ 067\ 760.5}=0.007\ 4$$

经营活动现金流量净额的大小反映出企业某一会计期间生产经营活动产生现金的能力，是企业偿还到期债务的基本资金来源。当该指标等于或大于 1 时，表示企业有足够的能力以生产经营活动产生的现金来偿还短期债务，表明企业偿债的时效性越强；如果指标小于 1，表示企业生产经营活动产生的现金不足以偿还到期债务，必须采取对外筹资或出售资产才能偿还债务。

(二)速动资产够用天数分析

在财务报告分析中,除了以流动负债作为基础外,还可以经营开支水平说明企业的短期偿债能力,通常用"速动资产够用天数"来表示企业速动资产维持企业正常经营开支水平的程度,该指标可以作为速动比率的补充指标。其计算公式为:

$$速动资产够用天数=\frac{速动资产}{预计每天营业所需现金支出}$$

从该指标的计算公式我们可以看出,如果速动资产较多,而每天营业所需现金开支较少,速动资产够用天数就多;反之,速动资产够用天数就少。企业速动资产够用天数少,表明企业偿债能力较低。

(三)流动负债偿还期分析

流动负债偿还期是以流动负债除以经营活动现金流量净额的比率。这一指标表明如果用经营活动产生的现金流量净额来偿还企业流动负债所需要的时间。其计算公式为:

$$流动负债偿还期=\frac{流动负债}{经营活动现金流量净额}$$

流动负债偿还期是一个逆指标,偿还期越短,说明企业的财务风险越小,偿债能力越强;反之,则说明企业的财务风险越大,偿债能力越弱。企业的债务主要是以经营活动产生的现金流量来偿还,以筹资活动产生的现金流量只是应急之策,不是根本之道。

影响短期偿债能力的其他因素。能提高公司短期偿债能力的因素主要有:①公司可动用的银行贷款指标。银行已同意、但公司尚未办理贷款手续的银行贷款限款,可以随时增加公司的现金,提高公司的支付能力。②公司准备很快变现的长期资产。由于某种原因,公司可能将一些长期资产很快出售变成现金,以增加公司的短期偿债能力。③公司偿债的信誉。如果公司的长期偿债能力一贯很好,即公司信用良好,当公司短期偿债方面出现困难时,公司可以很快地通过发行债券和股票等方法来解决短期资金短缺,提高短期偿债能力。这种提高公司偿债能力的因素,取决于公司自身的信用状况和资本市场的筹资环境。以上三方面的因素,都能使公司流动资产的实际偿债能力高于公司财务报表中所反映的偿债能力。

能降低公司短期偿债能力的因素主要有:①与担保有关的或有负债。如果它数额较大并且有可能发生,就应该引起关注,因为它并不在报表中反映。②经营租赁合同中承诺的付款,很可能是需要偿还的义务。③建造合同、长期资产购置合同中的分阶段付款,也是一种承诺,应视同需要偿还的债务。

七、影响长期偿债能力的因素

企业的长期偿债能力是指企业对还款期在一年以上的债务的承担能力和对偿还各种债务的保障能力,长期偿债能力的强弱是反映企业财务安全性和稳定程度的重要标志。

(一)企业的获利能力

企业的债务偿还义务包括按期偿还债务本金和按期支付利息两个方面。企业的非流动负债大多数用于非流动资产的投资,形成企业的长期资产,在企业正常生产经营的条件下,企业不可能以出售资产作为偿债的来源,而只能依靠生产经营所得。从举债的目的看,企业使用资本较低的负债资金是为了获取财务杠杆利益,增加企业的收益,其利息支出自然要从融通资金所创造的收益中予以偿付。所以说企业的长期偿债能力与获利能力密切相关。就一般情况而言,企业的获利能力越强,企业的长期偿债能力越强。如果企业长期亏损,则必须通过变卖资产才能清偿债务,否则企业的生产经营活动就不能正常进行,最终要影响投资人和债权人的利益。

(二)长期资产的规模与结构

长期负债的偿还是以相应的资产作为物质保证的,正常情况下,保证长期负债偿还的资产,除了流动资产外,主要是长期资产。因此,长期资产的规模与结构,将直接影响企业的长期偿债能力。特别是当企业破产清算时,长期资产的规模、结构及质量对长期偿债能力的影响更为直接。此时资产的清理变卖价值将决定对债权人债权的偿还数额。

(三)权益资金的增长和稳定程度

尽管企业的获利能力是影响长期偿债能力的最主要因素,但如果企业将绝大多数利润都分配给投资者,权益资金很少增长,就会降低偿还债务的可靠性。对于债权人而言,将大多数利润留在企业,会使权益资金增长,减少利润外流,这对投资人没有什么实质影响,但会增加偿还债务的可靠性,从而提高企业的长期偿债能力。

(四)企业经营现金流量

企业的债务主要还是要用现金来清偿,虽然说企业的获利能力是偿还债务的根本保证,但是获利能力毕竟不等于现金。企业只有同时具备较强的变现能力,有充裕的现金,才能保证具有真正的偿债能力。

八、长期偿债能力指标的计算与分析

从资产、获利能力、现金流量的内容、特点和作用可以看出,这些因素是从不同角度反映企业偿债能力的。资产是清偿债务的最终物质保障,获利能力是清偿债务的经营收益保障,现金流量是清偿债务的支付保障。只有将这些因素加以综合分析,才能真正揭示企业的偿债能力。因此,长期偿债能力分析应从以下三个方面进行:

(一)资产规模对长期偿债能力影响的指标

负债表明企业的债务负担,资产是偿还负债的物质基础,单凭负债和资产不能说明一个企业的偿债能力,负债少并不意味着企业的偿债能力强,同样,资产规模大也不能说明企业偿债能力强。企业的偿债能力体现在资产和负债的对比关系上,由这种对比关系反映出来的企业长期偿债能力指标主要有资产负债率、产权比率、所有者权益比率和有形净值债务率。

1. 资产负债率

资产负债率是从总体上反映公司的债务状况、负债能力和债权保障程度的一个综合指标,它是负债总额与资产总额的比率。其计算公式为:

$$\text{资产负债率}=\frac{\text{负债总额}}{\text{资产总额}}\times 100\%$$

【学中做 6—6】

根据【学中做 2—6】表 2—3 GY 公司资产负债表的资料,计算 GY 公司的 2018 年年末资产负债率如下:

$$\text{资产负债率}=\frac{2\ 327\ 760.5}{4\ 552\ 962}\times 100\%=51.13\%$$

对于该指标,应注意从不同角度进行分析。若站在债权人的立场,资产负债率应以低为好。对所有者来说,他们主要关心的是投资收益率的高低,如果负债的利息率低于总资产收益率,他们希望提高资产负债率。从公司经营者的角度看,必须将资产负债率控制在一个合理的水平。资产负债率低,财务风险较小,但过低的资产负债率使公司无法充分获取借入资金利息率小于总资产收益率时所带来的财务杠杆利益,影响公司获利能力的提高,从而削弱公司的长期偿债能力；反之，资产负债率越高，公司扩大生产经营的能力及增加盈利的可能性就越大，但财务风险也随之增大，一旦发生经营不利的情况，将难以承受沉重的债务负担，甚至可能因出现资不抵债而导致公司破产。

财务杠杆是指由于债务的存在而导致普通股每股利润变动大于息税前利润变动的杠杆效应。对财务杠杆计量的主要指标是财务杠杆系数，财务杠杆系数是指普通股每股利润的变动率相当于息税前利润变动率的倍数。

财务杠杆与财务风险的关系：财务风险是指企业为取得财务杠杆利益而利用负债资金时，增加了破产机会或普通股每股利润大幅度变动的机会所带来的风险。财务杠杆会加大财务风险，企业举债比重越大，财务杠杆效应越强，财务风险越大。财务杠杆与财务风险的关系可通过计算分析不同资金结构下普通股每股利润及其标准离差和标准离差率来进行测试。

资产负债率的合理水平，一般应在50%左右。如果公司经营前景较乐观，可以适当提高资产负债率，以增加获利的机会；倘若前景不佳，则应减少负债经营，降低资产负债率，以减轻债务负担，总之，对公司资产负债率的评价，应结合公司的获利能力进行综合考察。有些企业为了谋求更多的经济利益会过度举债，资产负债率过高，资金链过于紧绷，一旦债务到期无力偿还，又由于高的负债率难以再次借款，很容易导致企业资金链断裂、企业破产或倒闭的境地。对于债权人而言，也承担了很高的收不回贷款的风险。

【学中做6—7】

某企业全部资本100万元，其中借入资本40万元，利率为7%，假定投资收益率分别为16%和6%，计算股东收益率分别为多少。

(1)当投资收益率为16%时：

全部资本收益率＝100×16%＝16(万元)

企业的利息费用＝40×7%＝2.8(万元)

股东收益＝16－2.8＝13.2(万元)

$$股东收益率=\frac{13.2}{100}\times 100\%=13.2\%$$

从上述数据可以看出，公司的投资收益率高于负债利息率，负债经营对于股东而言是有利的。

(2)当投资收益率为5%时：

全部资本收益率＝100×5%＝5(万元)

企业的利息费用＝40×7%＝2.8(万元)

股东收益＝5－2.8＝2.2(万元)

$$股东收益率=\frac{2.2}{100}\times 100\%=2.2\%$$

当投资收益率低于负债利息率时，负债经营对于股东而言是不利的。

2. 产权比率

产权比率也是衡量公司长期偿债能力的指标之一，它是负债总额与股东权益总额之比，这一比率可用以衡量主权资本对借入资本的保障程度。其计算公式为：

$$产权比率=\frac{负债总额}{股东权益总额}\times 100\%$$

该项指标反映由债权人提供的资本与股东提供的资本的相对关系，反映公司基本财务结构是否合理。产权比率高，是高风险、高报酬的财务结构；产权比率低，是低风险、低报酬的财务结构。公司应对收益与风险进行权衡，力求保持合理、适度的财务结构，以便既能提高获利能力，又能保障债权人的利益，从这个意义上说，产权比率一般应小于100%，即借入资本小于股东资本较好。但这也不是绝对的，这是因为在经济繁荣时期，多借债可以获得额外的利润，而在经济衰退时期，少借债可以减少利息负担和财务风险。产权比率过低时，表明企业不能充分发挥负债带来的财务杠杆作用；反之，当指标过高时，表明企业充分利用财务杠杆，增加了企业的财务风险。

3. 所有者权益比率

所有者权益比率是所有者权益总额与资产总额的比率，该比率反映了企业资产中有多少是所有者投入的。其计算公式为：

$$\text{所有权者权益比率}=\frac{\text{所有者权益总额}}{\text{资产总额}}\times 100\%$$

所有者权益比率与资产负债率之和应等于1，这两个比率从不同的侧面反映企业长期财务状况。所有者权益比率越大，资产负债率就越小，企业财务风险就越小，企业偿还长期债务的能力就越强。

4. 有形净值债务比率

有形净值债务比率是将无形资产等从所有者权益中予以扣除，从而计算企业负债总额与有形净值总额的百分比。该指标反映了企业在清算时债权人投入的资本受到股东权益的保护程度。计算公式为：

$$\text{有形净值债务比率}=\frac{\text{负债总额}}{\text{有形净值总额}}\times 100\%$$

其中，有形净值总额是指净资产扣除无形资产、开发支出、商誉等价值不稳定的资产后的资产。

【学中做6—8】

根据【学中做2—6】表2—3 GY公司资产负债表的资料，计算GY公司的2018年年末有形净值债务比率。

$$\text{有形净值债务比率}=\frac{2\ 327\ 760.5}{2\ 225\ 201.5-4\ 000}\times 100\%=104.8\%$$

有形净值债务比率是通过企业负债总额与有形净值进行对比，来反映企业在陷入财务困境或破产时对债权人投入资本受到股东权益的保护程度，主要是用于衡量企业的风险程度和对债务的偿还能力。这个指标越大，表明企业对债权人的保障程度越低，企业风险越大，长期偿债能力越弱；反之，该指标越小，表明企业长期偿债能力越强，企业财务风险就越小。

运用有形净值债务比率指标分析时，应注意以下问题：

(1)有形净值债务比率指标实质上是产权比率指标的延伸，是更为谨慎、保守地反映在企业清算时债权人投入的资产受到股东权益的保障程度。从长期偿债能力来讲，比率越低越好。

(2)有形净值债务比率指标最大的特点是在可用于偿还债务的净资产中扣除了无形资产，包括商标、专利权以及非专利技术等。这主要是因为无形资产的计量缺乏可靠的基础，不可能作为偿还债务的资源，为谨慎起见，一律视为不能还债，将其从分母中扣除。

(二)获利能力对长期偿债能力影响的指标

资产固然可以作为偿债的保障，但企业取得资产的目的并不是为了偿债，而是利用资产进行经营以获取收益，所以债务清偿要依赖资产变现，而资产变现更主要的是通过产品销售来实现。因此，获利能力对评价偿债能力也很重要。从获利能力角度分析，评价企业长期偿债能力的指标主要有利息保障倍数、销售利息比率和债务本息保证倍数。

1. 利息保障倍数

利息保障倍数是息税前利润与利息费用的比率，它反映公司经营业务收益支付债务利息的能力，其计算公式为：

$$利息保障倍数=\frac{息税前利润}{利息费用}$$

其中：公式中的分子“息税前利润”是指利润中未扣除利息费用和所得税之前的利润，它可以用“利润总额加利息费用”来测算，也可以用“净利润加所得税、利息费用”来测算。公式分母中的，“利息费用”是指本期发生的全部应付利息，不仅包括利润表中记入财务费用项目的利息费用，还包括计入固定资产成本的资本化利息。分子中的利息支出仅包括计入财务费用的利息费用。

【学中做 6—9】

假设某公司利润总额为 670 万元，利息费用为 80 万元，计算公司的利息保障倍数。

$$利息保障倍数=\frac{670+80}{80}=9.38(倍)$$

利息保障倍数不仅反映了企业获利能力的大小，而且反映了获利能力对偿还到期债务的保证程度，它既是企业举债经营的前提依据，也是衡量企业长期偿债能力大小的重要标志。该指标越高，表明企业支付利息的能力就越强，企业对到期债务偿还的保障程度也就越高；相反，则表明企业没有足够的资金来偿还债务利息，企业偿债能力较弱。

运用利息保障倍数指标分析时，应注意以下问题：

(1)由于行业性质不同，利息保障倍数没有统一的标准。该指标小于 1，说明企业利用负债经营赚取的收益小于资金成本，企业将无力偿还债务；该指标等于 1，说明企业利用负债经营赚取的收益正好等于资金成本；只有该指标大于 1，企业利用负债经营赚取的收益才大于资金成本；但利息保障倍数仅大于 1 是远远不够的，因为若要维持正常的偿债能力，从长期看，利息保障倍数至少应当大于 1，且比值越高，企业长期偿债能力一般也就越强。如果利息保障倍数过小，企业将面临亏损、偿债的安全性与稳定性下降的风险。

但是，有时该指标小于 1 也不能说明支付利息的能力差，因为有时有大量非付现成本费用存在；有时该指标大于 1 很多，也不能说明偿付利息的能力强。这是因为，息税前利润毕竟是按权责发生制核算出来的，只代表应计利润而非实现收现利润。从稳健的角度出发，最好比较本企业几年的该指标，并选择最低的数据作为标准，这样可以保证最低的偿债能力。

(2)从统计上看，不同国家利息保障倍数在 3～6 之间，表明利息保障倍数与经济环境有关。不同行业的利息保障倍数也是有区别的，如美国的食品加工业接近 10，而工程类企业只有 4，说明利息保障倍数与行业有关。因而，对于利息保障倍数的衡量需要与其他企业，特别是本行业平均水平进行比较，来分析本行业的指标水平。同时从谨慎性的角度出发，最好比较本企业连续几年的数据，并选择最低指标年度的数据作为标准。采用指标最低年度的数据，可保证最低的偿债能力。

2. 销售利息比率

销售利息比率是反映企业一定时期的利息费用与营业收入的比率。其计算公式为：

$$销售利息比率=\frac{利息费用}{营业收入}\times100\%$$

这一指标可以对企业销售状况对偿付债务的保障程度进行衡量。企业的负债最终要通过经营所得去偿还，如果经营不佳，其经营期间偿付债务就会缺少根本保障，而企业权益资金的多少对于偿债的保证只有在企业处于破产清算状态时才能真正发挥作用。在企业负债规模基本稳定的情况下，销售状况越好，偿还到期债务给企业造成的冲击越小。该指标越小，说明企业通过销售所获得的收入用于偿还负债利息的比例越小，企业的偿债压力越小。

3. 债务本息保证倍数

根据企业经营状况来反映偿债能力的保证程度，债务本息保证倍数比利息保障倍数更精确。对于债权人而言，如果连本金都不能收回，就更不敢奢求利息了。债权人借款给企业，目的虽然是取得利息收入，但基本前提是按期收回本金。而企业的偿债义务是按期支付利息和到期归还本金，所以其偿债能力的高低不能仅看偿付利息的能力，更重要的还是看其偿还本金的能力。企业在正常经营条件下，本金的偿还必须以企业经营所得赚取的利润来支付。

债务本息保证倍数是指企业一定时期的税前利润与还本付息金额的比率，它反映出现金流入量对财务需要（现金流出）的保证程度，通常用倍数来表示。其计算公式为：

$$债务本息保证倍数=\frac{息税前利润}{利息费用+\dfrac{年度还本额}{1-所得税税率}}$$

企业偿还本金与利息支出是有区别的，利息是所得税前开支项目，支付 1 元的利息，只需要 1 元的营业收入，或者说是减少 1 元的利润额，偿还本金则需要动用企业的净收入，即企业偿还 1 元的本金将需要更多的税前利润，所以要将偿还的本金数还原到所得税前水平。

（三）现金流量对长期偿债能力影响的指标

运用现金流量指标，可以比较真实地反映出企业的偿债能力。将现金流量与负债进行比较，可以用来评价企业长期偿债能力，主要指标有到期债务本息偿付比率、强制性现金支付比率、现金债务总额比率、利息现金保证倍数和现金再投资比率。

1. 到期债务本息偿付比率

到期债务本息偿付比率用来衡量企业到期债务本金及利息可由经营活动创造的现金来支付的程度。其计算公式为：

$$到期债务本息偿付比率=\frac{经营现金流量净额}{到期债务本息}\times 100\%$$

【学中做 6－10】

根据【学中做 4－13】表 4－4 GY 公司现金流量表的资料可知，公司 2018 年经营活动净现金流量为7 860元，假设公司 2018 年到期债务本息为15 625元。计算公司 2018 年到期债务本息偿付比率。

$$到期债务本息偿付比率=\frac{7\ 860}{15\ 625}\times 100\%=50.30\%$$

经营活动现金流量净额是企业最稳定的经常性现金来源，是清偿债务的基本保证。如果到期债务本息比率小于 1，说明企业经营活动产生的现金不足以偿付到期的债务和利息支出，企业必须通过其他渠道筹资或出售资产才能清偿债务。这一指标越大，说明企业长期偿债能力越强。

2. 强制性现金支付比率

企业经营中，有些现金流出是带有强制性的，必须支付的，如生产经营中必须支付的现金，偿还本金、支付利息等必须支付的现金等。企业现金流入必须满足这种需要，才能保证生产经营的正常进行，保证企业保持良好的信誉。强制性现金支付比率就是反映企业是否有足够的现金履行其偿还债务、支付经营费用等责任指标。其计算公式为：

$$强制性现金支付比率=\frac{现金流入总量}{经营现金流出量+偿还到期本息付现}$$

该指标应至少等于1，即现金流入总量能满足强制性项目支付的需要。这一指标越大，表明企业偿债能力越强，其超过100%的部分，可以用来满足企业其他方面的现金需求。

3. 现金债务总额比率

现金债务总额比率是指经营活动现金流量净额与期初、期末负债平均余额的比率，用来衡量企业负债总额用经营活动所产生的现金来支付的程度。其计算公式为：

$$现金债务总额比率=\frac{经营活动现金流量净额}{负债平均余额}\times 100\%$$

【学中做6—11】

根据【学中做2—6】表2—3 GY公司资产负债表和【学中做4—13】表4—4 GY公司现金流量表的资料，计算公司2018年现金债务总额比率。

$$负债平均余额=\frac{2\ 327\ 760.5+2\ 007\ 000}{2}=2\ 167\ 380.25(元)$$

$$现金债务总额比率=\frac{7\ 860}{2\ 167\ 380.25}\times 100\%=0.36\%$$

企业真正能用于偿债的现金流量，通过现金流量和债务的比较可以更好地反映企业偿债能力。现金债务总额比率能够反映企业生产经营活动产生现金流量净额偿还各种债务的能力。该比率越高，企业偿债能力越强。

4. 利息现金保证倍数

利息现金保证倍数是以年度经营活动产生的现金净流量与税金之和与本期支付的利息之比，表明企业的利息支付能力指标。其计算公式为：

$$利息现金保证倍数=\frac{经营活动现金净流量+本期支付的所得税}{本期支付的利息}$$

一般而言，利息现金保证倍数比率越大，说明企业偿付到期债务的能力就越强。如果该比率小于1，说明企业支付利息的能力堪忧。

5. 现金再投资比率

现金再投资比率在于衡量企业来自经营活动上的现金已被保留的部分，使其同各项资产相比较，从而测定其重新再投资于各项营业资产的百分比关系。这个比例反映企业有多少现金留下来，并能用于资产的更新和企业的发展。其计算公式为：

$$现金再投资比率=\frac{经营活动的现金净流量-现金股利}{固定资产总额+对外投资+其他资产+营运资金}$$

该比率中，分母各个组成部分是某时点上的存量，反映了企业用于维持和扩大经营所需的全部再投资。其中，固定资产总额是指未扣除累计折旧的固定资产总额；对外投资是指介于流动资产和股东资产之间的长期投资；其他资产是指资产负债表中最下方的其他资产总计；营运资金是指流动资产减去流动负债后的余额。计算公式分子中的现金股利为普通股和优先股现金股利之和，分子反映了企业实际可以支配的现金。

该比率用于行业比较有重要意义。现金再投资比率通常应在7%～10%，但各行业有区别，同一企业的不同年份也有区别。一般来讲，在企业高速扩张的年份，现金再投资比率会低一些，而在企业稳定发展的年份，现金再投资比率会高一些。

子情境二　营运能力分析

一、营运能力分析的含义

企业营运能力是指企业充分利用现有资源创造社会财富的能力。其实质是以尽量少的资产占用，尽可能短的时间周转，生产尽可能多的产品，创造尽可能多的营业收入和利润。广义的营运能力是企业所有要素所能发挥的营运作用；狭义的营运能力则仅指企业资产的营运效率，不直接体现人力资源的合理使用和有效利用。

本章对营运能力的研究，实际上是对企业在资产管理方面所表现的效率研究，是狭义的营运能力的分析；这种能力表现为企业充分利用现有资源创造社会财富的能力，它可以用来评价企业对拥有资源的利用程度。从这个意义上说，企业营运资产的利用及其能力如何，从根本上反映了企业的经营状况和经济效益。

企业要想独立进行生产经营活动，必须拥有一定数量、一定种类的资产，并使资产处于营运状态。资产是企业从事生产经营活动的物质基础，而资产处于良好的营运状态，又是企业维持不断生产的前提条件。实质上，企业生产经营过程也就是对资产的不断运用过程，而企业的生产经营状况又受企业理财活动的制约，并影响着企业的理财活动。

企业经营规模的大小受企业能为经营活动提供多少资金的制约，而企业所提供的资金规模在相当程度上又受企业经营效益的影响，企业能合理配置和运用存量资产，生产出高质量，适销对路的产品，是实现高收入、高利润的基础。企业可供分配利润提高了，资本积累增加，可用于生产、发展的资金就充足，企业就会处于良好的循环状态。因此，企业的营运能力分析主要是对企业资产运用、循环效率高低的分析。资产运用效率高，循环快，则企业可以较少的投入获得较多的收益。

企业营运能力是影响企业财务状况稳定和获利能力的关键环节。建立和推行科学、合理、有效的企业营运能力评价指标，有助于正确引导企业经营行为，帮助企业寻找经营差距及产生的根本原因，促进企业加强各项资产的管理和提高经济效益，并为国家宏观经济政策的制定及投资者、相关利益人的决策提供依据。

二、营运能力分析的目的

企业营运能力主要指企业营运资产的效率与效益。营运资产的效率通常指资产的周转速度。营运资产的效益则指营运资产的利用效果，即通过资产的投入与其产出相比较体现。因此，对企业营运能力分析有以下几个目的：

（一）评价企业资产的流动性

企业资产的两大基本特征是收益性和流动性。企业经营的基本动机就是获取预期的收益。从一定意义上讲，流动性是比收益性更重要的概念。当企业的资产处在静止状态时就根本谈不上什么收益，当企业运用这些资产进行经营时，才可能有收益的产生。企业的营运能力越强，资产的流动性越高，企业获得预期收益的可能性就越大。流动性是企业营运能力的具体体现，通过对企业营运能力的分析，就可以对企业资产的流动性做出评价。

（二）评价企业资产利用的效益

提高企业资产流动性是企业利用资产进行经营活动的手段，其目的在于提高企业资产利用的效益。企业资产营运能力的实质，就是以尽可能少的资产占用，尽可能短的时间周转，生产出尽可能多的产品，实现尽可能多的营业收入，创造出尽可能多的纯收入。通过企业产出额与资产占用额的比较，就可以评价企业资产利用的效益，为提高企业经济效益指明方向。

（三）挖掘企业资产利用的潜力

企业营运能力的高低，取决于多种因素，通过企业营运能力分析，可以了解企业资产利用方面存在哪些问题，尚有多大的潜力，不断总结经验进而采取有效措施，以最少的资产占用获取最大经济效益，提高企业资产营运能力。

三、营运能力分析的内容

资产作为企业生产经营过程持续不断进行下去的经济资源和物质基础，不仅包括各种实物形态的财产，还包括企业拥有的债权和其他权利。一个企业的资产按照其变现速度和价值转移方式不同可以分为短期资产和长期资产两大部分。

营运能力分析主要依据资产负债表中的数据以及利润表中的有关资料分析以下三个方面的内容：

（一）总资产营运能力分析

通过对总资产周转率、总资产产值率和总资产收入率的分析，揭示总资产周转速度和利用效率变动的原因，评价总资产营运能力。

（二）流动资产营运能力分析

通过对流动资产周转率、存货周转率和应收账款周转率的分析，揭示流动资产周转速度变动的原因，评价资产的流动性。

（三）非流动资产营运能力分析

通过固定资产周转率、固定资产产值率和固定资产收入率的分析，揭示固定资产利用效果和周转速度变动的原因，评价固定资产的营运能力。

四、营运效率的指标计算

资产营运能力主要是指企业资产的营运效率。资产营运能力分析就是通过对反映企业资产营运效率的指标进行计算和分析，评价企业的营运能力，为企业提高经济效益指明方向。资产营运能力分析以各种资产周转率或周转期为计算主体，分析企业使用其经济资源的有效性，所以又称企业资产周转能力分析及资产管理效率分析。

企业总资产营运能力主要指企业总资产的效率和效益。总资产周转率可以反映出企业总资产的效率，即总资产的周转速度。总资产产值率和总资产收入率可以反映出企业总资产的效益，即投入或使用总资产所形成的产出的能力。为此，总资产的营运能力可以通过总资产产值率、总资产收入率、总资产周转率等指标反映。总资产产值率和总资产收入率是反映企业总资产使用效果的指标，而总资产周转率是反映企业总资产使用效率的指标。

（一）总资产产值率

总资产产值率反映了企业总产值与平均总资产之间的对比关系。其计算公式为：

$$\text{总资产产值率}=\frac{\text{总产值}}{\text{平均总资产}}$$

式中：

$$\text{平均总资产}=\frac{\text{期初资产总额}+\text{期末资产总额}}{2}$$

公式中的总资产资料可以从资产负债表中找到。该指标数值越高说明企业资产的投入产出率越高，企业总资产运营状况越好。在利用该指标评价企业总资产利用效果时应该注意到，企业总产值在按不变价格计算时，可以把它理解为企业在一定时期内生产的按价值计算的全部产品产量，是企业利用全部资产为社会创造的物质产品。但由于总产值中既包括完工产品，又包括在产品，所以总产值仅仅表示出本期生产了多少产品，并不表明是否得到了社会的承认。企业生产出来的产品如果得不到社会的承认，那么，生产出来的产品再多，也没有任何价值。所以，分析时只有将该指标与固定资产收入率结合起来，才能做出正确的评价。

企业产出与总资产之间的关系，还可以从另一角度来反映，即百元产值占用资金，该指标本质上是总资产产值率的倒数，反映每百元产值占用的资产。其计算公式为：

$$\text{百元产值占用资金}=\frac{\text{平均总资产}}{\text{总产值}}=\frac{1}{\text{总资产产值率}}$$

该指标越低，说明每一单位产出所占用的资产越少，表明企业资产营运能力越高。

该指标具体变动原因的分析可依据以下分解式进行：

$$\text{百元产值占用资金}=\left(\frac{\text{流动资产}}{\text{总产值}}+\frac{\text{固定资产}}{\text{总产值}}+\frac{\text{其他资产}}{\text{总产值}}\right)$$

从以上分解式中可以看出，百元产值占用资金受各类资产营运效率的影响，分析时可采用连环替代法，分别说明各类资产营运效率变动对百元产值占用资金的影响。

(二)总资产收入率

总资产收入率反映了企业营业收入与平均总资产之间的对比关系。其计算公式为：

$$\text{总资产收入率}=\frac{\text{营业收入}}{\text{平均总资产}}\times 100\%$$

该指标越高，说明企业总资产营运能力越强。如果说总资产产值率仅仅反映了企业生产过程中资产的利用效果，总资产收入率则反映出企业整个经营过程中资产的利用效果。收入的实现，表明企业的产品得到了社会的承认，满足了社会的某种需要，是企业资产的真正有效利用。因而，该指标比总资产产值率能更准确、更真实地反映出企业总资产的营运能力。为此，这两个指标之间具有密切关系：

$$\begin{aligned}\text{总资产收入率}&=\frac{\text{营业收入}}{\text{平均总资产}}\times 100\%\\&=\frac{\text{营业收入}}{\text{总产值}}\times\frac{\text{总产值}}{\text{平均总资产}}\times 100\%\\&=\text{产值销售率}\times\text{总资产产值率}\end{aligned}$$

从以上分解式中可以看出，提高总资产收入率取决于两个方面：一是提高产品的生产效率，这是提高企业营运能力的基础，没有产品，就谈不上销售，更谈不上效益；另一方面，要提高产值的销售率，把生产出来的产品尽快、尽可能多地销售出去，使单位产值实现较大的销售收入。

(三)总资产周转率

总资产周转率的表示方式有两种：一是总资产周转率(总资产周转次数)，二是以时间形式表示的总资产周转天数。其计算公式为：

$$\text{总资产周转率}=\frac{\text{主营业务收入}}{\text{总资产平均余额}}$$

其中：

$$\text{总资产平均余额}=\frac{\text{期初总资产余额}+\text{期末总资产余额}}{2}$$

公式中的分子是主营业务收入，其数额可以从利润表中找到。尽管企业的收入包括主营业务收入、其他业务收入、营业外收入、补贴收入、投资收益等，但在计算总资产周转率时应使用主营业务收入。这是因为主营业务收入代表了企业绝大部分收入，体现了取得资产的目的，而其他类别的收入则是次要的，附带的或并非购置资产的主要目的。而且，在利润表中其他业务收入和投资收益并没有单独列示，而是以收支相抵后的净额体现的，外部使用者无法取得这两项收入的数据，而补贴收入和营业外收入与企业资产之间并无必然联系和特定的比例关系。

$$\text{总资产周转天数}=\frac{\text{总资产平均余额}}{\text{主营业务收入}}\times\text{计算期天数}$$

$$=\frac{\text{计算期天数}}{\text{总资产周转率}}$$

公式中“计算期天数”应和总资产周转率的“主营业务收入”的时期相对应。如果“主营业务收入”是年收入，那么，“计算期天数”就是 360 天；如果“主营业务收入”是半年收入，那么，“计算期天数”就是 180 天，以此类推。

总资产周转率是考察企业资产营运效率的一项重要指标，体现了企业经营期间全部资产从投入到产出的流转速度，反映了企业全部资产的管理质量和利用效率。该指标常与本企业历史数据比较，或者与同行业数据比较。通过该指标的对比分析，可以反映企业本年度以及以前年度总资产的营运效率和变化，发现企业与同类企业在资产利用上的差距，促进企业挖掘潜力、积极创收、提高产品市场占有率、提高资产利用效率。

一般情况下，该数值越高，表明企业总资产周转的次数越多，周转速度越快，企业的销售能力越强，资产利用效率越高。总资产周转天数反映企业总资产从投入到产出所需要的天数。需要的时间越短，说明企业对资产营运效率越强；反之亦然。

在对有关项目和指标进行比较分析时，既要与本企业不同时期水平进行比较，更要结合行业平均水平进行分析，这样才能在了解和反映本企业各资产变化的实际情况，同时也能较好地反映本企业资产营运能力在行业中的水平和地位。

【帮你学】

计算总资产周转率时，为什么分子只选择“主营业务收入”，而分母是用平均数来计算？

解析：虽然企业的收入包括主营业务收入、其他业务收入、投资收入、营业外收入、补贴收入等多种类别，但是在计算总资产周转率时都使用主营业务收入净额。这是因为，主营业务收入代表了企业绝大部分的收入，体现了取得资产的目的，而其他类别的收入是次要的、附带的，或并非购置资产的主要目的；在利润表中其他业务收入和投资收入并未单独报告，而是以收支相抵以后的净额报告的，外部使用人无法取得这两项收入的数据；补贴收入和营业外收入与企业资产之间并无必然联系和稳定的比例关系。

分母使用平均数而不使用本期期末数，是为了减少年度中间资产变动的影响。如果使用分季度和分月的平均数，计算结果将更理想。

【学中做 6－12】

某公司总资产周转率和总资产周转天数的计算如表 6－1 所示。

表 6－1　某公司总资产周转率和总资产周转天数计算表　单位：元

项　目	2017 年	2018 年	增　减
营业收入(1)	1 300 000.00	1 550 000.00	250 000.00

续表

项　目	2017 年	2018 年	增　减
期初总资产(2)		13 169 380.00	
期末总资产(3)	13 169 380.00	15 402 938.00	2 233 558.00
总资产平均余额(4)=[(2)+(3)]÷2	13 169 380.00	14 286159.00	1 116 779.00
总资产周转率(次)(5)=(1)÷(4)	0.099	0.108	0.009
总资产周期天数(6)=360÷(5)	3 636	3 333	−303

从计算可以看出，该公司 2017 年的总资产周转率为 0.099 次，周转天数为3 636天；2018 年总资产周转率为 0.108 次，周转天数为3 333天；两年数字相比较，2018 年总资产周转率高，周转天数较少，说明资产管理效率较高。

总资产周转率的分析应注意以下几点：

(1)年度报告中只包括资产负债表的年初数和年末数，外部报表使用者可直接用资产负债表的年初数来代替上年平均数进行比率分析。这一代替方法也适用于其他的利用资产负债表数据计算的比率。

(2)如果企业的总资产周转率突然上升，而企业的销售收入却无多大变化，则可能是企业本期报废了大量固定资产造成的，而不是企业的资产利用效率提高了。分析时应该考虑到这一点。

(3)如果企业的总资产周转率较低，且长期处于较低的状态，企业应采取措施提高各项资产的利用效率，处置多余、闲置不用的资产，提高销售收入，从而提高总资产周转率。

(4)如果企业一年内资产所占用资金波动较大，那么，仅仅根据总资产的期初、期末数计算的“平均总资产”不够准确，应采用更详细的资料进行计算，如按照月份计算。计算方法如下：

$$\text{平均总资产}=\frac{\dfrac{1\text{月初总资产}+1\text{月末总资产}}{2}+\cdots+\dfrac{12\text{月初总资产}+12\text{月末总资产}}{2}}{12}$$

(5)企业的总资产包括流动资产和长期资产，通常企业流动资产的流动性强，周转速度快，长期资产流动性弱，周转速度慢，所以总资产周转率和企业资产结构有关。因此，流动资产周转速度的快慢是决定企业总资产周转速度的关键性因素，下面分解式能反映出这种关系，也为进行总资产周转率分析、提高总资产周转速度指明了方向。

$$\begin{aligned}\text{总资产周转率}&=\frac{\text{主营业务收入}}{\text{流动资产平均余额}}\times\frac{\text{流动资产平均余额}}{\text{总资产平均余额}}\\&=\text{流动资产周转率}\times\text{流动资产占总资产的比重}\end{aligned}$$

上面分解式表明，总资产周转速度的快慢取决于两大因素：一是流动资产周转率。流动资产周转速度要高于其他类资产周转速度，加速流动资产周转，就会使总资产周转速度加快；反之，则会使总资产周转速度减慢。二是流动资产占总资产的比重。由于流动资产周转速度快于其他类资产周转速度，所以，企业流动资产所占比例越大，总资产周转速度越快；反之，则越慢。

五、流动资产营运能力分析

企业的营运过程，实质上是资产的转换过程，由于流动资产和固定资产的性质和特点不同，决定了它们在这一过程中的作用也不同。企业经营成果的取得，主要依靠流动资产的形态转换。尽管固定资产的整体实物形态都处在企业营运过程之中，但从价值形态上讲，只有相当于折旧的那部分资金参与了企业当期的营运，它的价值实现（或者说是价值回收）要依赖于流动资产的价值实现。一旦流动资产的价值实现或者说形态转换出现问题，不仅固定资产价值不能实现，企业所有的经营活动都会受到影响，因此可以说，流动资产营运能力分析是企业营运能力分析最重要的组成部分。对企业流动资产营运能力分析主要是对企业应收账款的营运能力、存货的营运能力及流动资产的综合营运能力进行分析。

（一）应收账款营运能力分析

应收账款是指企业因销售商品、提供劳务等经营活动应收取的款项。企业通过应收账款为顾客提供资金上的便利，从而扩大企业的销售规模，提高企业产品的市场占有率。

对应收账款进行分析时应注意两个问题：

（1）应收账款必须经过一段时间之后才能收回，有占用资金的成本问题；

（2）应收账款有可能收不回来，有形成坏账的问题。

应收账款在流动资产中占有举足轻重的地位。及时收回应收账款，不仅能增强企业的偿债能力，也反映出企业管理应收账款的效率，有利于对企业现有信用政策进行评价并加以完善，同时还可以指示企业是否存在利用应收账款操纵利润的行为。

反映应收账款周转速度的指标主要有两个：一是应收账款周转率，也称应收账款周转次数，是指一段时间内企业从产生应收账款到收回货币资金的周转次数；二是应收账款周转天数，是指企业从取得应收账款到收回款项所需要的时间，也称为平均收现期。应收账款周转率的计算公式为：

$$\text{应收账款周转率}=\frac{\text{赊销收入净额}}{\text{平均应收账款}}=\frac{\text{主营业务收入}}{\text{应收账款平均余额}}$$

式中：

$$\text{平均应收账款}=\frac{\text{期初应收账款}+\text{期末应收账款}}{2}$$

在计算该指标时需要注意以下几点：

（1）在计算应收账款周转率时，分子应采用“赊销收入净额”，不包括“现金收入”。但财务报表的外部使用者很难区分赊销和现销收入，即便是内部使用者获取这项数据也不容易，为了准确评价应收账款管理效率，应进一步收集资料进行分析。在分析者确实无法取得赊销资料的情况下，也只好利用利润表中主营业务收入的数据，但应注意保持分析的一致性。

（2）公式中，主营业务收入来自利润表，平均应收账款来自资产负债表“期初应收账款”与“期末应收账款”的平均数。

（3）如果企业以应收票据作为提供商业信用的常规方式之一，分母中的“应收账款”则应该包括报表中的“应收账款”和“应收票据”等全部赊销账款在内，而“应收账款”是指未扣除坏账准备的应收账款金额。

（4）计算应收账款周转天数时，“计算期天数”和应收账款周转率的“赊销收入”的时期需要一致。如果“赊销收入”是年收入，那么，“计算期天数”，就是 360 天；如果“赊销收入”是半年收入，那么，“计算期天数”就是 180 天，以此类推。

【学中做 6－13】

某公司应收账款周转率的计算如表 6－2 所示。

表 6—2　　某公司应收账款周转率计算表　　单位:元

项　目	2017 年	2018 年
主营业务收入	1 300 000.00	1 550 000.00
年初应收账款		487 580.00
年末应收账款	487 580.00	816 580.00
平均应收账款	487 580.00	652 080.00
应收账款周转率(次)	2.67	2.38

一般来说,应收账款周转率越高,平均收现期越短,说明应收账款周转越快,应收账款实现速度越快;同时,说明资产流动性强,短期偿债能力强。否则,过多的营运资金被应收账款占用,会影响企业资金正常的周转,机会成本、坏账损失和收账费用也会增加。此外,通过应收账款账龄指标与原定的赊销期限进行对比,还可以评价购买单位的信用程度,以及企业原定的信用条件是否恰当。

反映应收账款周转速度的另一个指标是应收账款周转天数,也称应收账款账龄或应收账款平均收账期。其计算公式为:

$$\begin{aligned}\text{应收账款周转天数}&=\frac{\text{计算期天数}}{\text{应收账款周转率}}\\&=\frac{\text{应收账款平均余额}\times\text{计算期天数}}{\text{赊销收入净额}}\\&=\frac{\text{应收账款平均余额}}{\text{平均每日赊销净额}}\\&=\frac{\text{应收账款平均余额}\times\text{计算期天数}}{\text{主营业务收入净额}}\end{aligned}$$

其中,计算期天数取决于实际计算期的长短,通常为一年,按 360 天计算。

应收账款周转天数可以用来反映企业应收账款的变现速度,应收账款周转天数越短,说明应收账款变现速度越快,流动性越强,管理工作的效率越高。在一定时期内,周转次数多,周转天数少,表明:

(1)平均收现期越短,表明企业收回应收账款的速度越快,信用销售管理严格。

(2)应收账款的流动性强,从而增加企业短期偿债能力。

(3)可以减少收账期和坏账损失,相对增加流动资产的投资收益。

(4)通过比较应收账款周转天数与企业信用期限,可以评价客户的信用程度,以调整企业信用政策;反之,企业的营运资金过多的滞留在应收账款上,影响资金的周转,流动资产变现能力弱,资金的机会成本变大。

【学中做 6—14】

根据表 6—2 的资料,某公司应收账款周转天数计算如下:

2017 年:$\text{应收账款周转天数}=\frac{360}{2.67}=134.83(\text{天})$

2018 年:$\text{应收账款周转天数}=\frac{360}{2.38}=151.26(\text{天})$

应收账款周转天数 2017 年为 134.83 天,而 2018 年为 151.26 天,其周转天数增加 16.43 天,周转速度变慢,流动性变弱,说明企业在管理应收账款上面是有问题的,应继续深入分析其原因。

影响应收账款周转率的因素主要有以下五点：

(1)企业信用政策。宽松的信用政策在增加销售收入的同时，应收账款平均占用会增加，导致应收账款周转率降低，周转天数延长。同时，宽松的信用政策有助于企业增加客户提高市场占有率，增加收入和利润，所以相对低的应收账款周转或许对企业是有利的。反之，很严格的信用政策，应收账款平均占用额会降低，但公司却可能减少了收入和利润，这种情况下，即使应收账款周转率升高，周转天数短，也不一定对企业有利。所以，应平衡销售收入增长与应收账款增加，全面考虑机会成本和收账费用等因素。

(2)应收账款管理水平。高的应收账款管理水平可以加速其周转速度，降低损失的可能性。

(3)应收账款质量。应该冲销应收账款的长期挂账，减少有名无实的应收账款。

(4)企业总资产规模的变动。由于企业总资产要保持一定的结构，所以总资产的变化必然带来其组成部分的变化，应收账款也必然随之变化。

(5)企业会计政策变更。有关应收账款方面的会计政策变更，应收账款也会发生相应变化。如应收账款提取的坏账准备的提取方法由账龄分析法改为期末余额百分比法，就可能引起应收账款余额的变动。

应收账款周转率在分析时还应注意以下几个问题：

(1)季节性经营。季节性经营的企业使用这个指标时，不能很好地反映应收账款管理效率的实际情况。例如，雨伞生产企业，夏季销量大，冬季销量少，资产负债表日“应收账款”账面价值低，相应地，应收账款周转率高，但此时并不能说明企业对应收账管理效率高。为消除季节性影响，可以采用各月末的应收账款平均余额计算，会取得相对来说较为准确的数字。

(2)大量采用分期收款结算。企业大量采用分期收款结算方式，会产生大量的应收账款，使得企业应收账款周转率很低，但是并不能说明企业对应收账款的管理效率低下；而大量使用现金结算，企业大量采用现金结算方式，应收账款账面价值会很低，导致企业应收账款周转率很高，这与企业的信用政策有关，也不能说明企业对应收账款的管理效率高。

(3)应收账款周转次数并非越高越好，如果应收账款周转次数过高，可能是企业的信用政策、借款条件过于苛刻所致，这样会限制企业销货量的扩大，影响企业的盈利水平。

(4)在评价应收账款指标时，可以将该指标与企业历史数据比较分析，也可以将同行业不同企业的数据比较分析，判断企业对应收账款的管理效率。但是，当两个企业计提坏账方法和比例有很大差异时，它们的应收账款周转率例不具有可比性。

(5)通过对应收账款回收速度的分析，可以考核企业销售收入质量，现金流量以及潜在的亏损，促使企业尽快回收账款，加速资金周转，使坏账损失减少到最低点。

以上这些因素都会对该指标的计算结果产生较大的影响。

(二)存货营运能力分析

存货，是指企业在正常生产经营过程中持有以备出售的产成品或商品，或者为了出售仍然处在生产过程中的在产品，或者将在生产过程或提供劳务过程中耗用的材料、物料等。存货在企业流动资产中占有非常重要的地位。

存货的存在可以防止企业停工待料导致的损失；当市场需求突然增加时，存货的存在能够使企业适应市场变化；当供应方给予商业折扣时，大批进货会降低企业的进货成本，这也会产生存货。但同时存货的增加必然要占用更多的资金，将使企业付出更多的存货持有成本(或称为机会成本)，而且存货的储存成本与管理费用也会增加，影响企业的获利性。所以，企业对存货进行管理时，应该在保证企业不缺货的情况下，加快存货的周转速度。

反映企业存货周转速度的指标主要有两个：存货周转率和存货周转天数。存货周转率是衡量和评价企业购入存货、投入生产、销售收回等各环节管理状况的综合性指标，它是销货成本与平均存货的比值。其计算公式为：

$$存货周转率(次数)=\frac{主营业务成本}{平均存货}$$

其中：

$$平均存货=\frac{期初存货+期末存货}{2}$$

存货周转率指标的好坏反映企业存货管理水平，它不仅影响企业的短期偿债能力，也是整个企业管理的重要内容。一般来讲，存货周转率越高，存货周转速度越快，存货占用水平越低，流动性越强，存货转换为应收账款或现金的速度越快。提高存货周转率可以提高企业的变现能力，而存货周转速度越慢则变现能力越差。企业要扩大产品销售数量，增强销售能力，就必须在原材料购进、生产过程中的投入、产品的销售、现金的收回等方面做到协调和衔接。因此，存货周转率不仅可以反映企业的销售能力，而且还能用以衡量企业生产经营中的各方面运用和管理存货的工作水平。

此外，存货周转率还可以衡量存货的存储是否适当，是否能保证生产不间断地进行和产品有秩序的销售。存货既不能存储过少，造成生产中断或销售紧张；又不能储存过多形成呆滞、积压。同时，存货周转率也反映存货结构合理与质量合格状况。因为只有结构合理才能保证生产和销售正常、顺利进行。只有质量合格，才能有效地流动，从而达到营利目的。

当企业存货周转率偏低时，可能是由于以下原因引起的：(1)经营不善，产品滞销；(2)预测存货将升值而故意囤积居奇，以等待时机获取更多的利润；(3)企业销售政策发生变化。而当企业存货周转率较高时，也要一分为二地分析：一方面，企业确实对存货管理得很好，通过缩短存货的生产周期以及加快存货的销售，提高存货的变现速度；另一方面，指标过高可能意味着企业存货不足，产品脱销，也可能反映企业生产规模太小，达不到规模效应对存货的数量要求。所以，信息使用者在分析企业的存货周转率时，应结合企业的行业背景、企业的销售政策以及企业的生产规模等进行分析。同时，一个适度的存货周转速度也应该参考企业的历史水平和同行业的平均水平。

【学中做 6－15】

某公司存货周转率的计算如表 6－3 所示。

表 6－3　　某公司存货周转率计算表　　单位：元

项　目	2017 年	2018 年
主营业务成本(1)	1 000 000.00	1 100 000.00
期初存货(2)		5 508 400.00
期末存货(3)	5 508 400.00	5 139 100.00
存货平均余额(4)=[(2)÷(3)]÷2	5 508 400.00	5 323 750.00
存货周转率(次)(5)=(1)÷(4)	0.18	0.21

通过计算比较可知：该公司存货周转率在两年间的变化，主营业务成本是逐年上升的，原因是公司扩大销售引起的正常成本增加，而平均存货则有小幅下降184 650元，这表明企业在

扩大销售的同时加强了存货管理，向生产和管理两方面要效益。为进一步评价企业业绩，还需要利用存货构成等数据做进一步分析。

存货周转指标另一种表示方式是存货周转天数，所谓“存货周转天数”是指企业的存货周转一次需要的天数。该指标反映企业存货的变现速度。其计算公式为：

$$存货周转天数=\frac{计算期天数}{存货周转次数}=\frac{存货平均余额\times 计算期天数}{主营业务成本}$$

其中，计算期天数取决于实际计算期的长短，通常为一年，按 360 天计算。

【学中做 6—16】

根据表 6—3 提供的资料，某公司的存货周转天数计算如下：

2017 年：存货周转天数 $=\frac{360}{0.18}=2\ 000$（天）

2018 年：存货周转天数 $=\frac{360}{0.21}=1\ 714$（天）

该公司 2017 年存货周转率为 0.18 次，2018 年由于主营业务成本增加了 100 000 元（1 100 000—100 000），平均存货降低了 184 650 元（5 323 750—5 508 400），二者结合致使 2018 年存货周转率加快了 0.03 次（0.21—0.18），存货周转天数减少了 286 天（1 714—2 000），存货周转速度变快。存货周转率提高，存货周转天数减少，说明存货周转加快，存货管理水平取得了一定成绩。但这种周转速度是否合理，还应该与同行业的其他企业比较分析。

影响存货周转率的因素主要有：一是企业规模。规模比较大的企业存货周转速度一般比规模比较小的企业周转速度要慢。二是存货发出的计价方法。存货发出的计价方法不同，会影响存货成本，从而影响存货周转率。三是企业经营者的经营思想，企业经营者的经营思想也会影响企业存货量的大小。

分析评价存货周转率指标时，应注意以下几个问题：

(1)季节性生产企业，其存货流动较大，可按季或月计算平均存货，再计算存货周转率和存货周转天数指标，以消除季节性因素影响。

(2)关注企业的竞争战略，分析企业存货周转率。采用高周转率/低毛利策略的企业应当是薄利多销。由于低价，毛利较低，要获得成功，企业必须严格控制成本，以保证毛利不至于过低。而采用低周转率/高毛利策略的企业，竞争的基础是产品的差异化。企业要不断保持发展创新，增加产品的总量品种，生产消费者需要的产品，并改进企业售后服务。如果获得成功，便可收取较高的价格，以高毛利获取利润。通过分析企业所采用的竞争策略，可关注企业的存货周转率。

(3)分析了解企业目前所处的产品寿命周期，并针对不同生命周期的财务特征考察企业的存货周转率。

(4)存货周转率指标的好坏反映存货管理水平，不仅影响企业短期偿债能力，也反映整个企业管理水平。因此，企业有条件的外部报告使用者除了分析批量因素、生产销售的季节性变化等情况外，还应对存货的内部结构以及影响存货周转速度的重要项目进行分析。如为进一步判断存货的内部结构，还可以分别计算原材料、在产品、产成品的周转率，借以分析其对整个存货周转率的影响，其计算公式分别为：

$$原材料周转率=\frac{当期原材料消耗额}{平均库存材料占用额}$$

$$在产品周转率=\frac{当期完工产品成本}{平均在产品成本}$$

$$产成品周转率=\frac{主营业务成本}{平均产成品成本}$$

这三个周转率的评价标准与存货评价标准相同，都是周转次数越多越好。

(三)流动资产营运能力分析

流动资产营运能力的大小主要体现为流动资产的周转速度，可以分别以流动资产周转率(次数)、流动资产周转期(天数)来表示。流动资产周转率是指企业一定时期内主营业务收入同流动资产平均余额的比率，即企业流动资产在一定时期内(通常为一年)周转的次数，它是平价企业资产利用率的一个重要指标。其计算公式为：

$$流动资产周转率(次数)=\frac{主营业务收入}{流动资产平均余额}$$

其中：

$$流动资产平均余额=\frac{期初流动资产+期末流动资产}{2}$$

流动资产周转速度也可以用流动资产周转期(天数)来反映，它表示流动资产周转一次需要的时间，因而更能直观地说明企业流动资产的周转速度，其计算公式为：

$$流动资产周转期(天数)=\frac{计算期天数}{流动资产周转率}=\frac{计算期天数\times流动资产平均余额}{主营业务收入}$$

流动资产周转率反映了企业流动资产的周转速度，是从企业全部资产中流动性最强的流动资产角度对企业资产的利用效率进行分析，以进一步揭示影响企业资产质量的主要因素。要实现该指标的良性变动，应以主营业务收入增幅高于流动资产增幅作保证。

通过该指标的对比分析，可以促使企业加强内部管理，充分有效地利用流动资产，如降低成本，调动暂时闲置的货币资金用于短期投资创造收益等，还可以促进企业采取措施扩大销售，提高流动资产的综合使用效率。而生产经营任何一个环节的工作得到改善，都会反映到周转天数的缩短上来。

按天数表示的流动资产周转率更能直接地反映生产经营状况的改善，便于比较不同时期的流动资产周转率，所以应用较为普遍。一般情况下，该指标越高，表明企业流动资产周转速度越快，利用越好。在较快的周转速度下，流动资产会相对节约，相当于流动资产投入的增加，在一定程度上增强了企业的盈利能力；而周转速度慢，则需要补充流动资金参加周转，会形成资金浪费，降低企业盈利能力。

【学中做 6—17】

某公司流动资产周转率的计算如表 6—4 所示。

表 6—4　　某公司流动资产周转率计算表　　单位：元

项　目	2017 年	2018 年
主营业收入(1)	1 300 000.00	1 550 000.00
期初流动资产(2)		10 936 080.00
期末流动资产(3)	10 936 080.00	12 708 638.00
流动资产平均余额(4)=[(2)+(3)]÷2	10 936 080.00	11 822 359.00
流动资产周转率(次)(5)=(1)÷(4)	0.12	0.13
流动资产周转天数(天)(6)=360÷(5)	3 000	2 769

由流动资产周转率计算结果可知，2018 年较 2017 年加快了 0.01 次(0.13－0.12)，其主要原因是 2018 年主营业务收入增加了250 000 元(1 550 000－1 300 000)，平均流动资产增加了886 279元(11 822 359－10 936 080)，这两项因素导致2018年流动资产周转率加 0.01 次，流动资产周转天数减少 231 天(2 769－3 000)。另外，该指标还应进一步结合公司的历史、行业平均水平或行业先进水平进行分析判断。

由于流动资产占用额的多少与流动资产周转速度有着密切的关系。在销售收入一定的条件下，流动资产周转速度越快，占用的流动资产数额就越少；反之则越多。因此，流动资产周转速度的快慢必然直接影响流动资产占用额的节约或浪费，其主算公式为：

$$\text{流动资产节约(浪费)额}=\frac{\text{报告期主营业务收入}}{\text{计算期}}\times(\text{报告期周转天数}-\text{基期周转天数})$$

$$=\text{报告期主营业务收入}\times\left(\text{报告期流动资产实际占用率}-\text{基数流动资产实际占用率}\right)$$

其中：

$$\text{流动资产占用率}=\frac{1}{\text{流动资产周转率}}$$

其计算结果如果为正值，则表示了流动资产的浪费额；如果为负值，则表示了流动资产的节约额。

【学中做 6－18】

根据表 6—4 的资料，计算某公司 2018 年流动资产与 2017 年流动资产的相对节约额。

$$\text{流动资产节约额}=\frac{1\ 550\ 000}{360}\times(2\ 769-3\ 000)=-994\ 583.32(\text{元})$$

计算结果表明，由于周转速度加快，在保证销售规模扩大的基础上，2018 年较 2017 年相对节约流动资产994 583.32元。

此外，如果将流动资产总转率进行分解，可分解出影响全部流动资产周转率的因素。分解公式如下：

$$\text{流动资产周转率}=\frac{\text{主营业务收入}}{\text{流动资产平均占用金额}}$$

$$=\frac{\text{主营业务成本}}{\text{流动资产平均余额}}\times\frac{\text{主营业务收入}}{\text{主营业务成本}}$$

$$=\text{流动资产垫支周转次数}\times\text{成本收入率}$$

根据以上分解公式，可以看出影响流动资产的因素主要有：

(1)流动资产垫支周转次数准确地反映了流动资产在一定时期内的周转次数。

(2)成本收入率说明了企业的投入和产出关系。当成本收入率大于 1 时，说明企业有经济效益，此时的流动资产垫支次数越快，流动资产的营运能力就越好；反之，如果成本收入率小于 1，则说明企业的产出弥补不了投入，此时的流动资产垫支次数加快促使流动资产周转加快，亏损就会越来越严重，反而不利于企业经济效益的提高。可见，由主营业务收入计算的流动资产周转率不仅反映企业流动资产的周转速度，还可以反映企业生产经营过程中新创造纯收入的情况。同时，流动资产周转率还可以用产品销售成本来计算，使用此方法计算出的流动资产周转率不仅可以反映企业流动资产占用资金的周转速度，还可以剔除企业盈利水平的影响。

流动资产变现能力可以反映企业短期偿债能力的强弱，企业应有一个较为稳定的流动资产数额，并在此基础上提高流动资产使用效率，而不能在现有管理水平下，以大幅度降低流动资产为代价去追求高的周转率。企业在进行流动资产周转率分析时，应以企业以前年度水平及同行业水平、预算标准等作为对比基础进行对比分析，并结合企业存货和应收账款分析，以促使企业采取措施扩大消费，提高流动资产的综合使用效率。

应收账款、存货等流动资产项目的构成及各项目的周转速度直接影响流动资产的周转速度，其相互关系可用以下公式表示：

$$流动资产周转率=应收账款周转率\times应收账款占全部流动资产的比重$$

$$流动资产周转率=\frac{存货周转率\times存货占全部流动资产的比重}{主营业务成本率}$$

其中：

$$主营业务成本率=\frac{主营业务成本}{主营业务收入}$$

此外，由于企业资产中，周转速度最快的应为流动资产。因此，流动资产在总资产中所占比重必然会对总资产周转率产生影响。为此，可对总资产周转率指标进行分解，以便对总资产周转率进行因素分析。其相互关系，亦可用下式表示：

$$\begin{aligned}总资产周转率&=\frac{主营业务收入}{总资产平均余额}\\&=\frac{主营业务收入}{流动资产平均余额}\times\frac{流动资产平均余额}{总资产平均余额}\\&=流动资产周转率\times流动资产平均余额占总资产平均余额的比重\end{aligned}$$

六、固定资产营运能力分析

固定资产是指同时具有下列两个特征的有形资产：(1)为生产商品、提供劳务、出租或经营管理而持有的。(2)使用寿命超过一个会计期间。固定资产的营运能力主要是对固定资产运用状况、固定资产更新率、固定资产利润率等几个方面来进行分析。

(一)固定资产运用状况分析

固定资产运用状况分析就是对固定资产增减变化进行分析，从而考察固定资产的利用状况，为资产营运能力分析提供可靠的依据。

企业的固定资产按照使用情况，可以分为使用中固定资产、未使用固定资产和不需用固定资产。由于未使用和不需用的固定资产在企业的生产经营中不能发挥正常的生产能力，因此，企业应尽可能降低未用、不需用固定资产所占的比例，以达到合理充分利用固定资产的目的。

企业使用中的固定资产按照经济用途还可以分为生产经营用固定资产和非生产经营用固定资产。生产经营用固定资产是指直接服务于企业生产经营过程的各种固定资产，而非生产经营用固定资产是指不直接服务于企业生产经营过程的各种固定资产。随着科学技术的不断发展，企业生产经营用固定资产与非生产经营用固定资产应按比例协调增长。

分析固定资产运用现状，可以通过编制固定资产增减变化表来反映。该表按每类固定资产列示其原价和折旧，同时列示年初数和年末数，分析一年中的增减变化情况。

【学中做 6—19】

某公司固定资产增减变化情况如表 6—5 所示。

表 6—5　　某公司固定资产增减变化情况表

项目	原价(万元)				折旧(万元)		占固定资产比例(%)	
	年初	本年增加	本年减少	年末	年初	年末	年初	年末
生产用	200	80	40	240	60	80	74.07	80.00
非生产用	40	20	10	50	12	14	14.82	16.67
未使用	20	—	20	0	8	0	7.41	0
不需用	10	—	—	10	4	4	3.70	3.70
合计	270	100	70	300	84	98	100	100

从表 6—5 可以看出，该公司生产用固定资产的比重从年初的 74.07%增长到年末的 80%，同时，非生产用固定资产从年初的 14.82%增长到年末的 16.67%，说明公司的生产性固定资产增长的同时，非生产性的固定资产也有所增长；而未使用、不需要的固定资产则从年初的 11.10%(7.41%+3.70%)下降到年末的 3.70%，表明公司在该年度内充分利用固定资产，减少未使用的固定资产，因此，本年度内某公司的固定资产利用状况是比较合理的。

(二)固定资产周转率分析

固定资产营运能力一般通过固定资产周转率反映，固定资产周转率反映了固定资产的周转状况，可以提高固定资产的运用效率。固定资产周转速度也有两种表示方式：一是固定资产周转率(次数)；二是固定资产周转天数。固定资产周转率是指企业的主营业务收入净额与固定资产平均占用额的比率，即企业一定时期(通常是一年)内固定资产的周转次数。该比率是反映固定资产的周转情况，衡量企业利用固定资产获得销售收入的相对效率的一项指标。其计算公式为：

$$固定资产周转率=\frac{主营业务收入净额}{固定资产平均占用额}$$

其中：

$$固定资产平均占用额=\frac{期初固定资产占用额+期末固定资产占用额}{2}$$

$$主营业务收入净额=主营业务收入-销货退回-销售折让与折扣$$

固定资产周转天数是一定时期内计算期天数与固定资产周转率的比值，其计算公式为：

$$固定资产周转天数=\frac{计算期天数}{固定资产周转率}$$

在计算固定资产周转率时，对外进行比较一般用固定资产原值，以剔除由于选用折旧方法的不同而带来指标不可比问题。企业自身前后期的比较可选用固定资产净值计算。

固定资产周转率与周转天数都是反映固定资产利用效率的指标。固定资产周转率越高，周转天数越少，表明单位固定资产创造的营业收入越多，固定资产的利用效率越高。同时也表明企业固定资产投资规模适当，结构合理，能够充分发挥效率。反之则表明固定资产使用效率不高，提供的生产成果不多，营运能力不强。由于固定资产不同于流动资产，其投资是一次投入，多次收回。因此，固定资产的周转速度会明显地慢于流动资产。利用固定资产周转率指标进行分析时，要注意以下问题：

(1)固定资产的周转速度受折旧方法的影响，因此应注意折旧政策的变化及差异。

(2)固定资产周转速度的快慢受固定资产内部结构的影响，因此应进一步分析固定资产内部结构，分析生产经营用、非生产经营用、使用中、未使用及不需用固定资产内部结构，分析生产经营用、非生产经营用、使用中、未使用及不需用固定资产，各自占固定资产总额的比例。在固定资产结构中，生产经营用和使用中的固定资产所占比例大，有助于加速固定资产的周转，提高其利用效率。

（3）固定资产周转没有绝对的判断标准，一般通过与企业历史水平相比较，加以考察，进行趋势分析。由于企业间机器设备与厂房等固定资产在种类、数量、形成时间等方面存在较大差异，因此同业之间的比较分析意义不大。

（4）由于固定资产的增加不是渐进的，所以企业因购置全新固定资产而导致净值的突然增加，这会导致企业固定资产周转率的变化。

（5）宏观经济形势也会影响固定资产周转率。在企业固定资产、销售情况都未发生变化的条件下，由于通货膨胀因素导致物价上涨而使销售收入虚增，也会使固定资产周转率提高，但企业的固定资产实际营运效率并未增加。

【学中做 6－20】

根据资料计算固定资产周转指标，如表 6－6 所示。

表 6－6　　固定资产周转率和周转天数计算表　　单位：元

项　目	2017 年	2018 年
主营业务收入(1)	1 300 000.00	1 550 000.00
年初固定资产(2)		1 422 900.00
年末固定资产(3)	1 422 900.00	1 265 900.00
固定资产平均余额(4)＝[(2)＋(3)]÷2	1 422 900.00	1 344 400.00
固定资产周转率(次)(5)＝(1)÷(4)	0.91	1.15
固定资产周转天数(天)(6)＝360÷(5)	395.60	313.04

2018 年由于营业收入的增加，致使固定资产的周转次数加快了 0.24 次，周转天数减少 82 天，说明该公司的固定资产使用率较高，营运能力较高，对此应结合固定资产的使用情况和配置情况做进一步分析。

此外，为进一步分析影响固定资产周转率的因素，可将固定资产周转率指标分解为流动资产平均余额占固定资产平均余额的比例与流动资产周转率的乘积。企业通过加速流动资产的周转速度，或提高流动资产平均余额占固定资产平均余额的比例，可以提高固定资产的周转速度，用公式表示为：

$$\text{固定资产周转率}=\frac{\text{流动资产平均余额}}{\text{固定资产平均余额}}\times\frac{\text{主营业务收入}}{\text{流动资产平均余额}}$$

$$=\frac{\text{流动资产平均余额}}{\text{固定资产平均余额}}\times\text{流动资产周转率}$$

$$=\text{流动资产平均余额占固定资产平均余额的比例}\times\text{流动资产周转率}$$

（三）固定资产更新率分析

企业在实际经营过程中，会不断更新固定资产，以适应企业生产发展的需要。企业都非常重视固定资产投资、更新和改造，以求得不断扩大生产经营规模，降低生产成本，实现规模经济。所以，企业固定资产的新旧程度在一定意义上反映了企业的实际生产能力和潜力。

反映固定资产更新率的主要指标有固定资产更新率、固定资产退废率、固定资产磨损率和固定资产净值率。

1. 固定资产更新率

固定资产更新率是企业本期新增固定资产原价与期初固定资产原价的比值。该指标反映一定时期企业固定资产现代化的提高程度。其计算公式为：

$$\text{固定资产更新率}=\frac{\text{本期新增固定资产原价}}{\text{期初固定资产原价}}\times 100\%$$

【学中做 6—21】

某公司 2016 年、2017 年和 2018 年固定资产原价年末数分别为383 217.37元、412 911.73元和454 164.46元，而行业固定资产更新率平均值为 7%，计算某公司固定资产更新率。

$$2017\text{ 年：固定资产更新率}=\frac{412\ 911.73-383\ 217.37}{383\ 217.37}\times 100\%=7.75\%$$

$$2018\text{ 年：固定资产更新率}=\frac{454\ 164.46-412\ 911.73}{412\ 911.73}\times 100\%=9.99\%$$

通过计算可知，某公司固定资产更新率 2017 年为 7.75%，2018 年为 9.99%，而行业平均水平仅 7%，说明该企业的固定资产更新速度较快。

2. 固定资产退废率

固定资产退废率是企业本期退废固定资产原价与期初固定资产原价的比值。该指标反映一定时期企业报废固定资产的原始价值，从固定资产退废的角度反映了固定资产的更新速度。其计算公式如下：

$$\text{固定资产退废率}=\frac{\text{本期退废固定资产原价}}{\text{期初固定资产原价}}\times 100\%$$

3. 固定资产磨损率

固定资产磨损率是指企业的固定资产累计折旧与固定资产原价的比值。该指标反映企业固定资产的平均磨损程度。其计算公式为：

$$\text{固定资产磨损率}=\frac{\text{累计折旧}}{\text{固定资产原价}}\times 100\%=1-\text{固定资产净值率}$$

【学中做 6—22】

根据表 6—5 的资料，计算某公司的固定资产退废率和固定资产磨损率。

$$\text{固定资产退废率}=\frac{70}{270}\times 100\%=25.93\%$$

$$\text{年初固定资产磨损率}=\frac{84}{270}\times 100\%=31.11\%$$

$$\text{年末固定资产磨损率}=\frac{98}{300}\times 100\%=32.67\%$$

4. 固定资产净值率

固定资产净值率是指企业的固定资产净值与固定资产原价的比值。该指标反映企业固定资产的平均新旧程度。其计算公式为：

$$\text{固定资产净值率}=\frac{\text{固定资产净值}}{\text{固定资产原价}}\times 100\%$$

【学中做 6—23】

根据表 6—5 的资料，计算某公司的固定资产净值率。

$$\text{年初固定资产净值率}=\frac{270-84}{270}\times 100\%=68.89\%$$

年末固定资产净值率$=\frac{300-98}{300}\times100\%=67.33\%$

(四)固定资产利润率分析

固定资产利润率是指企业的净利润或利润总额与该时期固定资产平均占用额的比值。该指标反映企业固定资产的管理效果。其计算公式为：

$$\text{固定资产利润率}=\frac{\text{净利润或利润总额}}{\text{固定资产平均占用额}}\times100\%$$

其中：

$$\text{固定资产平均占用额}=\frac{\text{期初固定资产占用额}+\text{期末固定资产占用额}}{2}$$

计算时，分母固定资产占用额可以采用原值也可以采用净值。如采用固定资产净值计算本指标时，将受到固定资产新旧程度及企业固定资产折旧政策的影响，在一定程度上削弱了指标的可比性。分子可以选取净利润或利润总额。利润的变动一般受销售数量和单位销售利润的影响。但在销售良好情况下，可以认为销售量等于生产量，此时固定资产的生产能力就会影响企业利润，并且，固定资产的使用状况也会影响企业的利润水平。

固定资产的利润率能综合地反映固定资产的管理效果，固定资产利润率越高，固定资产的管理效果越好。

【学中做 6—24】

某公司固定资产利润率的计算如表 6—7 所示。

表 6—7　　某公司固定资产利润率计算表　　单位：元

项　目	2017 年	2018 年
利润总额(1)	112 000.00	126 400.00
期初固定资产(2)		1 422 900.00
期末固定资产(3)	1 422 900.00	1 265 900.00
固定资产平均余额(4)=[(2)+(3)]÷2	1 422 900.00	1 344 400.00
固定资产利润率(%)(5)=(1)÷(4)	7.87	9.40

由于企业利润的多少直接影响固定资产利润率，公司 2018 年由于利润增加，固定资产平均占用减少，使固定资产利用率提高 1.53%，说明该公司固定资产的管理效果较好。但企业利润的变动直接受到销售数量和销售利润的影响，而与固定资产没有直接的关系，所以还应结合其他指标进行分析。

七、资产质量与企业增长率分析

企业资产质量的好坏，直接影响着企业资产的偿债能力、获利能力和营运能力，进而影响企业的发展能力。因此，分析企业的偿债能力、获利能力、营运能力，就必须关注和分析企业的资产质量，了解企业的增长率。

(一)衡量资产质量的主要指标

对企业资产质量和增长率的分析，可以通过计算各种财务指标来进行。反映资产质量的比率主要有不良资产比率、资产损失比率和固定资产成新率等指标。

1. 不良资产比率

不良资产是指企业中存在问题的资产，是难以参加正常生产经营运转的资产，主要包括3年以上应收账款、积压商品和不良投资等。不良资产比率是指年末不良资产占年末资产总额的比率。其计算公式为：

$$不良资产比率=\frac{年末不良资产}{年末资产总额}\times 100\%$$

不良资产比率从企业资产管理的角度说明企业资产的运营情况，反映企业的资产质量，表明企业的资产管理和使用上存在的问题。该指标越高，说明不能参加正常经营运转的资金越多，资产质量越差，利用效率越低。

2. 资产损失比率

资产损失是指企业待处理资产损失，主要包括待处理流动资产净损失、待处理固定资产净损失、待报废的固定资产等。

资产损失比率是企业年末待处理资产损失净额占年末资产总额的比率。其计算公式为：

$$资产损失比率=\frac{年末待处理资产损失净额}{年末资产总额}\times 100\%$$

资产损失比率反映企业资产损失的严重程度，该指标越高，表明企业资产质量越差。该指标为零，是企业资产的最高水平。

企业外部分析者由于不能从资产负债表中直接得到不良资产及资产损失的数额，一般需要通过阅读会计报表附注获取有关信息；而企业的内部分析者则可以通过定期进行财产清查，获取不良资产及资产损失的有关资料。通过对不良资产及资产损失的分析，有利于发现企业存在的问题，改善管理，提高资产利用效果。

3. 固定资产成新率

固定资产成新率是企业固定资产平均净值与固定资产平均原值的比率。其计算公式为：

$$固定资产成新率=\frac{固定资产平均净值}{固定资产平均原值}\times 100\%$$

其中：

$$固定资产平均净值=\frac{期初固定资产净值+期末固定资产净值}{2}$$

$$固定资产平均原值=\frac{期初固定资产原值+期末固定资产原值}{2}$$

固定资产成新率反映企业所拥有的固定资产的新旧程度，体现了企业固定资产更新快慢和持续发展能力。该指标高，表明企业固定资产比较新，资产质量较高。

【学中做6—25】

根据某公司2016～2018年固定资产净值与原值的数据，计算固定资产成新率，如表6—8所示。

表6—8　某公司2016～2018年固定资产净值与原值的数据表　单位：万元

项　目	2016年12月31日	2017年12月31日	2018年12月31日
固定资产净值	275 056.52	276 421.89	280 233.36
固定资产原值	383 217.37	412 911.73	454 164.46

$$2017年：固定资产成新率=\frac{(275\ 056.52+276\ 412.89)\div 2}{(383\ 217.37+412\ 911.73)\div 2}\times 100\%=69.27\%$$

$$2018\text{年：固定资产成新率}=\frac{(276\ 412.89+280\ 233.36)\div 2}{(412\ 911.73+454\ 164.46)\div 2}\times 100\%=64.20\%$$

(二)衡量企业增长率的主要指标

企业发展能力是企业实现盈利的持续程度及价值增长的可能性。企业的规模和实力，是企业价值的核心内容，表明企业未来潜在的获利能力。然而，企业的发展在于可持续性，需要不断地注入新的血液。企业的资本实力和潜在获利能力，是衡量和评价企业持续稳定发展的实质内容，包括企业的营业收入增长能力、资产增长能力，它们的增长为企业的生存和发展注入了新的能量。

增长率是企业会计报表上某项目本期的增加额与上期(或上期末)数额的比率。其通用计算公式为：

$$\text{某项目增长率}=\frac{\text{某项目增长额}}{\text{某项目上期(或上期期末)数额}}\times 100\%$$
$$=\frac{\text{某项目本期(或本期期末)数额}-\text{某项目上期(或上期期末)数额}}{\text{某项目上期(或上期期末)数额}}\times 100\%$$

企业就是通过某些能够反映企业增长情况的分析指标，来评价企业的发展潜力，这可以通过计算主营业务收入增长率、总资产增长率、净收益增长率和资本积累率数据指标的增长率来进行。

1. 主营业务收入增长率

主营业务收入的增长是企业获利的源泉。一个企业只有保持主营业务收入的稳定增长，才能不断地增加收入，提高获利能力。获利能力的提高，利润的增加，才能为占领市场、开发新产品、进行技术改造扩大资金来源，才能促进企业的进一步发展。因此，主营业务收入增长指标是评价企业发展状况和发展能力的重要指标。

主营业务收入增长率是指企业本年主营业务收入增长额同上年主营业务收入总额的比率，反映本年主营业务收入的增减变动情况，反映企业在销售方面的增长能力，是评价企业发展状况和发展能力的重要依据。其计算公式为：

$$\text{主营业务收入增长率}=\frac{\text{本年主营业务收入增长额}}{\text{上年主营业务收入总额}}\times 100\%$$

其中：

$$\text{本年主营业务收入增长额}=\text{本年主营业务收入}-\text{上年主营业务收入}$$

公式中，上年主营业务收入是上年全年的主营业务收入总额。主营业务收入增长额是一个反映营业增长的相对指标，扣除了企业规模对于主营业务增长绝对额的影响。

通过计算主营业务收入增长率反映企业营业收入的增减变动情况，表明企业当期资本、资产投入带来的产出增长能力。同时在一定程度上反映企业经营状况和市场占有能力。为此，在分析时还应注意以下问题：

(1)该指标从业务规模扩张方面衡量企业的持续发展能力。该指标若大于0，表示企业销售收入有所增长，该指标值越高，说明企业销售情况越好，产品销售增长越快，表明企业业务经营规模扩张的能力越强，企业盈利增长趋势也就越好，企业生存和发展的能力越强。如果企业能连续几年保持30%以上的主营业务收入增长率，基本上可以认为该企业具备发展能力。反之，该指标越低，说明企业销售情况越差，产品销售增长越慢，企业盈利增长后劲不足，企业的盈利趋势不容乐观。若该指标小于0，则说明企业产品不适销对路、或质次价高、或是在售后服务等方面存在问题，从而导致产品销售不出去，市场份额萎缩。

(2)分析企业销售收入增长的效益性。对企业而言，销售收入增长速度通常越快越好，但企业不能只关注销售收入量的增长，而忽视其质的方面，即效益性。因为企业要确保以后销售收入能持续增长和具有良好的成长性，就必须使销售收入增长具有效益性。如果销售收入的增加纯粹依赖于企业规模的扩张，销售收入的增长率低于资产增长率，则说明企业的销售增长不具有效益性，也反映企业销售的未来成长性并不好，可持续发展能力不强。

(3)分析企业销售增长率的来源。企业销售增长情况是综合企业各种产品销售情况的结果，因此，我们要通过观察企业产品结构，进一步分析企业销售收入的成长性。我们可以将企业的销售收入按产品构成分解为单一产品的销售收入，从而计算每一主要产品的销售收入增长率。这样可以从整体上把握企业销售增长的主要来源，并结合产品的生命周期分析产品的销售增长率及其可持续性。对于一个较理想的企业来说，不同产品所处的生命周期应该分散，这样可以确保企业总有处于成长期或成熟期的产品，使得销售收入具有持续增长的来源。

(4)根据产品销售增长率指标分析，可以判断产品所处的生命周期和企业的发展能力。产品生命周期理论认为，任何一种产品的生命周期均可以划分为四个阶段：第一阶段为试销期，产品开发成功，投入正常生产，该阶段销售规模较小，且增长还不太快；第二阶段为成长期，产品市场空间被打开，大规模的放量生产和销售，该阶段产品销售较快扩展和增长；第三阶段为成熟期，销售较为稳定，增长不会太快；第四阶段为衰退期，产品销售开始萎缩。根据这个原理，借助产品销售增长率指标，大致可以看出企业生产经营的产品所处的生命周期阶段，据此也可以判断企业的发展趋势。

【学中做 6－26】

某公司主营业务收入增长率的计算如表 6—9 所示。

表 6—9　　某公司主营业务收入增长率计算表

项目 \ 年度	2014 年	2015 年	2016 年	2017 年	2018 年
主营业务收入(万元)	40 000	45 000	55 000	70 000	80 000
主营业务收入增加额(万元)		5 000	10 000	15 000	10 000
主营业务收入增长率(%)		12.50	22.22	27.27	14.29
总资产增长率(%)		10	15	14	11

通过表 6—9 可以看出，该公司 2014～2018 年每年的主营业务收入增长率分别为 12.5%、22.22%、27.27%和 14.29%。总体上，企业的销售收入呈增长趋势，其中 2016 年度和 2017 年度主营业务收入有较大的增长幅度，都超过 20%的增长率；但 2018 年度的主营业务收入增长速度相对于 2017 年度有所下降。

该公司 2015～2018 年度的总资产增长率分别为 10%、15%、14%和 11%，与主营业务收入增长率相比较，每年的主营业务增长率都高于总资产增长率。由此可见，该公司的销售增长具有效益性，销售增长的可持续性较好，说明该公司生产经营管理效率高，生存和发展能力强。

2. 总资产增长率

资产是企业生产经营活动的物质条件，是企业用以取得收入的经济资源，也是企业偿还债务的保障。企业的资产规模与其经营规模是相适应的，资产规模的扩大表明企业兴旺发达。

通常情况下，发展能力强的企业都能保证资产的稳定增长，因此，资产的增长可以表明企业的发展状况和发展能力，也是实现企业价值的重要手段。

总资产增长率是指企业本年总资产增长额同年初资产总额的比率。该指标可以衡量企业本期资产规模的增长情况，从资产总量扩张方面衡量企业的发展能力。其计算公式为：

$$总资产增长率=\frac{本年总资产增长额}{年初资产总额}\times100\%$$

其中：

$$本年总资产增长额=资产总额年末数-资产总额年初数$$

通过计算总资产增长率可以衡量企业本期资产规模的增长情况，表明企业当期资产增长是否满足企业扩大规模的需要，评价企业经营规模总量上的扩张程度。该指标越高，表明企业一个经营周期内资产经营规模扩张的速度越快。但实际分析时，应注意资产扩张的质与量的关系，以及企业的后续发展能力。

【学中做 6－27】

根据某公司 2015～2018 年资产总额资料如表 6—10 所示，计算该公司总资产增长率。

表 6—10　　某公司 2015～2018 年的资产总额　　单位：万元

项　目	2015 年 12 月 31 日	2016 年 12 月 31 日	2017 年 12 月 31 日	2018 年 12 月 31 日
资产总额	1 528 321.25	1 660 500.98	1 763 751.17	1 867 036.73

$$2016\text{ 年：总资产增长率}=\frac{1\ 660\ 500.98-1\ 528\ 321.25}{1\ 528\ 321.25}\times100\%=8.65\%$$

$$2017\text{ 年：总资产增长率}=\frac{1\ 763\ 751.17-1\ 660\ 500.98}{1\ 660\ 500.98}\times100\%=6.22\%$$

$$2018\text{ 年：总资产增长率}=\frac{1\ 867\ 036.73-1\ 763\ 751.17}{1\ 763\ 751.17}\times100\%=5.86\%$$

某公司 2016 年、2017 年、2018 年的总资产增长率分别为 8.65%、6.22%、5.86%，均大于 0，说明该公司连续三年资产在不断增加，生产经营规模在不断扩大，说明该公司资产规模有较好的发展；但从三年的增长趋势看，该指标在逐年递减，说明该公司采用稳健发展的经营战略，为未来发展奠定基础，而不是盲目扩张。

运用总资产增长率指标应注意的问题：

(1)总资产增长率是用于考核企业规模增长的财务指标。该指标从资产总量扩张方面衡量企业的持续发展能力，说明企业规模增长水平对企业发展后劲的影响。总资产增长率为正数，说明企业资产规模增加，该指标越高，表明企业资产经营规模扩张的速度越快；总资产增长率为 0，说明企业资产规模没有变化；总资产增长率为负数，则说明企业资产规模缩减。

(2)分析企业资产规模增长的效益性。总资产增长率越高并不意味着企业的资产规模增长就一定适当，具有效益。要评价企业的资产规模增长是否合适，必须与销售增长、利润增长等情况结合起来分析。只有在企业的销售增长率、利润增长率超过总资产增长率的情况下，这种资产规模的增长才属于效益型增长，才是合理的、正常的；相反，如果企业的销售增长率、利润增长率远远低于资产增长率，并且这种状态持续存在，则投资者对此应该保持警惕，这可能意味着企业的投资是失效的，可能存在盲目扩张的风险。

(3)分析企业资产增长的稳定性。一个健康的处于成长期的企业，其资产规模应该是不断增长的，如果时增时减，则反映出企业的经营业务不稳定，说明企业并不具有良好的、稳定的增长能力。因此，我们应该采用趋势分析法将企业不同时期的总资产增长率加以比较，以便正确评价企业资产的增长能力。

(4)总资产增长率指标的缺陷。总资产增长率作为反映企业发展能力的一个重要指标，自身存在着缺陷。该指标计算中所使用变量的数值为账面价值，这样就会产生两个问题：一是受会计处理方法中历史成本原则的影响，资产总额反映的只是资产取得的成本，并不是总资产的现时价值；二是受会计处理方法的限制，没有反映企业全部资产的价值。企业很多重要的资产如无形资产、人力资源等无法在报表中体现，这使得资产增长率指标无法反映企业真正的资产增长情况，尤其是无形资产占总资产较大份额的企业表现更为明显，无法准确地反映企业的发展能力。

由于总资产增长率存在受资产短期波动因素影响的缺陷，为弥补这一不足，我们可以计算资产平均增长率，以反映企业较长时期内的资产增长情况。实务中一般计算三年资产平均增长率。三年资产平均增长率表明的是企业资产连续三年增长情况，体现企业的发展潜力。其计算公式为：

$$\text{三年资产平均增长率}=\left(\sqrt[3]{\frac{\text{年末资产总额}}{\text{三年前年末资产总额}}}-1\right)\times 100\%$$

3. 净收益增长率

留存收益是盈余公积和未分配利润的总和。净收益增长率是企业当年留存收益增长额与年初净资产的比率。其中，当年留存收益是指在年初净资产增长的基础上，留在企业用于企业发展并形成净资产的收益。留存收益包括盈余公积和未分配利润。其计算公式为：

$$\text{净收益增长率}=\frac{\text{当年留存收益的增长额}}{\text{年初净资产}}\times 100\%$$

公式中，当年留存收益的增长额是年末留存收益减去年初留存收益的差额。

【学中做 6－28】

某公司 2016～2018 年所有者权益见表 6－11，计算该公司净收益增长率。

表 6－11　　某公司 2016～2018 年的所有者权益

项　目	2016 年 12 月 31 日	2017 年 12 月 31 日	2018 年 12 月 31 日
实收资本(或股本)	216 421.14	216 421.14	216 421.14
资本公积	406 764.17	407 604.37	409 128.02
盈余公积	489 884.76	482 968.43	486 004.79
未分配利润	204 707.76	168 225.75	182 122.98
所有者权益(或股东权益)合计	1 317 777.83	1 275 219.69	1 293 676.93

2017 年：留存收益的增长额＝(482 968.43＋168 225.75)－(489 884.76＋204 707.76)
＝－43 398.34(万元)

2018 年：留存收益的增长额＝(486 004.79＋182 122.98)－(482 968.43＋168 225.75)
＝16 933.59(万元)

2017 年：净收益增长率$=\frac{-43\ 398.34}{1\ 317\ 777.83}\times 100\%=-3.92\%$

2018 年：净收益增长率$=\frac{16\ 933.59}{1\ 275\ 219.69}\times100\%=1.33\%$

该公司 2017 年净资产增长率为－3.92%，反映公司 2017 年发展能力受到了资产收益率的影响，出现了负增长；而 2018 年净资产增长率为 1.33%，反映该公司发展能力有所增强。

净收益增长率是企业发展能力分析的一个重要方面，净收益增长率与净资产收益率、留存比率等各种因素有着直接的关系，是综合反映企业发展能力的指标。影响净收益增长率的因素主要有：

(1)营业收入。营业收入是企业收入的主要来源。一个企业只有保证营业收入的稳定增长，才能不断地扩大收入，有了充足的收入才能为企业进一步扩大市场，研发新产品，进行技术改造提供资金来源，促进企业的进一步发展。

(2)净资产规模。在资产经营收益不变的情况下，净资产规模与收入规模之间存在着正比例关系，只有净资产规模的不断增长，才能反映新的资本投入，表明所有者对企业的发展有信心，同时为企业的再融资提供了保障。

(3)净收益。净收益反映企业一定期间的经营成果，在收入一定的情况下，费用与净收益之间存在着反向关系，只有不断降低成本，才能增加净收益。企业净收益是企业价值增长的源泉。

(4)股利分配。企业所有者从企业获得的利益分为两个方面：一是资本利得，二是股利。一个企业可能有着很强的获利能力，但企业如果把所有的利润通过各种形式转化为消费，而不注意企业的资本积累，那么，即使这个企业效益指标很高，也不能说这个企业的发展能力很强。

4. 资本积累率

资本积累率是指企业本年所有者权益增长额同年初所有者权益的比率。其计算公式为：

$$\textbf{资本积累率}=\frac{\textbf{本年所有者权益增长额}}{\textbf{年初所有者权益}}\times100\%$$

其中：

本年所有者权益增长额＝所有者权益年末数－所有者权益年初数

资本积累率是企业当年所有者权益总的增长率，反映了企业所有者权益在当年的变化水平。资本积累率反映了投资者投入企业资本的保全性，是评价企业发展能力的重要指标，体现了企业的资本积累情况。该指标越高，表明企业资本保全性越强，其应付风险、持续发展能力也越大。该指标如为负数，则表明企业的资本受到侵蚀，所有者权益受到损害。从财务报表上看，资本积累主要来源于企业实现净利润的留存和股东追加的投资。但前者更能表现资本积累的本质，表现出良好的企业发展能力和发展后劲。

【学中做 6－29】

根据表 6－11 提供的相关数据，计算该公司的资本积累率：

2017 年：资本积累率$=\frac{1\ 275\ 219.69-1\ 317\ 777.83}{1\ 317\ 777.83}\times100\%=-3.23\%$

2018 年：资本积累率$=\frac{1\ 293\ 676.93-1\ 275\ 219.69}{1\ 275\ 219.69}\times100\%=1.45\%$

该公司 2017 年资本积累率为－3.23%，为负值，说明该公司的所有者权益受到损害；而 2018 年资本积累率为 1.45%，反映了公司的资本得以保全，发展能力有所增强。

资本积累率在运用时，应注意本期与上期所有者权益变动的偶然性因素，特别是实收资本的变动对资本积累率的影响。为消除此影响，可以通过计算连续三年的平均资本积累率，来反映企业在较长时期内的权益资本增长情况，从权益资本的长期增长趋势和稳定发展程度判断企业的发展能力。三年资本平均增长指标反映企业权益资本连续三年的增长情况，能够较好地体现企业发展水平和发展趋势。其计算公式为：

$$三年资本平均增长率=\left(\sqrt[3]{\frac{年末所有者权益总额}{三年前年末所有者权益总额}}-1\right)\times 100\%$$

公式中，年末所有者权益总额是指所有者权益的年末数；三年前年末所有者权益是指企业三年前的所有者权益年末数。

子情境三　盈利能力分析

一、盈利能力分析的目的

盈利能力通常是指企业在一定时期内赚取利润的能力。盈利能力的大小是一个相对的概念，即利润相对于一定的资源投入、一定的收入而言。利润率越高，盈利能力越强；利润率越低，盈利能力越差。企业经营业绩的好坏最终可通过企业的盈利能力来反映。无论是企业的经理人员、债权人，还是股东(投资人)，都非常关心企业的盈利能力，并重视对利润率及其变动趋势的分析与预测。

从企业的角度来看，企业从事经营活动，其直接目的是最大限度地赚取利润并维持企业持续稳定地经营和发展。持续稳定地经营和发展是获取利润的基础；而最大限度地获取利润又是企业持续稳定发展的目标和保证。只有在不断地获取利润的基础上，企业才可能发展；同样，盈利能力较强的企业比盈利能力较弱的企业具有更大的活力和更好的发展前景。因此，盈利能力是企业经理人员最重要的业绩衡量标准，也是其发现问题、改进企业管理的突破口。对企业经理人员来说，企业盈利能力分析的目的具体表现在以下两个方面：

(一)利用盈利能力的有关指标反映和衡量企业经营业绩

企业经理人员的根本任务，就是通过自己的努力使企业赚取更多的利润。各项收益数据反映着企业的盈利能力，也反映了经理人员工作业绩的大小。用已达到的盈利能力指标与标准、基期、同行业平均水平、其他企业相对比，则可以衡量经理人员工作业绩的优劣。

(二)通过盈利能力分析发现经营管理中存在的问题

盈利能力是企业各环节经营活动的具体表现，企业经营的好坏，都会通过盈利能力表现出来。通过对盈利能力的深入分析，可以发现经营管理中的重大问题，进而采取措施解决问题，提高企业收益水平。

对于债权人来讲，利润是企业偿债的重要来源，特别是对长期债务而言。盈利能力的强弱直接影响企业的偿债能力。企业举债时，债权人势必审查企业的偿债能力，而偿债能力的强弱最终取决于企业的盈利能力。因此，分析企业的盈利能力对债权人也是非常重要的。

对于股东(投资人)而言，企业盈利能力的强弱更是至关重要的。在市场经济条件下，股东往往会认为企业的盈利能力比财务状况、营运能力更重要。股东们的直接目的就是获得更多的利润，因为对于信用相同或相近的多个企业，人们总是将资金投向盈利能力强的企业。股东们关心企业赚取利润的多少并重视对利润率的分析，是因为他们的股息与企业的盈利能力是紧密相关的。此外，企业盈利能力增加还会使股票价格上升，从而使股东们获得更多的资本收益。

二、盈利能力指标分析的意义

(一)短期债权人的分析意义

短期债权人在企业中的直接利益就是企业在短期内对短期债权的还本付息,否则短期债权人的利益就会受到损害。因此,短期债权人把分析的焦点,集中在企业当期会计年度盈利水平的高低上。只要是短期借款期间的盈利水平高,短期债权人的利益就比较有保障。这也是通常短期债权人关心当期盈利水平,而较少关心未来盈利水平的稳定和持久性的原因。

此外,短期债权人有时不仅仅局限于企业获利能力的分析,而是深入到企业盈利内部,对支出和收入、现金的流出和流入进行分析。通过分析,以准确判断企业是否有足够的现金偿债能力。

(二)长期债权人的分析意义

长期债权人的直接利益是关注债务企业能在长期债务到期时,可以及时足额地还本付息。一般而言,长期债务比短期债务的偿还更需要以稳定和持久的获利能力为基础。这是基于以下两点考虑:其一,长期债务的利率较高,从理论上讲,利息部分是要靠高获利能力来保证及时足额支付的。长期负债的利息率,要在较长时期内支付,只有企业经营稳定和持续发展,从而获利能力高,才能真正地实现这种长期支付。短期负债利率低且短期支付,即使获利能力低下,或不稳定或不持久,企业也可以通过及时的资金筹措或暂时不用的货币资金来偿付短期负债本息。而长期负债的长期支付是不可能采取这种方式来付息的。其二,长期负债要在通过较长时期才能归还,在较长的时期内,企业面临的市场环境可能出现重大变化,企业的经营管理也可能发生巨大变化,而对它们的预测也因时期长而变得困难。短期负债则不会出现这种情况。既然长期负债的还本付息面临企业经营周期长的经营风险和市场风险,因此,一旦企业经营管理不善,或市场步景气,企业将面临破产的可能,导致长期负债得不到偿还。所以,长期债权人比短期债权人更加关心企业经营的长期稳定性和持续发展性,而这主要是通过企业获利的整体分析才能把握。

(三)所有权人(股东)的分析意义

所有权人(股东)的直接利益是,对所投资企业的资产或净资产的增值程度以及其投资的报酬的高低。可以说,所有权人(股东)比任何财务报表使用者都更加关心企业的获利能力。因为,在市场经济条件下,投资者对所拥有的资本的投资去向,基本上是由投资报酬或利益决定的。不能想象投资者会放弃获利能力较高的项目,而把资本投向获利能力较低的项目。除非投资者有其他直接目的(如为取得控股权、避税等),而这些目的的取得间接或最终也是为了投资者在今后或其他方面能获得更高的投资收益。因此,对企业的所有者而言获利能力的分析就有着十分重要的意义。

所有者不但在决定投资时十分关心企业的获利能力,而且在投资后仍是如此。首先,所有者一旦将资本投入企业后,所有者不仅成了产权主体,同时也成了破产主体,也就是说所有者面临破产的风险一旦成为事实,所有者的利益将严重受损。因此,只有企业的盈利是持久的,稳定的,所有者才会对其资本的保全有充分的信心,企业获利能力越强,利润越稳定、越持久,资本保全就越有保障,故获利分析的意义体现得尤为明显。

三、企业经营盈利能力分析

(一)认知影响公司盈利能力的因素

盈利能力就是企业赚钱的能力。企业进入战略经营管理时代,盈利能力的分析也变得越来越重要。影响企业盈利能力的因素包括:

1. 国家政策

国家政策与企业息息相关。其中税收政策是国家政策中为了实现一定历史时期的任务,选择确立的税收分配活动的方针和原则,它是国家进行宏观调控的主要手段。税收政策的制定与实施有利于调节社会资源的有效配置,为企业提供公平的纳税环境,能有效调整产业结构。税收政策对于企业的发展有很重要的影响,符号国家税收政策的企业能够享受税收优惠,增强企业的盈利能力。不符合国家税收政策的企业,则被要求缴纳高额的税收,从而不利于企业盈利能力的提高。国家税收政策与企业的盈利能力之间存在一定的关系,评价分析企业的盈利能力,离不开对其面临的税收政策环境的评价。

2. 经营模式

企业的经营模式就是企业如何赚取利润的途径和方式,是指企业将内外部资源要素经过巧妙而有机地整合,为企业创造价值的模式。独特的经营模式往往是企业获得超额利润的源泉,也会成为企业的核心竞争力。一个企业即使是拥有先进的技术和人才,但若没有一个较好的经营模式,企业也很难生存。因此,要想发现企业盈利的源泉,财务人员就必须关注该企业的经营模式,要分析企业获得盈利的深层机制,而不是简单地从企业行业特征上进行判断和分析。

3. 利润的构成

企业的利润主要有毛利、营业利润、利润总额、净利润、息税前利润。一般来说,利润总额中营业利润所占的比例较大。要考虑到引起不同利润的因素对其的影响。包括营业收入、营业成本、营业费用对毛利、营业利润、利润总额、净利润、息税前利润的影响。

4. 资本结构

资本结构是影响企业盈利能力的另一个重要因素。企业负债经营程度的高低对企业的盈利能力有直接的影响。当企业的资产报酬率高于企业的借款利息率时,企业负债经营可以提高企业的盈利能力,否则企业负债经营会降低企业的盈利能力。有些企业只注重增加资本投入、扩大企业投资规模,而忽视了资本结构是否合理,有可能会妨碍企业利润的增长。

(二)收入利润率指标的计算与分析

企业的营业收入是企业盈利的主要来源,因此,可以设置若干以营业收入为基础的评价指标进行盈利能力分析,主要指标有营业毛利率、营业成本率、营业利润率、营业净利率等指标。

1. 营业毛利率

营业毛利率是指企业营业毛利润与营业收入的比率,是生产经营业务带来的毛利润,因此,该指标反映了企业主营业务经营成果状况,能够反映企业主要盈利能力。其计算公式为:

$$营业毛利率=\frac{毛利润}{营业收入}\times 100\%$$

式中:

$$毛利润=营业收入-营业成本$$

【学中做 6－30】

根据【学中做 2－6】表 2－3 GY 公司资产负债表的资料，计算公司的营业毛利率。

$$营业毛利率=\frac{66\ 000-50\ 000}{66\ 000}\times 100\%=24.24\%$$

营业毛利率指标反映了企业主营业务的基本盈利能力，只有较高的营业毛利率，才能保证企业能够获得较高的净利润，因此，该指标越高，说明企业盈利能力越强；反之，盈利能力越弱。同时，销售毛利率指标与销售毛利润结合分析，能够分别从相对数和绝对数两个角度分析企业的盈利能力，分析更加全面。

同行业的营业毛利率通常是比较接近的，出现差别说明企业在价格制定和变动成本控制方面的情况不同，企业可以与同行业平均值或先进水平进行营业毛利率的比较，发现差异，并根据差异产生的原因进行改进，提高盈利能力。

2. 营业成本率

与营业收入相关的指标还有营业成本率。营业成本率是指企业营业成本与营业收入的比率，营业成本是变动成本，将随着产品销售数量的增加而按比例增加。该指标反映了企业营业成本占营业收入的比重，从而反映企业的主要盈利能力。其计算公式为：

$$营业成本率=\frac{营业成本}{营业收入}\times 100\%$$

【学中做 6－31】

根据【学中做 2－6】表 2－3 GY 公司资产负债表的资料，计算公司的营业成本率。

$$营业成本率=\frac{50\ 000}{66\ 000}\times 100\%=75.76\%$$

营业成本率反映了企业控制营业成本的情况，该比率越低，说明企业成本控制得越好，盈利能力越强；反之，盈利能力则较弱。

同行业的营业成本率也是比较接近的，如果与其他企业有所差别，应该分析其原因，看是成本控制不当，还是价格制定不当，从而采取相应的改进措施。只有营业成本率控制得当，企业才有能力承受期间费用等其他支出，保证有较高的净利润。

3. 营业利润率

营业利润率是指企业的营业利润与营业收入的比率。该指标扣除了变动成本和主要固定成本并加上投资收益后利润占营业收入的比率，也是评价企业盈利能力的重要指标。其计算公式为：

$$营业利润率=\frac{营业利润}{营业收入}\times 100\%$$

【学中做 6－32】

根据【学中做 2－6】表 2－3 GY 公司资产负债表的资料，计算公司的营业利润率。

$$营业利润率=\frac{76\ 000}{66\ 000}\times 100\%=115.15\%$$

与营业毛利率相比，在评价企业的盈利能力方面营业利润率更进了一步，不仅考虑了变动成本（即营业成本）和主要固定成本（即期间费用），同时也考虑了投资收益。同样，该比率越高，反映企业经营状况越好，盈利能力越强；反之，说明企业盈利能力较弱。

4. 营业净利率

营业净利率是企业税后净利润与总收入的比率，该比率反映了企业最终获得的利润占总收入的比率，代表了企业最终的盈利能力。其计算公式为：

$$营业净利率=\frac{净利润}{营业收入}\times 100\%$$

【学中做 6—33】

根据【学中做 2—6】表 2—3 GY 公司资产负债表的资料，计算公司的营业净利率。

$营业净利率=\frac{97\ 500}{66\ 000}\times 100\%=147.73\%$

营业净利润率越高，说明企业最终盈利能力越强；反之，则说明企业最终的盈利能力越弱。该比率的分子净利润是企业最终的利润，能够用以评价企业最终获取利润的水平。该指标与税前利润率比较，可以反映出企业所得税的情况，对于不同国家、不同地区、不同行业的企业，其企业所得税的计算方法和税率也可能不同，因此，即使税前利润率相同的企业，也会由于所得税的不同而使最终的盈利能力不同。

（三）成本费用利润率指标的计算与分析

反映成本费用利润率的指标有许多形式，其主要有营业成本利润率、营业费用利润率、全部成本费用利润率等。

这类指标反映了企业投入产出水平，即所得与花费的比率，体现了增加利润是以降低成本及费用为基础的。这些指标的数值越高，表明生产和销售产品的每一元成本及费用取得的利润越多，劳动耗费的效益越高；反之，则说明每耗费一元成本及费用实现的利润越少，劳动耗费的效益越低。

1. 营业成本利润率

营业成本利润率，是指企业营业利润与营业成本之间的比率。其计算公式为：

$$营业成本利润率=\frac{营业利润}{营业成本}\times 100\%$$

【学中做 6—34】

根据【学中做 2—6】表 2—3 GY 公司资产负债表的资料，计算公司的营业成本利润率。

$营业成本利润率=\frac{54\ 000}{50\ 000}\times 100\%=108\%$

营业成本利润率为正指标，即指标值越高越好。分析评价时，可将各指标实际值与标准值进行对比。标准值可根据分析的目的与管理要求确定。营业成本利润率是综合反映企业成本效益的重要指标。

2. 营业费用利润率

营业费用利润率是指企业营业利润与营业费用总额之间的比率。营业费用总额包括营业成本、税金及附加、期间费用和资产减值损失。其计算公式为：

$$营业费用利润率=\frac{营业利润}{营业费用}\times 100\%$$

营业费用利润率中分母的营业费用包括了企业为了获取营业利润所付出的所有成本费用，反映了企业利用成本费用资源创造基本利润的能力，该指标为正指标，越高越好。

【学中做 6—35】

根据某公司利润表有关资料如表 6—12 所示，计算该公司营业毛利率、营业成本率、营业利润率、营业净利率、营业成本利润率和营业费用利润率（见表 6—13）。

表 6—12　　某公司利润表有关资料　　单位：元

项　目	2018 年	2017 年
营业收入	30 000 000	13 169 380
营业成本	24 000 000	10 516 450
营业费用	25 402 938	11 469 880
营业利润	4 597 062	1 699 500
营业外收入	160 000	100 000
营业外支出	40 000	400 000
利润总额	4 717 062	1 399 500
净利润	3 537 796.50	1 049 625

表 6—13　　某公司经营盈利能力指标计算表

盈利能力指标	2018 年	2017 年
营业毛利率	$\frac{6\ 000\ 000}{30\ 000\ 000}\times100\%=20\%$	$\frac{2\ 652\ 930}{13\ 169\ 380}\times100\%=20.14\%$
营业成本率	$\frac{24\ 000\ 000}{30\ 000\ 000}\times100\%=80\%$	$\frac{10\ 516\ 450}{13\ 169\ 380}\times100\%=79.86\%$
营业利润率	$\frac{4\ 597\ 062}{30\ 000\ 000}\times100\%=15.32\%$	$\frac{1\ 699\ 500}{13\ 169\ 380}\times100\%=12.90\%$
营业净利率	$\frac{3\ 537\ 796.50}{30\ 000\ 000}\times100\%=11.79\%$	$\frac{1\ 049\ 625}{13\ 169\ 380}\times100\%=7.97\%$
营业成本利润率	$\frac{4\ 597\ 062}{24\ 000\ 000}\times100\%=19.15\%$	$\frac{1\ 699\ 500}{10\ 516\ 450}\times100\%=16.16\%$
营业费用利润率	$\frac{4\ 597\ 062}{25\ 402\ 938}\times100\%=18.10\%$	$\frac{1\ 699\ 500}{11\ 469\ 880}\times100\%=14.82\%$

以上计算结果表明，该公司 2017 年营业毛利率为 20.14%，2018 年营业毛利率为 20%，该指标 2018 年比 2017 年下降 0.14%；2017 年营业成本率为 79.86%，2018 年营业成本率为 80%，该指标 2018 年比 2017 年上升 0.14%，主要由于销售额大幅提高的同时营业成本也因原材料成本的提高而上涨，导致毛利率略有下降；应该说公司近两年营业毛利率维持在一个较为均衡的水平。

该公司 2017 年营业利润率为 12.90%，2018 年营业利润率为 15.32%，该指标 2018 年比 2017 年上升了 2.42%；2017 年营业净利率为 7.97%，2018 年营业净利率为 11.79%，该指标 2018 年比 2017 年上升了 3.82%。2017 年销售大幅提高的同时营业费用相对节约，使得企业营业利润率和营业净利率均有所上升，盈利能力较强。

该公司 2017 年营业成本利润率为 16.16%，2018 年营业成本利润率为 19.15%，该指标 2018 年比 2017 年上升了 2.99%；2017 年营业费用利润率为 14.82%，2018 年营业费用利润率为 18.10,该指标 2018 年比 2017 年上升了 3.28%,盈利能力较强。

3. 全部成本费用利润率

该指标可以分为全部成本费用总利润率和全部成本费用净利润率两种形式。

(1)全部成本费用总利润率

$$全部成本费用总利润率=\frac{利润总额}{营业费用+营业外支出}\times 100\%$$

(2)全部成本费用净利润率

$$全部成本费用净利润率=\frac{净利润}{营业费用+营业外支出}\times 100\%$$

全部成本费用利润率反映了企业全部投入与全部产出的水平,即所得与所费的比率。也都是正指标。对于投资者而言,当然是全部成本费用利润率越大越好。全部成本费用利润率越大,说明同样的成本费用能取得更多的利润,或者说企业取得同样的利润只需要花费更少的成本费用支出。这样,企业的盈利能力越强;反之,盈利能力较弱。

【学中做 6—36】

根据某公司利润表有关资料如表 6—14 所示,计算该公司全部成本费用利润率(见表 6—15)。

表 6—14　　某公司利润表有关资料　　单位:元

项　目	2018 年	2017 年
营业成本	7 500 000	6 500 000
税金及附加	20 000	19 000
销售费用	200 000	150 000
管理费用	971 000	690 000
财务费用	300 000	235 000
资产减值损失	309 000	280 000
营业费用	9 300 000	7 874 000
营业外支出	100 000	80 000
利润总额	3 494 600	3 020 000
净利润	2 620 950	2 265 000

表 6—15　　某公司全部成本费用利润率指标计算表

盈利能力指标	2018 年	2017 年
全部成本费用总利润率	$\frac{3\ 494\ 600}{9\ 400\ 000}\times 100\%=37.18\%$	$\frac{3\ 020\ 000}{7\ 954\ 000}\times 100\%=37.97\%$
全部成本费用净利润率	$\frac{2\ 620\ 950}{9\ 400\ 000}\times 100\%=27.88\%$	$\frac{2\ 265\ 000}{7\ 954\ 000}\times 100\%=28.48\%$

以上计算结果表明,该公司全部成本费用总利润率和全部成本费用净利润率指标,2018 年均比 2017 年有所下降,公司应当深入检查导致成本费用上升的原因,改进有关工作,以便扭

转效益指标下降的状况。

四、企业资本与资产经营盈利能力分析

(一)资本经营盈利能力分析

资本经营盈利能力是指企业所有者通过投入资本经营取得利润的能力。反映资本经营盈利能力的指标主要有净资产收益率和资本金收益率。

1. 净资产收益率

净资产收益率,又称为股东权益报酬率、股东权益收益率或所有者权益收益率,即企业一定时期内净利润与平均净资产的比率。其计算公式为:

$$净资产收益率=\frac{净利润}{平均净资产}\times 100\%$$

净资产是指企业资产减去负债后的余额,包括实收资本、资本公积、盈余公积和未分配利润等,也就是资产负债表中的所有者权益部分。

平均净资产,一般为年初与年末净资产(股东权益)的平均数,但是,如果要通过该指标观察分配能力,则取年度末的净资产更为恰当。

2. 资本金收益率

净资产收益率体现的是所有者权益资本的盈利能力,而所有者权益并不都是投资者初始投资形成的,有一部分是企业历年经营留存的,还有一些是企业通过接受捐赠等方式得到的。对于投资者而言,在确认自己"拥有的资产"的盈利能力的基础上,也需要知道,自己投入的那些钱的盈利能力如何,这就需要用到资本金收益率指标。

资本金收益率是一定期间内企业的净利润与资本金的比率。所谓"资本金",就是投资者初始投入的资本,在资产负债表上体现为"股本"或"实收资本",这一指标用来衡量企业所有者投入资本赚取利润的能力。其计算公式为:

$$资本金收益率=\frac{净利润}{平均实收资本}\times 100\%$$

式中:

$$平均实收资本=\frac{期初实收资本+期末实收资本}{2}$$

【学中做 6—37】

根据某公司有关资料如表 6—16 所示,计算某公司净资产收益率与资本金收益率指标(见表 6—17)。

表 6—16　某公司有关资料　单位:元

项　目	2018 年	2017 年	2016 年
净利润	2 620 950	2 023 400	
净资产	54 120 950	51 500 000	49 476 600
实收资本	10 000 000	8 000 0000	8 000 000
平均净资产	52 810 475	50 488 300	
平均实收资本	9 000 000	8 000 000	

表 6－17　　某公司资本经营盈利能力指标计算表

盈利能力指标	2018 年	2017 年
净资产收益率	$\frac{2\ 620\ 950}{52\ 810\ 475}\times100\%=4.96\%$	$\frac{2\ 023\ 400}{50\ 488\ 300}\times100\%=4.01\%$
资本金收益率	$\frac{2\ 620\ 950}{9\ 000\ 000}\times100\%=29.12\%$	$\frac{2\ 023\ 400}{8\ 000\ 000}\times100\%=25.29\%$

以上计算结果表明，该公司 2018 年净资产收益率比 2017 年净资产收益率略有升高提高了 0.95%，这是由于该公司净利润的增长高于净资产的增长所引起的，根据该公司的资料计算出，净利润增长率为 29.53%[(2 620 950—2 023 400)÷2 023 400×100%]，而净资产增长率为 4.60%[(52 810 475－50 488 300)÷50 488 300×100%]。2018 年资本金收益率比 2017 年资本金收益率略有升高 3.83%，这是由于该公司净利润的增长高于资本金的增长所引起的，根据该公司的资料计算出，净利润增长率为 29.53%[(2 620 950－2 023 400)÷2 023 400×100%]，而资本金增长率为 12.5%[(9 000 000－8 000 000)÷8 000 000×100%]。说明企业资本金和所有者权益对盈利能力的保障程度较强。

(二)资产经营盈利能力分析

资产经营盈利能力分析是指企业营运资产产生利润的能力。反映企业资产经营盈利能力的指标主要有总资产报酬率和总资产收益率。

1. 总资产报酬率

在分析企业总体资产的盈利能力时，还常常会用到总资产报酬率这个指标。因为有观点认为，“企业所有资金提供人都是公平的”。这种观点认为，不管是企业股东还是债权人，他们都向企业投入了资金，企业在关注他们的感受时，应该用平等的眼光对待，不能仅考虑股东。

基于这种观点，我们就不能用净利润来分析总资产的盈利能力了。因为，我们在计算净利润的时候，扣除了分配给债权人的收益—利息费用，这就使得收益不完整了。同样道理，所得税虽然是按税法强制要求上缴给国家的，但这也是企业创造的收益，只不过这部分收益作为了企业对社会的贡献上缴了。我们在衡量企业的经营业绩时，应该考虑企业用全部资产创造的全部收益，因此，在净利润的基础上，企业加上利息支出和所得税费用，从而得到了息税前利润，用这一利润来衡量总资产的盈利能力指标就是总资产报酬率。

总资产报酬率，即企业一定期间的息税前利润与平均总资产之间的比率。运用资产负债表和利润表的资料，可计算总资产报酬率。其计算公式为：

$$\text{总资产报酬率}=\frac{\text{息税前利润}}{\text{平均总资产}}\times100\%$$

式中：

$$\begin{aligned}\text{息税前利润}&=\text{税前利润}+\text{利息支出}\\&=\text{净利润}+\text{所得税}+\text{利息支出}\end{aligned}$$

总资产报酬率反映了企业的基本盈利能力，因为它排除了不同资金来源方式对企业利润的影响，体现的是企业使用所拥有的全部资产获取利润的能力。

2. 总资产收益率

总资产收益率是企业一定期间内实现的收益额与该时期企业平均资产总额的比率。该指标也是用来衡量企业总体资产盈利能力的指标。其计算公式为：

$$总资产收益率=\frac{净利润}{平均总资产}\times 100\%$$

式中：

$$平均总资产=\frac{期初总资产+期末总资产}{2}$$

影响总资产收益率的因素是企业本期净利润的多少和企业总资产的规模。净利润与该指标正相关，即净利润越高，总资产收益率就越高。而企业的资产规模与该指标负相关，即净利润一定的情况下，企业资产的规模越大，其总资产的收益率就越低。就如同粮食就这么多，吃饭的人越多，每个人能吃到的就越少。

总资产收益率作为衡量企业总体资产盈利能力的指标，对其分析，可以实现以下目标：

(1)该指标能够直观的衡量企业资产运用效率和资金利用效果。同一行业，甲股东投资C公司的收益率为30%，此时，乙股东投资D公司的收益率为40%，也就是说，甲、乙都投资100元的话，甲比乙少赚10元，说明C公司的资产运用效率不如D公司。

(2)在企业资产总额一定的情况下，通过总资产收益率指标可以分析企业盈利能力的稳定性和持久性，确定企业所面临的风险。只要不扩大生产经营规模，企业在每期期末都将利润全部分配给股东的情况下，资产总额就会保持在一个比较稳定的状态，如果此时比较企业不同期间内的总资产收益率，就能判断出企业盈利能力的稳定性。

【学中做6－38】

根据某公司有关资料如表6－18所示，计算该公司总资产报酬率与总资产收益率指标(见表6－19)。

表6－18　　某公司有关资料　　单位：元

项　目	2018年	2017年	2016年
净利润	2 620 950	2 120 000	
所得税	873 650	706 600	
利息支出	100 000	80 000	
息税前利润	3 594 600	2 906 600	
资产总额	52 810 475	49 879 360	50 186 510
平均资产总额	51 344 917.50	50 032 935	

表6－19　　某公司资产经营盈利能力指标计算表

盈利能力指标	2018年	2017年
总资产报酬率	$\frac{3\ 594\ 600}{51\ 344\ 917.50}\times 100\%=7\%$	$\frac{2\ 906\ 600}{50\ 032\ 935}\times 100\%=5.81\%$
总资产收益率	$\frac{2\ 620\ 950}{51\ 344\ 917.50}\times 100\%=5.10\%$	$\frac{2\ 120\ 000}{50\ 032\ 935}\times 100\%=4.24\%$

以上计算结果表明，该公司2018年总资产报酬率比2017年总资产报酬率略有升高，提高了1.19%，说明该公司综合利用效率，资产的使用情况，增产节约工作等情况略微改进。同时该公司2018年总资产收益率比2017年总资产收益率略高0.86%，说明该公司总体资产盈利

能力略有提高。但该公司总资产报酬率与总资产收益率相比增长的略快，是因为2018年的利息支出较2017年的利息支出高。

五、上市公司盈利能力分析

(一)每股收益分析

每股收益的基本含义是指每股发行在外的普通股所能分摊到得净收益额。即普通股股东每持有一份普通股所享有的净利润或承担的净亏损。

1. 基本每股收益

基本每股收益是指归属于普通股股东的当期净利润扣除应发放的优先股股利后的余额与发行在外的普通股加权平均股数之比。其计算公式为：

$$\text{基本每股收益}=\frac{\text{净利润}-\text{优先股股利}}{\text{发行在外的普通股加权平均股数}}$$

由于优先股股东对股利的受领权优先于普通股股东，因此在计算普通股股东所能享有的收益额时，应将优先股股利扣除。公式分母采用加权平均股数，是因为本期内发行在外的普通股股数只能在增加以后的这一段时期内产生权益，减少的普通股股数在减少以前的期间内仍产生收益，所以必须采用加权平均数，以正确反映本期内发行在外的股份份额。

2. 稀释每股收益

稀释每股收益是指当企业存在潜在性稀释普通股时，应当分别调整归属于普通股股东的当期净利润和发行在外的普通股加权平均数，并据以计算稀释每股收益。

所谓“稀释性潜在普通股”，是指假设当期转换为普通股会减少每股收益的潜在普通股，如可转换公司债券、认股权证和股份期权。稀释每股收益的计算公式为：

$$\text{稀释每股收益}=\frac{\text{净利润}-\text{优先股股利}}{\text{普通股平均股数}+\text{约当普通股股数}}$$

每股收益，是衡量上市公司盈利能力最常用的财务指标，它反映普通股的盈利水平，也是衡量上市公司市场价值大小的重要指标。一般来说，每股收益越高，可用以分配给股东的每股红利也就越多，投资者从每股中取得的收益也就越多，股票价格就会随之上涨；反之则相反。

每股收益作为评价上市公司盈利能力的核心指标，其作用主要有：

(1)每股收益反映了企业的盈利能力，决定了股东的平均收益水平，每一股在本期获得的收益一目了然，便于股民选择投资哪个公司的股票。

(2)每股收益是确定股票价值的主要参考指标。虽然股票价格受到市场资金供求、证券市场行情等多种因素的影响，但最终都要回归到企业的盈利能力，只有真正效益好的企业才会被投资者长期使用。所以，每股收益作为企业盈利状态的“温度计”，同时也决定了企业股价的高低。

(3)通过对某一企业连续若干期的每股收益变动情况及其趋势进行分析，可以帮助投资者了解企业投资报酬率在较长时期的变动规律，从而确定是否需要长期持有该公司股票。

(4)通过对同一行业不同企业间每股收益比较分析，能够帮助投资者确认自己关注的企业指标在同行业中的地位，从而在市场影响因素类似的情况下，对所有者投资企业的盈利能力做出更客观的评价。

(二)每股净资产分析

每股净资产，是期末归属于普通股的净资产(即股东权益)与年度末普通股股份总数的比值，也称为每股账面价值或每股权益。这一指标用来衡量企业每股股票所拥有的资产价值。

企业每股净资产越高，股东拥有的资产价值就越多；每股净资产越低，股东所拥有的资产价值就越少。其计算公式为：

$$每股净资产=\frac{期末股东权益总额-优先股权益}{期末普通股股份总数}$$

（三）市盈率分析

市盈率是反映普通股市场价格与当前每股收益之间的关系，即普通股每股市价相当于每股收益的倍数，反映的是投资者对于上市公司的每一元净利润所愿意支付的价格，可以用来判断企业股票与其他企业股票相比潜在的价值，衡量股票的投资报酬与风险。其计算公式为：

$$市盈率(倍数)=\frac{普通股每股市价}{普通股每股收益}$$

市盈率是衡量上市公司盈利能力的重要指标。一般市盈率较高，表明市场对公司的未来看好；如果太高，则可能存在股价高估的泡沫风险。在市价确定的情况下，每股收益越高，市盈率越低，投资风险越小；反之亦然。在每股收益确定的情况下，市价越高，市盈率越高，风险越大；反之亦然。

影响股票市盈率的因素主要有：

(1)上市公司盈利能力的增长性。如果一个上市公司预期未来的盈利能力将不断提高，则说明公司具有较好的成长性，虽然目前的市盈率较高，也是值得投资的，因为上市公司的市盈率会随公司盈利能力的提高而不断下降。

(2)投资者所获得报酬率的稳定性。如果上市公司经营效益良好且相对稳定，则投资者获取收益也较高且稳定，投资者就愿意持有该公司的股票，这样公司的市盈率会由于众多投资者普遍看好而提高。

(3)市盈率也受利率水平变动的影响。当市场利率水平变化时，市盈率也应相应的调整。在股票市场的实务操作中，利率与市盈率之间的关系可以用以下公式表示：

$$市盈率=\frac{1}{一年期银行存款利率}$$

（四）股利支付率分析

股利支付率是指普通股每股收益中股利所占的比重，其反映公司的股利分配政策和支付股利的能力，即普通股股东从每股的全部盈利中分到多少。其计算公式为：

$$股利支付率=\frac{普通股每股股利}{普通股每股收益}\times100\%$$

公式中的每股股利是实际发放给普通股股东的股利总额与流通股股数的比值。股利发放率反映了企业的股利政策，其高低要根据企业对资金需要量的情况具体分析，没有一个固定的标准。

【学中做 6－39】

某股份有限公司 2018 年初发行在外的普通股 100 万股，2018 年 7 月 1 日又增发普通股 20 万股，并且该年内未发行其他股票，也没有退股的事项，计算 2018 年度发行在外的普通股加权平均股份。

普通股加权平均股份＝100＋(20×6÷12)＝110(万股)

【学中做 6－40】

沿用【学中做 6－39】，该股份有限公司 2018 年度净利润 180 万元，普通股市场价格为每股 10 元，年末普通股每股股利 0.29 元。计算该公司的基本每股收益、市盈率、股利支付率。

$$基本每股收益=\frac{180}{110}=1.64(元)$$

$$市盈率=\frac{10}{1.64}=6.10(倍)$$

$$股利支付率=\frac{0.28}{1.64}\times 100\%=17.07\%$$

【学中做 6—41】

甲公司为上市公司，2018 年末净资产 5 000 000 元，发行在外的普通股股数为 1 000 000 股，计算甲公司的每股净资产。

$$每股净资产=\frac{5\ 000\ 000}{1\ 000\ 000}=5(元)$$

六、盈利质量分析

严格来讲，盈利质量分析是广义的盈利能力分析的一部分，对盈利质量进行分析的最终目的还是要评价企业的收益状况及获取利润的能力。但人们往往会对盈利质量分析与盈利能力分析加以一定的区分。这主要是因为我们前文所述的盈利能力分析主要是以资产负债表、利润表为基础，在权责发生制基础上对企业在一定时期内获取利润能力的一种评价结果。而盈利质量分析是在盈利能力评价的水准上，以收付实现制为计算基础，以现金流量表所列示的各项财务数据为基本依据，通过一系列现金流量指标的计算，对公司盈利能力的进一步修复与检验。通过现金流量指标的计算来修正和补充盈利能力指标更有利于对公司盈利状况进行多视角、全方位综合分析，从而反映公司获取利润的品质。

(一)盈利质量概述

1. 盈利质量的含义

关于盈利质量目前没有统一的说法，我国主要有以下两种观点，通常我们把这两种观点结合起来理解盈利质量。

(1)现金保证说。该观点认为：盈利质量是反映盈利的确认是否同时伴随相应的现金流入，即以应计制为基础的盈利是否与现金的流入相伴随。只有伴随现金流入的盈利才具有较高的质量，具体表现为以应计制为基础计算的有关盈利指标数值与现金制为基础计算的有关盈利指标数值的差异程度。一般而言，这一差异越小，盈利质量就越高。

(2)业绩相关说。该观点认为：盈利质量是指收益和公司业绩评价之间的相关性。如果盈利能如实反映公司业绩，则认为其盈利质量高；如果盈利不能很好地反映公司的业绩，则认为其盈利质量低。

2. 盈利质量的外在特征

盈利质量高的企业具有以下特点：

(1)持续的、稳健的会计政策，且该政策对公司财务状况和净收益的计量是谨慎的。

(2)公司的盈利是由经常性的与公司基本业务相关的交易所带来的，而不是一次性的，并且公司所依赖的业务具有较好的发展前景。

(3)会计上所反映的利润能迅速转化为现金：①公司的债务水平相当；②盈利趋势是稳定的、可预测的；③资产的运转状况良好等。

盈利质量低的公司情况则相反。

3. 对盈利质量的评价

(1)高质量盈利表明,这一收益较好地反映了公司的目前状况和未来前景,同时表明管理层对公司经济现实的评价较为客观。

(2)低质量盈利表明,这一收益可能夸大了公司真实的经济价值,表明管理层对公司状况粉饰或者没有客观地反映公司目前状况和未来前景。

(3)盈利质量下降表明相对于过去,公司目前的状况和前景正在恶化。管理层通过降低收益质量来增加收益,企图向外界传达比公司实际状态要好的经济状态信息。

(4)盈利质量上升表明,管理层持有的观点越来越客观地反映了公司实际情况,同时也表明了公司通过经济价值创造收益的能力在提高,而不是依赖于低收益质量来创造收益。

4. 盈利质量与盈利能力的关系

盈利质量与盈利能力从不同的角度反映企业的盈利情况,两者各有侧重。盈利能力强调企业获取收益的能力,其表现为税后净收益的大小及有关比值的大小。而盈利质量则反映账面损益状况与真实损益状况的吻合度。吻合度越高,则盈利质量越高;反之,则说明盈利质量较差。盈利质量差主要是企业管理当局过度盈余管理和利润操纵造成的,有两种情况:一是账面收益高于真实收益;二是账面收益低于真实收益。

利用现金流量数据反映盈利能力的指标非常丰富,主要有净资产现金回收率、全部资产现金回收率、盈利现金比率、销售获现比率、现金分配率、每股经营现金流量等。

(二)净资产现金回收率的计算与分析

净资产现金回收率是经营活动净现金流量与平均净资产之间的比率。该指标是对净资产收益率的有效补充,对那些提前确认收益而长期未收现的公司,可以用净资产现金回收率与净资产收益率进行对比,从而补充观察净资产收益率的盈利质量。其计算公式为:

$$\text{净资产现金回收率}=\frac{\text{经营活动净现金流量}}{\text{平均净资产}}\times 100\%$$

(三)全部资产现金回收率的计算与分析

全部资产现金回收率是指经营活动产生的净现金流量与平均总资产之间的比率。该指标可以作为对总资产报酬率的补充,反映企业利用资产获取现金的能力,用以衡量企业资产获现能力的强弱。其计算公式为:

$$\text{全部资产现金回收率}=\frac{\text{经营活动净现金流量}}{\text{平均总资产}}\times 100\%$$

【学中做 6—42】

根据某公司资料,其 2017 年度、2018 年度现金回收率指标见表 6—20。

表 6—20　　某公司现金回收率指标表

项　目	2018 年	2017 年
经营活动净现金流量(千元)	262 751	232 775
平均净资产(千元)	737 652.5	654 601
平均总资产(千元)	3 377 257	3 155 936
净资产现金回收率(%)	35.62	35.56
全部资产现金回收率(%)	7.78	7.38

与该公司 2017 年相比,2018 年净资产现金回收率、全部资产现金回收率指标均有所提高,但相对于公司的净资产收益率、总资产报酬率的提高而言,其提高并不显著。这说明 2018

年增加的收益能力并没有相应反映在经营现金流量的增加上，应当进一步分析其原因。

(四)盈利现金比率的计算与分析

盈利现金比率，也称盈余现金保障倍数，这一比率反映公司本期经营活动产生的现金净流量与净利润之间的比率关系。其计算公式为：

$$\text{盈利现金比率}=\frac{\text{经营活动产生的现金净流量}}{\text{净利润}}\times 100\%$$

一般情况下，盈利现金比率越大，公司盈利质量就越高。如果比率小于1，说明本期净利润中存在尚未实现现金的收入。在这种情况下，即使公司盈利，也可能发生现金短缺。诚然，应收账款的增加，可能有以下三方面原因：(1)为了扩大市场份额而导致赊销增加；(2)公司规模扩大(资产增加)而带来的应收账款增加；(3)盈余管理促成虚列收入，应收账款加大。第一种原因可以借助于指标——销售商品提供劳务收到的现金÷经营活动现金流入量，若该指标持续上升，应收账款的增加尚属正常；第二种原因可以借助于指标——(期末总资产—期末应收账款)÷(期初总资产—期初应收账款)，若该指标上升，说明公司规模扩大，债权资产增加也属正常；若非前两种原因，则有利用应收操纵利润之嫌。

在进行盈利质量分析时，仅仅靠一年的数据未必能说明问题，需要进行连续的盈利现金比率的比较，若企业盈利现金比率一直小于1甚至为负数，则说明企业盈利质量相当低下，严重时会导致公司破产。

(五)销售获现比率的计算与分析

销售获现比率是以销售商品、提供劳务收到的现金与营业收入相比。该指标反映企业通过销售获取现金的能力。其计算公式为：

$$\text{销售获现比率}=\frac{\text{销售商品、提供劳务收到的现金}}{\text{营业收入}}\times 100\%$$

【学中做6—43】

根据某公司2018年和2017年相关资料，其销售获现比率分析见表6—21。

表6—21　　某公司销售获现比率分析表

项　目	2018年	2017年
销售商品、提供劳务收到的现金(千元)	2 201 700	1 984 542
营业收入(千元)	2 316 444	1 798 408
销售获现比率(%)	95.05	110.35

从表6—21可见，2018年与2017年相比，销售获现率有所降低，表明公司通过销售获取现金的能力减弱。但是95.05%的销售获现率已经非常接近1了，由此可初步判定企业产品销售形势较好，信用政策合理，能及时收回货款，收款工作得力。

子情境四　发展能力分析

一、认知企业发展能力的计量

企业发展能力是指企业未来年度的发展前景及潜力，是企业实现盈利的持续程度及价值增长的可能性。发展能力是企业在生存的基础上，扩大规模、壮大实力的潜在能力。企业的规模和实力，是企业价值的核心内容，表明企业未来潜在的盈利能力。然而，企业的发展在于可持续性，需要不断地注入新的血液。企业的资本实力和潜在盈利能力，是衡量和评价企业持续稳定发展的实质内容，它们的增长为企业的生存和发展注入了新的能量。

增长率是企业会计报表上某项目本期的增加额与上期（或上期期末）数额的比率，其通用计算公式为：

$$\text{某项目增长率}=\frac{\text{某项目增长额}}{\text{某项目上期（或上期期末）数额}}$$
$$=\frac{\text{某项目本期（或本期期末）数额}-\text{某项目上期（或上期期末）数额}}{\text{某项目上期（或上期期末）数额}}$$

企业就是通过某些能够反映企业增长情况的分析指标，来评价企业的发展潜力，这可以通过计算销售（营业）增长率、总资产增长率、资本保值增值率、资本积累率、净收益增长率和营业利润增长率来进行。

二、企业发展能力分析

（一）销售（营业）增长率

销售（营业）的增长是企业盈利的源泉。一个企业只有保持营业收入的稳定增长，才能不断地增加收入，提高盈利能力。盈利能力的提高，利润的增加，才能为占领市场、开发新产品、进行技术改造扩大资金来源，才能促进企业的进一步发展。因此，销售（营业）增长指标是评价企业发展状况和发展能力的重要指标。

销售（营业）增长率是指企业本年营业收入增长额同上年营业收入总额的比率，反映本年营业收入的增减变动情况，反映企业在销售方面的增长能力，是评价企业发展状况和发展能力的重要依据。其计算公式为：

$$\text{销售（营业）增长率}=\frac{\text{本年销售（营业）收入增长额}}{\text{上年销售（营业）收入总额}}\times 100\%$$

其中：

$$\text{本年销售（营业）收入增长额}=\text{本年销售（营业）收入}-\text{上年销售（营业）收入}$$

该指标若大于0，表示企业本年销售（营业）收入有所增长，指标值越高越好，表明增长速度越快，企业市场前景越好；该指标若小于0，表示企业产品不适销对路、质次价廉、市场份额萎缩。

销售（营业）增长率是衡量企业经营状况和市场占有能力、预测企业经营业务拓展趋势的重要标志。不断增加的营业收入，是企业生存的基础和发展的条件，该指标在实际操作时，应结合企业历年来的销售水平、企业市场占有情况、行业未来发展及其他影响企业发展的潜在因素进行前瞻性预测，或者结合企业前三年的销售（营业）增长率做出趋势性分析判断。

【学中做 6－44】

甲公司为上市公司，2018 年营业收入为 474 209.53 元，2017 年营业收入为 395 364 元，计算销售（营业）收入增长率。

本年销售（营业）增长额＝474 209.53－395 364＝78 845.53（元）

$$\text{销售（营业）增长率}=\frac{78\ 845.53}{395\ 364}\times 100\%=19.94\%$$

该企业的销售（营业）收入增长率大于0，表明本年销售收入有所增长，增长速度较快，企业市场前景比较乐观。

(二)总资产增长率

资产是企业生产经营活动的物质条件,是企业用以取得收入的经济资源,也是企业偿还债务的保障。企业的资产规模与其经营规模是相适应的,资产规模的扩大表明企业兴旺发达。通常情况下,发展能力强的企业都能保证资产的稳定增长,因此,资产的增长可以表明企业的发展状况和发展能力,也是实现企业价值的重要手段。

总资产增长率是指企业本年总资产增长额同年初资产总额的比率。该指标可以衡量企业本期资产规模的增长情况,从资产总量扩张方面衡量企业的发展能力。其计算公式为:

$$总资产增长率=\frac{本年总资产增长额}{年初资产总额}\times100\%$$

其中:

$$本年总资产总增长额=年末资产总额-年初资产总额$$

该指标若大于0,表示企业本年总资产有所增长,指标值越高越好,表明增长速度越快,企业越有发展潜力;该指标若小于0,表示企业发展速度下降,发展能力减弱。

【学中做6—45】

乙公司为上市公司,2018年末资产总额为634 739.84元,2017年末资产总额为395 418元,计算总资产增长率。

总资产增长额=634 739.84-395 418=239 321.84(元)

$$总资产增长率=\frac{239\ 321.84}{395\ 418}\times100\%=60.52\%$$

该企业的总资产增长率大于0,表明本年总资产有所增长,增长速度较快,企业发展潜力大。

(三)资本保值增值率

资本保值增值率是企业扣除客观因素后的本年末所有者权益总额与年初所有者权益总额的比率,反映企业当年资本在企业自身努力下实际增减变动的情况。其计算公式为:

$$资本保值增值率=\frac{扣除客观因素后的本年末所有者权益总额}{年初所有者权益总额}\times100\%$$

一般认为,资本保值增值率越高,表明企业的资本保全状况越好,所有者权益增长越快,债权人的债务越有保障。该指标通常应当大于100%。

【学中做6—46】

乙公司为上市公司,2018年末扣除客观因素后的所有者权益总额为7 248万元,2018年初所有者权益总额为6 000万元,计算资本保值增值率。

$$资本保值增值率=\frac{7\ 248}{6\ 000}\times100\%=121\%$$

该企业的资本保值增值率大于100%,表明本年的资本保全状况好,所有者权益增长越快,债权人的债务越有保障。

(四)资本积累率

资本积累率是指企业本年所有者权益增长额同年初所有者权益的比率。其计算公式为:

$$资本积累率=\frac{本年所有者权益增长额}{年初所有者权益}\times100\%$$

其中:

$$本年所有者权益增长额=所有者权益年末数-所有者权益年初数$$

资本积累率是企业当年所有者权益总的增长率，反映了企业所有者权益在当年的变化水平。资本积累率反映了投资者投入企业资本的保全性，是评价企业发展能力的重要指标，体现了企业的资本积累情况。该指标越高，表明企业资本保全性越强，其应付风险、持续发展能力也越大。该指标如为负数，则表明企业的资本受到侵蚀，所有者权益受到损害。从财务报表上看，资本积累主要来源于企业实现净利润的留存和股东追加的投资。但前者更能表现资本积累的本质，表现出良好的企业发展能力和发展后劲。

【学中做 6—47】

沿用【学中做 6—46】计算资本积累率。

本年所有者权益增长额＝7 248－6 000＝1 248(万元)

$$资本积累率=\frac{1\ 248}{6\ 000}\times 100\%=20.80\%$$

该企业的资本积累率大于 0，表明企业资本保全性强，其应付风险、持续发展能力也越强，表现出良好的企业发展能力和发展后劲。

(五)净收益增长率

留存收益是盈余公积和未分配利润的总和。净收益增长率是企业当年留存收益增长额与年初净资产的比率。其中，当年留存收益是指在年初净资产增长的基础上，留在企业用于企业发展并形成净资产的收益。留存收益包括盈余公积和未分配利润。其计算公式为：

$$净收益增长率=\frac{当年留存收益增长额}{年初净资产}\times 100\%$$

其中：

$$当年留存收益增长额=年末留存收益-年初留存收益$$

【学中做 6—48】

乙公司为上市公司，2018 年末盈余公积为 2 000 000 元，未分配利润为 90 000 元，2017 年末盈余公积为 1 830 000 元，未分配利润为 76 000 元，2017 年初净资产为 2 906 000 元，计算净收益增长率。

2018 年：留存收益＝2 000 000＋90 000＝2 090 000(元)

2017 年：留存收益＝1 830 000＋76 000＝1 906 000(元)

当年留存收益的增长额＝2 090 000－1 906 000＝184 000(元)

$$净收益增长率=\frac{184\ 000}{2\ 906\ 000}\times 100\%=6.33\%$$

该企业的净收益增长率大于 0，表明企业资本保全性强，其应付风险、持续发展能力也越强，表现出良好的企业发展能力和发展后劲。

(六)营业利润增长率

营业利润增长率是企业本年营业利润增长额与上年营业利润总额的比率，反映企业营业利润的增减变动情况。其计算公式为：

$$营业利润增长率=\frac{本年营业利润增长额}{上年营业利润总额}\times 100\%$$

其中：

$$本年营业利润增长额=本年营业利润总额-上年营业利润总额$$

【学中做 6—49】

丙公司为上市公司，2018 年营业利润总额为 7 000 万元，2017 年营业利润总额为 6 000 万元，计算营业利润增长率。

本年营业利润增长额＝7 000－6 000＝1 000（万元）

$$营业利润增长率=\frac{1\ 000}{6\ 000}\times 100\%=16.67\%$$

该企业的营业利润增长率大于0，表明企业营业利润增长速度快，表现出良好的经营盈利潜力和发展前景。

子情境五　杜邦财务分析法

一、杜邦财务分析体系的含义和特点

杜邦财务分析体系，又称杜邦分析体系，杜邦分析法是以获利能力为企业的核心能力，以净资产收益率为核心财务指标，根据获利能力比率、资产管理比率和债务管理比率三者之间的内在联系，对企业的财务状况和经营成果进行综合、系统的分析和评价的一种方法。该方法需要将核心指标净资产收益率分解为上述三组重要财务比率中的一项较关键的财务比率，并将其相互结合为一体形成一个完整的财务综合分析指标体系。由于该指标体系是由美国杜邦公司首创并最先采用的，故称杜邦财务分析体系。

杜邦财务分析体系的特点在于：该指标体系若从数学计算角度来看，是以核心指标净资产收益率为出发点，通过数学变换（固定分子变分母），将其逐项推移分解为主营业务净利率、总资产周转率和权益乘数三者的连乘积，以综合反映企业销售盈利能力、营运能力、偿债能力和资本结构的共同作用对净资产收益率的影响，即

$$净资产收益率=\frac{净利润}{净资产}=\frac{净利润}{总资产}\times\frac{总资产}{净资产}=总资产收益率\times 权益乘数$$

$$总资产收益率=\frac{净利润}{总资产}=\frac{净利润}{营业收入}\times\frac{营业收入}{总资产}=总资产周转率\times 营业净利率$$

因此，净资产收益率可以表示为：

$$净资产收益率=营业净利率\times 总资产周转率\times 权益乘数$$

式中的权益乘数是权益比率的倒数，权益比率又称资产权益率，与绝大多数的财务比率一样，都是除数，即权益比率＝净资产÷总资产；而乘数与除数互为倒数。因此，一方面权益比率与权益乘数两者互为倒数；另一方面权益比率又与资产负债率（即负债比率）两者互补，即权益比率＋负债比率＝1。由此可得如下权益乘数公式：

$$权益乘数=\frac{总资产}{净资产}=\frac{1}{\dfrac{净资产}{总资产}}=\frac{1}{\dfrac{总资产-总负债}{总资产}}=\frac{1}{1-资产负债率}$$

上述权益乘数公式充分说明，权益乘数的高低主要受负债程度的大小，即资产负债率大小的影响。负债程度大，资产负债率高，权益乘数就大；反之，权益乘数就小。因此，权益乘数可以反映企业的资本结构和由举债带来的财务杠杆作用。当然权益乘数公式中的“资产负债率”是一个平均数，它是企业全年平均负债总额与全年平均总资产之比的比率，即全年平均资产负债率。

需要强调的是，净资产收益率之所以能成为杜邦财务分析体系的核心指标，不仅因为它是一个综合性最强的财务分析指标，也不仅因为它代表了企业财务的目标，反映了企业价值最大化或股东财富最大化的要求，更主要的是从上述指标的分解中可以看到，决定净资产收益率高低的关键因素有三个方面：主营业务净利率、总资产周转率和权益乘数，而它们分别代表了盈

利能力、营运能力、偿债能力及资本结构。对净资产收益率这样分解之后，可以把这项核心指标发生升、降变化的原因具体化，有利于分别去分析和评价盈利能力、营运能力、偿债能力和资本结构的变动程度，以及它们对净资产收益率的影响程度。显然，这比只用一项综合性指标更能说明问题。

同时，从对核心指标净资产收益率的分解中可以看到，它几乎已涉及所有会计要素：净利润、主营业务收入、总资产、净资产、负债。从主营业务收入到净利润，涵盖了利润表的全部会计信息；总资产、净资产、负债又涵盖了资产负债表的全部会计信息。因此，杜邦财务分析体系不仅综合反映了三大财务能力，即获利能力、营运能力、偿债能力对核心指标净资产收益率的共同作用及影响，而且也综合运用了资产负债表和利润表的全部会计信息，充分显示了该核心指标的深度和广度，有利于对企业财务状况和经营成果做出一个综合的分析和评价。

二、杜邦财务分析指标体系图

利用杜邦财务分析体系进行财务报表综合分析时，可以根据其核心指标与各项分解指标之间的内在联系，及其所涉及的各项会计要素，按照一定规律有序排列成杜邦财务分析指标体系图，简称“杜邦图”，以便能更直观、更明晰地理解并运用杜邦分析法，进行财务报表综合分析。上述关系用图来表示，如图 6—2 所示。

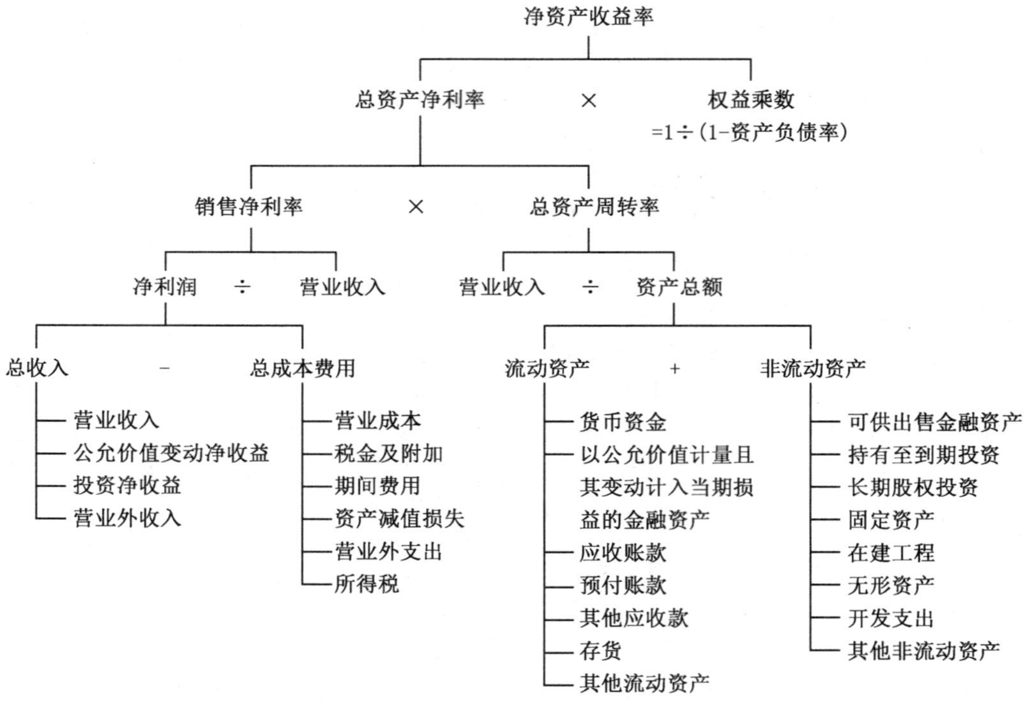

图 6—2　杜邦财务分析体系图

由图 6—2 可以看出，杜邦财务分析体系揭示的主要财务指标有：

(一)净资产收益率

净资产收益率是综合性最强的财务比率之一，也是杜邦财务分析体系的核心。净资产收益率反映了企业所有者投入资本的获利能力，反映企业筹资、投资和资产营运等各种经营活动的效率，提高净资产收益率是实现财务管理目标——使所有者财富最大化的基本保证，因此，不论是所有者还是经营者都十分关心净资产收益率的升降变化及其原因。主营业务净利率、总资产周转率和权益乘数是影响净资产收益率高低的主要因素。

(二)总资产净利率

总资产净利率也是一个综合性比较强的财务比率，是主营业务净利率和资产周转率的乘积，因此应从盈利能力和资产营运能力两个侧面去分析。

(三)销售净利率

销售净利率反映了企业净利润与营业收入的关系，它的高低取决于营业收入中主营业务收入与成本费用。扩大主营业务收入是提高主营业务净利率主要途径之一，扩大主营业务收入既有利于提高主营业务净利率，又可提高总资产周转率，从而会使总资产净利率升高。降低成本费用是提高主营业务净利率的一个重要途径，销售净利率的高低取决于企业的经营管理水平的高低。如果企业主营业务成本、管理费用、销售费用及财务费用等支出过高 ，就会冲减企业净利润，进一步降低企业销售净利率，反之，如果企业经营管理完善，千方百计降低成本费用支出，企业净利润会增加，从而提高销售净利率。

(四)总资产周转率

总资产周转率反映了企业运用资产实现主营业务收入的综合能力，总资产周转率的高低取决于投资管理水平的高低。影响总资产周转率的一个重要因素是资产总额，它由流动资产与非流动资产组成，它们的组成结构合理与否将直接影响资产的周转速度。一般来说，流动资产直接体现企业的偿债能力和变现能力，而非流动资产则体现企业的经营规模、发展潜力，两者所占比例应符合企业发展和管理的需要。如果流动资产中货币资金所占的比重过大，就应分析企业是否存有大量闲置的现金，现金持有量是否合理。如果流动资产中存货或应收账款过多，就应当分析企业的存货周转率与应收账款周转率。如果非流动资产占比重过大，将会影响企业盈利能力。除此之外，还应通过对流动资产周转率、应收账款周转率、存货周转率等各有关资产组成部分使用效率进行分析，判断影响总资产周转的主要因素。

(五)权益乘数

权益乘数反映企业所有者权益与总资产的关系。权益乘数取决于筹资政策。在总资产需要量一定的前提下，企业适当开展负债经营，相对减少所有者权益份额，就会使权益乘数相应提高，就能给企业带来较大的财务杠杆利益。当然企业也会因此承受较大的财务风险。权益乘数主要是受资产负债率指标的影响，负债比率越大，权益乘数就越高；反之，说明企业利用负债程度较低，权益乘数较小，意味着企业利用财务杠杆的能力较弱，债权人的权益能得到较大程度的保障。企业既要合理使用全部资产，又要妥善安排调整资金结构。

通过杜邦分析体系自上而下或自下而上的分析，不仅可以了解企业财务状况的全貌以及各项财务分析指标间的结构关系，查明各项主要财务指标增减变动的影响因素及存在的问题，而且可以为决策者优化经营理财状况，提高企业经营效益提供思路。

三、杜邦财务分析实例

【学中做 6—50】

某公司 2018 年报资料如表 6—22 和表 6—23 所示。

表 6—22 **资产负债表**

编制单位：某公司 2018 年 12 月 31 日 单位：千元

项　目	2018 年	2017 年	项　目	2018 年	2017 年
流动资产：			流动负债：		
货币资金	384 028	243 012	短期借款	677 731	668 280
以公允价值计量且其变动计入当期损益的金融资产			以公允价值计量且其变动计入当期损益的金融负债		
应收票据及应收账款	392 528	297 066	应付票据及应付账款	967 432	5 840 785
预付款项	198 703	219 201	预收款项	61 706	58 009
应收股利	0	0	应付职工薪酬	5 127	7 586
应收利息	0	0	应交税费	64 624	9 750
其他应收款	1 035 516	981 069	应付股利	4 599	5 005
存货	587 928	384 445	应付利息	0	0
一年内到期的非流动资产	8 460	6 766	其他应付款	173 353	143 722
流动资产合计	2 607 163	2 131 559	一年内到期的非流动负债	231 877	576 022
非流动资产：			其他流动负债	34 014	14 912
可供出售金融资产	0	0	流动负债合计	2 220 463	2 067 364
持有至到期投资	0	0	非流动负债：		
投资性房地产	0	0	长期借款	543 246	380 984
长期股权投资	265 827	269 676	应付债券	0	0
长期应收款	0	0	长期应付款	0	0
固定资产	538 514	610 143	专项应付款	5 444	6 491
在建工程	96 977	68 384	递延所得税负债	8 721	46 496
工程物资	0	0	其他非流动负债	0	0
固定资产清理	0	0			
无形资产	48 551	49 678	非流动负债合计	557 411	433 971
开发支出	19 346	0	负债合计	2 777 874	2 501 335
商誉	0	0	所有者权益（或股东权益）		
长期待摊费用	10 899	13 086	实收资本（或股本）	289 781	289 781
递延所得税资产	11 301	13 410	资本公积	400 065	400 065
其他非流动资产	0	0	盈余公积	60 356	43 048
			未分配利润	70 502	—78 293
			减：库存股		

续表

项　目	2018 年	2017 年	项　目	2018 年	2017 年
			外币折算差额	0	0
非流动资产合计	991 415	1 024 377	所有者(或股东)权益合计	820 704	654 601
资产总计	3 598 578	3 155 936	负债及所有者权益总计	3 598 578	3 155 936

表 6—23　　**利润表**

编制单位:某公司　　2018 年　　单位:千元

项　目	2018 年度	2017 年度
一、营业收入	2 316 444	1 798 408
减:营业成本	1 860 734	1 462 935
税金及附加	9 860	9 247
销售费用	87 603	77 122
管理费用	201 140	149 104
研发费用		
财务费用		
其中:利息费用	62 429	87 287
利息收入		
资产减值损失	35 419	0
信用减值损失		
加:其他收益		
投资收益(损失以"—"号填列)	—2 259	18 686
其中:对联营企业和合营企业的投资收益		
净敞口套期收益(损失以"—"号填列)		
公允价值变动收益(损失以"—"号填列)	0	0
资产处置收益(损失以"—"号填列)		
二、营业利润(亏损以"—"号填列)	57 000	31 399
加:营业外收入	113 903	2 253
减:营业外支出	3 359	1 402
三、利润总额(亏损总额以"—"号填列)	167 544	32 250
减:所得税费用	50 360	—1 496
四、净利润(净亏损以"—"号填列)	117 184	33 746
(一)持续经营净利润(净亏损以"—"号填列)		
(二)终止经营净利润(净亏损以"—"号填列)		
五、其他综合收益的税后净额		

续表

项　目	2018 年度	2017 年度
……		
六、综合收益总额		
七、每股收益		
（一）基本每股收益	0.40	0.12
（二）稀释每股收益		

采用杜邦分析法计算，可以计算出下列相关指标，如图 6—3 所示。

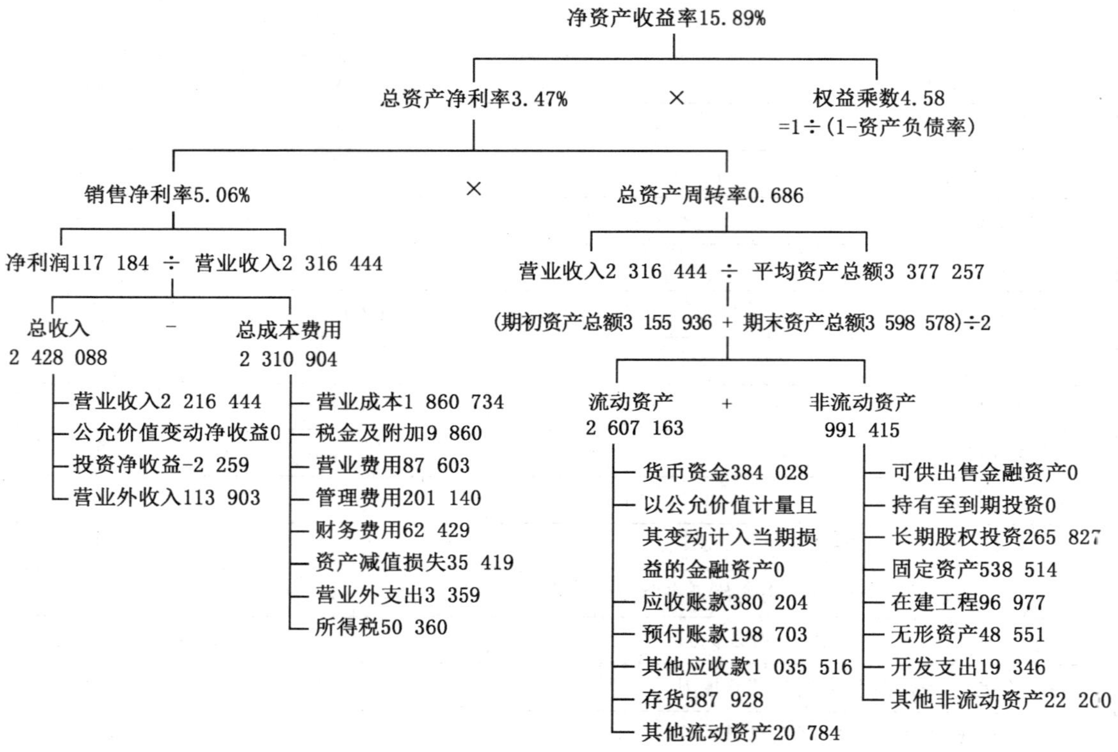

图 6—3　杜邦分析法计算结果

运用杜邦财务分析体系时，一般对企业当年的财务情况进行系统分析，也可以将不同时期的杜邦财务分析图进行对比分析，从总体上把握企业重要的财务指标变动的情况及变动原因，并进一步对报表具体项目采用前所述及的各种分析方法进行详细的分析，以找出解决问题的办法和采取相应的措施。

总的来说，杜邦财务体系是由许多因素构成一个完整系统，只有协调好系统内各个因素之间的关系，才能使净资产收益率达到最大，从而实现企业经营的目的。应当指出的是，由于杜邦财务分析体系不是另外建立新的财务指标，而是对财务指标的分解。因此，它既可以通过净资产收益率的分解来说明问题，也可通过分解其他财务指标（如总资产收益率）来说明问题。

总之，杜邦财务分析法的关键不在于指标的计算而在于对指标的理解和运用。

四、杜邦财务分析体系的作用与局限

杜邦财务分析体系通过对核心指标净资产收益率的分解，以及由此形成的指标体系告诉人们：净资产收益率与企业的销售规模、销售盈利能力、成本水平、营运能力、资产利用效率以及资本结构等诸因素有着密切的联系，它们构成一个相互依存的系统。只有把这个系统内的各个因素的关系安排好、协调好，才能使净资产收益率达到最大，才能实现企业价值最大化或股东财富最大化的理财目标。

显然，杜邦财务分析指标体系考虑了企业的目标，强调了企业价值最大化，强调了尽可能为股东创造财富，可以反映企业在某一年度股东资本盈利能力的高低，是在哪些因素的共同作用下实现的，哪个因素可能是影响其高低的关键因素，并能揭示企业在经营中可能存在的薄弱环节，以便采取措施加以改善。但是，由于核心指标净资产收益率要受到会计利润短期性的影响，因此，杜邦财务分析指标体系存在目标短期化的缺陷，没有考虑如何保持企业可持续增长的能力，以实现企业价值的长期最大化，忽略了公司股利政策可能对企业进一步发展的影响。

情境小结

本情境主要介绍了企业偿债能力、盈利能力、营运能力及发展能力指标的计算与分析评价：偿债能力是企业清偿到期债务的能力，包括短期内对到期债务的现实偿付能力和对未来债务预期的偿付能力；获利能力通常是指企业在一定时期内赚取利润的能力；盈利能力的大小是一个相对的概念，即利润相对于一定的资源投入、一定的收入而言，利润率越高，获利能力越强，利润率越低，获利能力越差；企业营运能力是指企业充分利用现有资源创造社会财富的能力；企业发展能力是指企业扩大规模、壮大实力的潜在能力。

做中学

一、单项选择题

1. 企业现在的流动比率为2，下列（　　）会引起该比率的降低。

A. 用银行存款偿还应付账款　　B. 发行股票收到银行存款

C. 收回应收账款　　D. 开出短期票据借款

2. 如果流动比率大于1，则下列结论中成立的是（　　）。

A. 速动比率大于1　　B. 现金比率大于1

C. 营运资金大于0　　D. 短期偿债能力有绝对保证

3. 在企业的速动比率为0.8的情况下，会引起该比率提高的经济业务是（　　）。

A. 银行收取现金　　B. 赊购商品

C. 收回应收账款　　D. 开出短期票价借款

4. 如果流动资产大于流动负债，则月末用现金偿还一笔应付账款会使（　　）。

A. 营运资金减少　　B. 营运资金增加

C. 流动比率提高　　D. 流动比率降低

5. 运用资产负债表可以计算的比率有（　　）。

A. 应收账款周转率　　B. 总资产报酬率
C. 利息保障倍数　　D. 现金比率

6. 可以评价企业财务状况，揭示企业财务风险，预测企业筹资前景，把握企业财务活动的分析是(　　)。

A. 偿债能力分析　　B. 获利能力分析
C. 发展能力分析　　D. 营运能力分析

7. 反映企业在最坏情况下偿债能力的指标是(　　)。

A. 流动比率　　B. 现金比率　　C. 产权比率　　D. 速动比率

8. 反映债权人所提供的资金与股东所提供的资金的对比关系的指标是(　　)。

A. 资产负债率　　B. 所有者权益比率
C. 产权比率　　D. 权益乘数

9. 企业陷入财务困境或破产等情况下，强调对债权人有形资产保障的比率是(　　)。

A. 固定支出保障倍数　　B. 资产负债率
C. 流动比率　　D. 有形净值负债率

10. 衡量企业已获利润对借款利息支付能力的指标是(　　)。

A. 营运资金与非流动负债比率　　B. 所有者权益比率
C. 固定支出保障倍数　　D. 利息保障倍数

11. 总资产报酬率是指(　　)与平均总资产的比率。

A. 利润总额　　B. 息税前利润
C. 净利润　　D. 息前利润

12. (　　)是反映盈利能力的核心指标。

A. 总资产报酬率　　B. 股利发放率
C. 总资产周转率　　D. 净资产收益率

13. 股利支付率的计算公式是(　　)。

A. $\dfrac{\text{每股股利}}{\text{每股市价}}$　　B. $\dfrac{\text{每股股利}}{\text{每股收益}}$

C. $\dfrac{\text{每股股利}}{\text{每股账面价值}}$　　D. $\dfrac{\text{每股股利}}{\text{每股金额}}$

14. 在企业的各种收入利润率中，(　　)通常是计算其他利润的基础。

A. 产品销售利润率　　B. 营业收入利润率
C. 总收入利润率　　D. 销售净利润率

15. (　　)是指股东权益总额减去优先股权益后的余额发行在外的普通股股数的比值。

A. 每股收益　　B. 每股股利
C. 每股金额　　D. 每股账面价值

16. (　　)是普通股股利与每股收益的比值，反映普通股股东从每股的全部获利中分得多少。

A. 每股收益　　B. 普通股权益报酬率
C. 市盈率　　D. 股利发放率

17. 托宾Q指标反映的是公司的(　　)财务数据的比值。

A. 市场价值与重置成本　　B. 账面价值与重置成本

C. 账面价值与市场价值　　D. 股票价值与债券价值

18. A公司的销售收入为180 000元，其中赊销形成应收账款为15 000元，期初存货为18 000元，期末存货为12 500元，销售成本为112 500元，销售费用为79 000元，企业所得税为12 800元。公司的毛利率为(　　)。

A. 21.33%　　B. 9.67%　　C. 37.5%　　D. 18.67%

19. 某公司普通股为20 000万股，当年实现的利润总额为100 000万元，股票市场上该股票是60元/股，则该企业的市盈率为(　　)。

A. 10　　B. 12　　C. 16　　D. 30

20. 不能反映公司获利能力指标的是(　　)。

A. 产权比率　　B. 每股收益

C. 市盈率　　D. 总资产报酬率

21. 评价企业营运能力是通过(　　)有关项目的结合分析确定的。

A. 资产负债表　　B. 利润表

C. 资产负债表和利润表　　D. 利润表和现金流量表

22. 应收账款周转率是指企业在一定时期内(　　)与应收账款平均余额的比率。

A. 净利润　　B. 营业利润

C. 利润总额　　D. 主营业务收入

23. 企业自商品销售出去开始至应收账款收回为止经历的天数，称为(　　)。

A. 应收账款周转率　　B. 应收账款周转天数

C. 现金周转率　　D. 应收账款与日营业额比

24. 下列衡量存货管理效率，反映企业销售全部存货所需时间长度的指标是(　　)。

A. 存货周转率　　B. 存货周转天数

C. 营业额　　D. 营业周期

25. 企业的主营业务收入与固定资产平均净值的比率是(　　)。

A. 固定资产周转率　　B. 固定资产更新率

C. 固定资产利润率　　D. 固定资产净值率

26. 企业一定期间内实现的利润总额与该时期企业总资产平均余额的比率是(　　)。

A. 净资产收益率　　B. 总资产利润率

C. 每股收益　　D. 市盈率

27. 营业收入增长比率越大，说明企业(　　)。

A. 市场前景越好　　B. 销售萎缩

C. 产品不适销对路　　D. 售后服务欠佳

28. 为了消除由于营业收入引起波动而对营业收入增长率产生的影响而设置的指标是(　　)。

A. 总资产增长率　　B. 流动资产增长率

C. 营业收入增长率　　D. 营业收入均增率

29. 资产更新指标是指固定资产的更新指标，主要是指(　　)。

A. 固定资产增长率　　B. 固定资产成新率

C. 固定资产收益率　　D. 固定资产周转率

30. 从企业资产总量扩张方面衡量企业发展能力的指标是(　　)。

A. 总资产报酬率　　B. 总资产周转率
C. 总资产增长率　　D. 总资产收益率

二、多项选择题

1. 下列属于速动资产的项目有(　　)。
A. 现金　　B. 应收账款　　C. 其他应收款　　D. 固定资产
E. 存货

2. 下列属于反映企业短期偿债能力的指标有(　　)。
A. 流动比率　　B. 速动比率　　C. 资产负债率　　D. 净资产负债率
E. 利息保障倍数

3. 计算速动比率时,把存货从流动资产中扣除的原因是(　　)。
A. 存货变现速度慢　　B. 存货周转速度慢
C. 存货成本与市价不一致　　D. 有些存货可能已将报废
E. 有些存货可能已经被抵押

4. 下列各项中,可以用来衡量长期偿债能力的指标有(　　)。
A. 利息保证倍数　　B. 产权比率
C. 应付账款周转率　　D. 现金流量比率
E. 到期债务本息偿付比率

5. 短期偿债能力的强弱受(　　)影响。
A. 流动资产的数量　　B. 流动负债的数量
C. 流动资产的质量　　D. 流动负债的质量

6. 应收账款的变现能力与货币资金和以公允价值计量且其变动计入当期损益的金融资产比较,其局限性是(　　)。
A. 变现时间受限制　　B. 存在坏账风险
C. 变现地点受限制　　D. 存在交易风险

7. 企业的长期偿债能力取决于企业的(　　)。
A. 资本结构　　B. 总资产数量　　C. 流动比率　　D. 获利能力

8. 衡量短期偿债能力的指标有(　　)。
A. 资产负债率　　B. 速动比率　　C. 流动比率　　D. 现金比率

9. 以公允价值计量且其变动计入当期损益的金融资产是企业持有的以交易为目的的投资,包括(　　)。
A. 基金投资　　B. 股票投资　　C. 票据投资　　D. 债券投资

10. 下列属于影响企业长期偿债能力的因素是(　　)。
A. 股票和债券的发行　　B. 销售退回
C. 或有项目　　D. 已证实资产发生了减值

11. 影响净资产收益率的因素主要有(　　)。
A. 总资产报酬率　　B. 负债利息率
C. 企业资本结构　　D. 总资产周转率
E. 所得税税率

12. 反映企业商品经营盈利能力的指标有(　　)。
A. 营业利润　　B. 利息保障倍数

C. 净资产收益率　　D. 成本利润率

13. 影响总资产报酬率的因素有(　　)。

A. 资本结构　　B. 总资产报酬率

C. 产品成本　　D. 销售息税前利润率

E. 总资产周转率

14. 反映上市公司盈利能力的指标有(　　)。

A. 每股收益　　B. 普通股权益报酬率

C. 股利发放率　　D. 价格与收益比率

15. 普通股权益报酬率变化受(　　)因素的影响。

A. 普通股股息　　B. 净利润

C. 优先股股息　　D. 普通股权益平均额

E. 普通股股数

16. (　　)是企业发放每股股利与股票价格之比。

A. 股利发放率　　B. 股利报酬率

C. 价格与收益比率　　D. 股利与市价比率

E. 市盈率

17. 下列指标中比率越高,说明企业的获利能力越强的有(　　)。

A. 总资产净利率　　B. 销售费用利润率

C. 负债比率　　D. 应收账款周转率

18. 资产获利能力受(　　)的影响。

A. 资本经营获利能力　　B. 商品经营获利能力

C. 资产营运效率　　D. 产品经营获利能力

19. (　　)需要利用现金流量表才能计算得出。

A. 净资产现金回收率　　B. 盈利现金比率

C. 销售获现比率　　D. 现金分配率

20. 营业费用总额包括(　　)。

A. 营业成本　　B. 管理费用　　C. 销售费用　　D. 财务费用

21. 营运能力分析主要从(　　)对企业的营运能力进行分析和评价。

A. 流动资产　　B. 非流动资产　　C. 总资产　　D. 固定资产

22. 应收账款营运能力分析的主要指标有(　　)。

A. 应收账款周转率　　B. 应收账款周转天数

C. 现金周转率　　D. 现金回笼率

23. 应收账款周转率越高,说明企业(　　)。

A. 催收账款速度越快　　B. 可以减少坏账损失

C. 资产的流动性较强　　D. 短期偿债能力较强

24. 存货周转率是指企业一定时间(　　)的比率。

A. 主营业务成本　　B. 营业收入

C. 期末存货　　D. 存货平均余额

25. 反映总资产营运能力的指标是(　　)。

A. 总资产报酬率　　B. 总资产周转天数

C. 总资产周转率　　D. 总资产利润率

26. 可用于反映企业增长能力的财务指标有(　　)。

A. 资产增长率　　B. 销售增长率

C. 资本增长率　　D. 以上均不正确

27. 经营发展能力的资产增长指标主要包括(　　)。

A. 总资产增长率　　B. 流动资产增长率

C. 固定资产增长率　　D. 资产收益率

28. 营业收入增长指标包括(　　)。

A. 总资产增长率　　B. 流动资产增长率

C. 营业收入增长率　　D. 营业收入均增率

29. 影响净收益增长率的因素主要有(　　)。

A. 营业收入　　B. 净资产规模　　C. 净收益　　D. 股利分配

30. 影响固定资产成新率的因素主要有(　　)。

A. 固定资产折旧方法　　B. 营业收入

C. 企业的发展周期　　D. 净收益的增长

三、判断题

1. 对于债权人而言,企业资产负债率越高越好。(　　)

2. 对于任何企业而言,速动比率大于1才是正常的。(　　)

3. 现销业务越多,应收账款周转率就越高。(　　)

4. 从稳健性角度出发,现金比率用于衡量企业偿债能力最为保险。(　　)

5. 资产的流动性越强,其变现能力越强。(　　)

6. 短期偿债能力是指用企业流动资产作为偿还负债的现金保证程度。(　　)

7. 在所有流动资产中,货币资金的流动性和变现性最强。(　　)

8. 速动资产包括货币资金、以公允价值计量且其变动计入当期损益的金融资产、应收票据、存货。(　　)

9. 产权比率反映了经营者运用财务杠杆的程度,当该指标过低时,表明企业不能充分发挥负债带来的财务杠杆效应。(　　)

10. 一般来说,利息保障倍数至少要小于1。(　　)

11. 资本经营盈利能力分析主要对全部资产报酬率指标进行分析和评价。(　　)

12. 对企业盈利能力分析主要指对企业利润额的分析。(　　)

13. 总资产报酬率越高,净资产收益率就越高。(　　)

14. 资产经营、商品经营和产品经营都服从于资本经营目标。(　　)

15. 净资产收益率是反映企业盈利能力的核心指标。(　　)

16. 股票价格变动对每股收益不产生影响。(　　)

17. 普通股权益报酬率与净资产收益率是相同的。(　　)

18. 营业利润率越高,说明企业的获利能力越强。(　　)

19. 成本费用利润率越高,说明企业的获利能力越差。(　　)

20. 两家企业,营业收入相同且净利润相同,说明获利能力相同。(　　)

21. 应收账款周转率一般以月为基础计算。(　　)

22. 流动资产,是指在一年或者超过一年的一个营业周期以上变现或耗用的资产。(　　)

23. 通常情况下,流动资产周转率越高,说明流动资产周转速度越快。 (　　)
24. 应收账款周转天数越短,说明应收账款变现速度越快。 (　　)
25. 在正常情况下,如果企业经营顺利,存货周转率越高,说明存货周转得越慢。 (　　)
26. 较高的总资产周转率也可能是由于总资产过少引起的。 (　　)
27. 本年主营业务收入增长额是本年主营业务收入与上年主营业务收入的差额。 (　　)
28. 营业收入增长率是指企业本年营业收入增长额同本年营业收入总额的比率。 (　　)
29. 总资产增长率指标大于0,说明企业本年度资产减少了。 (　　)
30. 一般来说,处在发展阶段的企业,其固定资产成新率较高。 (　　)

四、实训题

1. 某公司2018年财务报告有关数据如下:

(1)利润表与现金流量表数据如下:

营业收入净额90 000元,现销收入10 000元,利息支出4 500元,营业成本41 130元,利润总额18 800元,净利润6 204元,经营净现金流量7 550元。

(2)资产负债表资料如表6—24所示。

表6—24　　资产负债表　　单位:元

资　产	年初金额	年末金额	负债及所有者权益	年初金额	年末金额
货币资金	12 500	3 750	短期借款	9 162.5	15 725
应收账款	21 250	18 750	应付账款	5 000	10 525
存货	1 612.5	18 750	非流动负债	15 000	18 750
固定资产	31 000	41 250	股本	11 250	11 250
			资本公积	13 500	13 625
			盈余公积	6 450	6 475
			未分配利润	6 000	6 150
总　计	66 362.5	82 500	总　计	66 362.5	82 500

要求:计算下列财务比率指标:

财务比率计算表

流动比率	有形净资产负债率
速动比率	利息保障倍数
现金比率	资产非流动负债率
应收账款周转天数	现金流量比率
应收账款周转次数	存货周转天数
净资产负债率	非流动负债营运资金比率
固定资产非流动负债比率	现金债务总额比率
资产负债率	利息现金流量保证倍数

2. A公司和B公司有关财务数据如表6—25所示。

表6—25 **A公司与B公司财务数据**

项　目	A公司(元)	B公司(元)
货币资金	4 698 000	4 266 000
以公允价值计量且其变动计入当期损益的金融资产	5 400 000	2 808 000
应收账款	10 098 000	8 316 000
存货	4 212 000	11 556 000
待摊费用	1 350 000	5 130 000
流动资产合计	25 758 000	32 076 000
应付账款	8 154 000	9 882 000
短期借款	6 156 000	6 966 000
流动负债合计	14 310 000	16 848 000

要求：

(1)计算两家公司的营运资金、流动比率和速动比率。

(2)分析两家公司的短期偿债能力。

3. 某公司2018年资产负债表如表6—26所示，请分析资产负债表，并评价该公司长期偿债能力。

表6—26 **资产负债表(简表)**

2018年12月31日

单位：万元

资　产	年初金额	年末金额	负债及所有者权益	年初金额	年末金额
流动资产：			流动负债：		
货币资金	68	34	短期借款	390	310
以公允价值计量且其变动计入当期损益的金融资产	37	62	应付票据及应付账款	207	106
应收票据及应收账款	289	151	预收账款	316	208
存货	863	771	流动负债合计	913	624
待摊费用	36	29	长期借款	271	290
流动资产合计	1 293	1 047	负债合计	1 184	914
长期股权投资	101	93	所有者权益：		
固定资产	802	670	实收资本	590	590
累计折旧	120	130	资本公积	98	136
无形资产	79	81	盈余公积	269	210
			未分配利润	263	171
			所有者权益合计	1 220	1 107
总　计	2 404	2 021	总　计	2 404	2 021

4. 某公司 2017 年、2018 年度有关资料如表 6—27 所示。

表 6—27 数据资料表 单位:元

项 目	2017 年度	2018 年度
净利润	200 000	250 000
优先股息	25 000	25 000
普通股利	150 000	200 000
普通股股利实发数	120 000	180 000
普通股权益平均数	1 600 000	1 800 000
发行在外的普通股平均数(股)	800 000	1 000 000
每股市价	4	4.5

要求:

(1)根据所给资料计算该公司 2018 年度的每股收益、普通股权益报酬率、股利发放率和价格与收益比率等指标。

(2)用差额分析法对普通股权益报酬率进行分析。

5. 某公司 2018 年净利润为10 000 000元,发行在外的普通股为2 000 000股,可转换债券名义金额为100 000 000元,利率为 5%,每1 000元债券可以转换成 20 股普通股股票。不考虑债券溢折价的摊销额,所得税税率为 25%。

要求:计算该公司的稀释每股收益。

6. A 公司拥有 B 公司 20%有表决权资本的控制权,2019 年 A 公司有意对 B 公司继续投资。A 公司认为 B 公司的盈利能力比财务状况、营运能力更重要,他们希望通过投资获得更多的利润。因此,收集了 B 公司以下资料。

资料一:

表 6—28 利润表 单位:千元

项 目	2017 年度	2018 年度
一、营业收入	1 200 000	1 500 000
减:营业成本	1 050 000	1 100 000
税金及附加	8 000	15 000
销售费用	2 000	3 000
管理费用	12 000	15 000
财务费用	4 000	1 000
研发费用	0	0
资产减值损失	1 000	2 000
加:投资净收益	2 000	5 000
二、营业利润	125 000	371 000
加:营业外收入	8 200	30 100

续表

项　目	2017 年度	2018 年度
减:营业外支出	18 000	6 000
三、利润总额	115 200	395 100
减:所得税费用	38 016	130 383
四、净利润	77 184	264 717

资料二:

表 6—29　　**财务费用表**　　单位:千元

项　目	2017 年度	2018 年度
利息支出	8 000	5 000
减:利息收入	10 039	2 893
汇兑损失	3 809	3 108
减:汇兑收益	956	1 320
其他	186	105
财务费用合计	1 000	4 000

资料三:

表 6—30　　**有关资产负债及所有者权益情况资料表**　　单位:千元

项　目	2017 年	2018 年
平均总资产	2 815 000	3 205 000
平均净资产	1 063 000	1 885 000

要求根据上述资料,A 公司应做好以下工作,从而便于 2019 年度的投资决策:

(1)计算反映资产经营盈利能力和资本经营盈利能力的指标;

(2)采用因素分析法分析总资产报酬率变动的原因;

(3)评价企业盈利能力状况。

情境七

财务报表表外资料分析

情境引例

杨子大学毕业后选择在一家基金公司工作，一天基金公司的一位经理对他说："在做投资决策时，企业的财务报表有时并未能对企业的全部信息进行反映，在报表之外还有其他有用资料，有时恰恰是通过这些容易被忽略的表外资料能发现企业粉饰报表的蛛丝马迹，在许多情况下，这些资料所反映的信息对报表信息使用者进行财务报表的分析有着重要意义。"杨子还未体会到表外资料能有这么大的作用，同学们，通过本情境的学习，相信大家会对杨子遇到的问题有更深刻的认识！

职业能力目标

通过本情境的学习，对一些重点财务报表附注项目进行分析，掌握财务报表附注的分析方法。

典型学习任务

本情境的典型学习任务主要有熟悉财务报表附注的含义及内容、掌握财务报表附注的分析方法、熟悉注册会计师审计报告的类型。

子情境一　财务报表附注分析技能

一、财务报表的局限性

财务报表是由会计工作者对已发生的经济事项进行分类、加工、处理后提出的用以说明企业财务状况和经营成果的书面文件，它反映了企业资金的投入及运用、利润的取得、资金的筹集与分配等有关企业在一定时期的经营成果或某一时点的财务状况。

财务报表编制的目的是为企业现在和潜在的投资者、债权人、管理者和其他信息使用者提供各种有用的信息，以便帮助他们做出合理的决策。但财务报表自身的局限性，也会对报表阅读者造成各种误导。其局限性主要有以下几个方面：

(一)货币反映的局限性和货币单位的不稳定性

财务报表提供的数据必须都能用货币计量,其反映的信息都是能用货币量化的,但企业的许多重要信息很难通过货币简单计量。因此,财务报表很难或根本不能涉及企业员工年龄、经验等人力资源要素,也不包括企业市场拓展情况、生产流程组织、机器设备生产效率和企业计划制订情况等方面的信息。因此,报表阅读者在阅读报表时,很难获取这些难以用货币计量的各种信息,而只能尽可能地通过其他信息渠道来弥补财务报表自身的局限性。

财务报表仅仅只能列示能用货币计量的经济项目,但由于货币自身的价值会随着时间或其他因素的影响而上下波动,所以,货币单位难以保持自己"标准价值单位"的质量特征,尤其是在通货膨胀的情况下,货币迅速贬值,物价持续上涨,此时,即使企业不从事任何业务,也会由于货币本身价值变化形成企业的损益。因而,由于财务报表是以币值稳定假设和历史成本原则作为基础而编制的,如果仅仅将报表内的数据简单加减,据以进行决策,则会导致决策者严重的失误。

(二)财务报表数据信息的有限性

企业的经济活动是复杂多样的,如果事无轻重全部堆砌在财务报表中,不仅不利于财务报表阅读者把握重点,而且不符合最基本的成本—效益原则。因此,财务报表在反映多样化的经济活动时,通过归类、整理、汇总,将日常工作中数量繁多、分散的会计资料按统一的会计制度要求,规定的格式和编制方法系统地简化成一整套完整的指标体系。正是因为必须对经济活动进行高度概括,所以财务报表无法提供报表使用者所需要的一切信息。作为报表使用者,只能根据企业的财务报表和来自其他渠道的信息共同推测出企业的真实状况和发展趋势。

(三)财务报表信息的滞后性

财务报表的数据,是企业过去经济活动的结果,是作为对企业过去经营活动的总结,具有较强的时效性,但如果用来作为企业预测未来的依据,就只能作为动态预测的参考。而且,当报表使用者取得各种报表时,可能离报表编制日已过去多时,反映的情况也可能已经今非昔比了。

(四)会计分期的局限性

财务报表反映的是企业整个经营期限内某一会计期间的经营活动及其结果。在每一会计期间确定企业财务状况和经营成果时,经常要对相关经济业务进行预先估计,特别是对经营成果的认定,由于有关收入、费用的发生可能会跨越几个会计期间,这样预估的成分就越多。预估成分越大,财务报表中包含的信息不确定性也就越大。例如,对固定资产使用年限和残值的估计,对坏账准备的预估,对长期合同的完工程度和相应成本的预估等。而且,预估的期限越长,其信息的不确定性也越大。

(五)历史成本反映的局限性

在我国,企业财务报表是按照历史成本原则编制的,因而要求企业的资产按取得成本计价,负债按发生时交易的资产或劳务的价格或约定的金额计量,而且一经入账,就不再考虑市价的变动。历史成本的优点是以事实为依据,便于验证,且"有据可查"。在币值基本稳定的情况下,所提供的会计信息无疑是客观、可靠和有用的,但当物价不断上涨,货币持续贬值时,历史成本所揭示的会计信息就难以符合现实情况,从而损失财务报表的有用性。

二、财务报表附注的作用

报表附注是财务报表的补充,是对资产负债表、利润表、现金流量表和所有者权益变动表等报表中列示项目的文字描述或明细资料，以及对未能在这些报表中列示项目的补充注释。报表附注是财务报表的重要组成部分，是企业报表使用者全面、客观、准确地解读企业信息必须参照的重要内容。报表附注主要有以下作用：

(一)提高财务报表信息的可比性

在可比性原则下，对于同样的经济业务，要求企业采用同样的会计处理方法和程序。由于会计法规发生变化或者为了更加公允地反映企业的实际情况，企业有可能改变报表中某些项目的会计政策。由于不同时期财务报表中的同一项目采用了不同的会计政策，影响不同期间财务报表的可比性，为了帮助报表使用者掌握会计政策的变化，也需要在报表附注中做出说明。因此，通过报表附注来说明企业所采用的会计处理方法及变更情况，有助于提高财务报表的可比性。

(二)提高财务报表信息的可理解性

报表附注对表中数据进行了解释，将抽象的数据分解成若干具体的项目，并说明各项目的会计处理方法，不但能够使具有一定会计知识的报表使用者深刻理解财务报表披露的信息，而且更有助于缺乏会计专业知识的报表使用者看懂报表信息，从而增强财务报表的可理解性。

(三)突出报表信息的重要性

企业公布的财务报表中包含的信息量很多，内容复杂，报表使用者可能抓不住重点，对其中的重要信息了解得不够全面与详细。而财务报表附注正是对财务报表的重要数据所做的进一步的解释说明，它能帮助报表使用者了解哪些信息是重要的，应当引起注意，进而促使报表使用者获得正确的引导，做出正确的评价。

三、财务报表附注披露的主要内容

财务报表附注应当按照如下顺序披露有关内容：

(一)企业的基本情况

(1)企业注册地、组织形式和总部地址；

(2)企业的业务性质和主要经营活动；

(3)母公司以及集团最终母公司的名称；

(4)财务报告的批准报出者和财务报告批准报出日。

(二)财务报表的编制基础

包括会计年度、记账本位币、会计计量所运用的计量基础、现金和现金等价物的构成内容。

(三)遵循《企业会计准则》的声明

企业应当明确说明编制的财务报表符合《企业会计准则》的要求，真实、公允地反映了企业的财务状况、经营成果和现金流量等有关信息，以此明确企业编制财务报表所依据的制度基础。如果企业编制的财务报表只是部分地遵循了《企业会计准则》，附注中不得做出这种表述。

(四)重要会计政策和会计估计

企业应当披露采用的重要会计政策和会计估计，不重要的会计政策和会计估计可以不披露。在披露重要会计政策时，应当披露重要会计政策的确定依据和财务报表项目的计量基础；在披露会计估计时，应当披露会计估计中所采用的关键假设和不确定因素。

(五)会计政策和会计估计变更以及差错更正的说明

企业应当按照《企业会计准则第 28 号——会计政策、会计估计变更和差错更正》及其应用指南的规定，披露会计政策和会计估计变更以及差错更正的有关情况。

(六)报表重要项目的说明

企业应当以文字和数字描述相结合、尽可能以列表形式披露重要报表项目的构成或当期增减变动情况,并与报表项目相互参照。在披露顺序上,一般应当按照资产负债表、利润表、现金流量表、所有者权益变动表的顺序以及报表项目列示的顺序披露。

通过财务报表无法了解各项目的明细构成情况。在附注中,根据会计的重要性原则,对重要的报表项目应当说明其明细构成情况。重要项目通常包括以下内容:以公允价值计量且其变动计入当期损益的金融资产、应收款项、存货、长期股权投资、固定资产、职工薪酬、应付账款、应交税费、短期借款和长期借款、股本和营业收入。

(七)重要事项说明

由于财务报表本身具有局限性,一些对财务报表使用者的决策有重大影响的事项无法在表内进行反映,如果忽略这些事项,就不能全面了解企业的财务状况和财务风险,这样可能使报表阅读者产生误解或使决策发生重大偏差。这些事项主要包括以下内容:或有事项、关联方关系及其交易、资产负债表日后事项及现金流量表附注等。

四、财务报表附注重点项目分析

在分析的过程中,需要将财务报表和财务报表附注相结合,加深对财务报表上数字信息的了解,辨别财务报表的真实程度。虽然财务报表附注内容较多,但可以通过对几个重点项目的分析,提供财务报表附注分析的思路。

(一)会计政策变更、会计估计变更和会计差错更正的分析

1. 会计政策变更的分析

会计政策变更的分析应从变更理由、会计处理方法和披露三个方面进行。

(1)分析会计政策变更的理由是否充分。为了保证会计信息的可比性,使会计报表使用者在比较分析会计报表时,能够正确判断企业的财务状况、经营成果和现金流量的变化趋势,一般情况下,企业采用的会计政策,在每一会计期间和前后各期应当保持一致,不得随意变更。但是,满足下列条件之一的,可以变更会计政策:①法律、行政法规或者国家统一的会计制度等要求变更。②会计政策变更能够提供更可靠、更相关的会计信息。

对于法律、行政法规或者国家统一的会计制度等要求变更的,重点分析其是否符合法律、法规和制度的要求,会计处理是否合法;对于会计政策变更能够提供更可靠、更相关的会计信息的,重点分析会计政策变更是否能真实、公允地反映企业的财务状况、经营成果和现金流量,是否是企业利用会计政策变更粉饰会计报表。

(2)分析会计政策变更的会计处理方法是否正确。对于法律、行政法规或者国家统一的会计制度等要求变更,应该按照有关规定执行;对于企业自愿变更会计政策的,一般要求采用追溯调整法,若会计政策变更的累计影响数不能合理地确定,则应采取未来适用法。

【帮你学】

会计政策变更的会计处理方法有追溯调整法和未来适用法。

追溯调整法是指对某项交易或事项变更会计政策,视同该项交易或事项初次发生时即采用变更后的会计政策,并以此对财务报表相关项目进行调整的方法。会计政策变更能够提供更可靠、更相关的会计信息的,应当采用追溯调整法进行处理。

未来适用法是指将变更后的会计政策应用于变更日以后发生的交易或者事项,或者在会计估计变更当期和未来期间确认会计估计变更影响数的方法。在当期期初确定会计政策变更对以前各期累积影响数不能合理地确定，应当采用未来适用法进行处理。

(3)分析会计政策变更披露的内容是否完整。企业应当在附注中披露会计政策变更的性质、内容和原因，当期和各个列报前期财务报表中受影响的项目名称和调整金额，无法进行追溯调整的，说明该事实和原因以及开始应用变更后的会计政策的时点、具体应用情况。

2. 会计估计变更的分析

会计估计变更的分析通常从变更的合理性、会计处理的正确性和变更披露的正确性三个方面进行。

(1)分析会计估计变更的合理性。在对会计估计变更进行分析时，应重点分析会计估计变更的依据是否真实、可靠，主要通过与同行业类似企业的对比来分析判断，以证实真实的变更目的。

【帮你学】

会计估计变更是指由于资产和负债的当前状况及预期未来经济利益和义务发生了变化，从而对资产或负债的账面价值或者资产的定期消耗金额进行的重估和调整。例如，固定资产折旧方法、固定资产预计使用年限和预计净残值(率)、坏账准备估计比例等，企业赖以进行估计的基础发生了变化，或者由于取得新信息、积累更多经验以及后来的发展变化。

(2)分析会计估计变更会计处理方法的正确性。对会计政策要求会计估计变更的会计处理主要采用未来适用法，不调整以前年度会计报表。

会计估计变更的会计处理：会计估计变更仅影响变更当期的，其影响数应当在变更当期予以确认；既影响变更当期又影响未来期间的，其影响数应当在变更当期和未来期间予以确认。企业难以区分会计政策变更和会计估计变更的，应当将其作为会计估计变更进行处理。

(3)分析会计估计变更披露的正确性。企业应当在附注中披露会计估计变更的内容和原因、变更对当期和未来期间的影响数以及会计估计变更的影响数不能确定的，披露这一事实和原因。

【学中做 7—1】

某上市公司在 2018 年年度会计报表附注中披露，公司根据企业会计准则和应用指南通过了根据本公司具体情况制定的会计政策和会计估计，自 2018 年 1 月 1 日起实施。根据本公司以前年度的历史经验数据和现时情况更改了应收款项的坏账准备估计比例。

2017 年及以前年度，应收款项坏账损失采用备抵法核算。对个别出现明显回收困难的应收款项，根据款项的具体情况采用个别认定法计提。对于一般的应收款项，按账龄分析法计提坏账准备。从 2018 年 1 月 1 日起，本公司应收款项的减值，按照《企业会计准则第 22 号——金融工具的确认和计量》的规定执行。对于未单独计提坏账准备或未进行单独减值测试的应收款项的坏账估计比例，其账龄分析法计提坏账准备坏账提取比例的变更差异见表 7—1，其会计估计变更对 2018 年报表项目的影响见表 7—2。

表 7—1　　账龄分析法计提坏账准备坏账提取比例的变更差异表

信用风险特征组	变更前估计坏账比例(%)	变更后估计坏账比例(%)	差异(%)
1 年以内	0	5	—5
1～2 年	10	15	—5
2～3 年	30	35	—5

续表

信用风险特征组	变更前估计坏账比例(%)	变更后估计坏账比例(%)	差异(%)
3～4 年	50	55	－5
4～5 年	80	85	－5
5 年以上	100	100	0

表 7—1 中，该公司将应收款项分为三大类：第一类是单项金额重大的应收款项，这一类又分为已计提坏账准备的应收款项和未计提坏账准备的应收款项；第二类是单项金额不重大但按信用风险特征组合后风险较大的应收款项，这一类又分账龄在 1 年以内、1～2 年、2～3 年、3～4年、4～5 年、5 年以上六类，此类为信用风险特征组；第三类是其他不重大应收款项。

表 7—2　　会计估计变更对 2018 年报表项目的影响

项　目	变化金额(元)	项　目	变化金额(元)
应收款账面价值	－63 949 520.67	本年利润影响小计：	－92 223 386.27
其他应收款账面价值	－23 936 849.49	其中：资产减值损失之坏账准备	99 511 293.92
长期应收款账面价值	－11 624 923.76	所得税费用	－7 287 907.65
递延所得税资产增加	7 287 907.65	对所有者权益的影响：	
		其中：归属于母公司权益	－72 514 405.41
		归属于少数股东权益	－19 708 980.86
资产影响合计	－92 223 386.27	所有者权益影响合计	－92 223 386.27

表 7—2 是会计估计变更对 2018 年报表项目的影响数，由于坏账计提比例增加，坏账准备增加，应收账款减少致使资产减少 92 223 386.27 元，此项会计估计变更体现了公司采取谨慎的会计处理原则，如实地反映公司的财务状况。

此外，公司还披露应收关联方款项属于关联方交易往来结算款项，风险受到控制，不计提坏账准备；对长期股权投资、暂借款等应收款项，由于将其结转至长期股权投资等，不会形成坏账，不计提坏账准备。这项会计政策充分考虑了企业的实际情况。

综上所述，该上市公司对变更坏账准备计提方法的依据是充分的，是建立在能够提供更合理、更公允的会计信息基础上的，能够真实反映企业的财务状况、经营成果和现金流量。

3. 会计差错更正的分析

会计差错更正是指对企业在会计核算中，由于计量、确认、记录等方面出现的错误进行的纠正。前期差错是指由于没有运用或错误运用以下两种信息，而对前期财务报表造成遗漏或误报：(1)编报前期财务报表时能够合理预计取得并应当加以考虑的可靠信息。(2)前期财务报表批准报出时能够取得的可靠信息。

企业应当采用追溯重述法更正重要的前期差错，企业应当在重要的前期差错发现后的财务报表中，调整前期比较数据。企业应当在附注中披露与前期差错更正有关的下列信息：(1)前期差错的性质；(2)各个列报前期财务报表中受影响的项目名称和更正金额；(3)无法进行追溯重述的，说明该事实和原因以及对前期差错开始进行更正的时点、具体更正情况。

会计差错会造成企业的会计信息不真实，分析的重点是判断差错的性质是否是故意造成，如提前确认尚未实现的收入、不确认已实现的收入等都属于故意产生的差错。其他原因也会造成会计差错，如账户分类及计算错误、会计估计错误、漏记已经完成的交易、对实事的忽视和误用等。

【学中做 7—2】

某公司在 2018 年的年报中，对本期发现的属于以前年度的重大会计差错进行了追溯调整，而其在 2018 年度又变更了会计师事务所，初次接受委托的会计师事务所无法获取充分、适当的审计证据来确定追溯调整后的 2018 年期初数和上年数对本期会计报表整体反映的影响程度，因而被会计师事务所出具了无法表示意见的审计报告。

(二)资产负债表日后事项的分析

对于资产负债表日后事项的分析主要从资产负债表日后调整事项和资产负债表日后非调整事项着手。

1. 调整事项的分析

分析的重点是调整事项会计处理的正确性。调整事项对企业财务状况的影响是否体现在相应的报表项目中。

2. 非调整事项的分析

非调整事项不应当调整资产负债表日的财务报表，但应将其性质、内容及其对财务状况和经营成果的影响进行披露，无法做出估计的，应当说明原因。在分析时应对披露项目进行逐一分析，如股票和债券的发行会明显地影响企业资本结构，使企业的偿债能力发生变化，获利能力也会受到一定的影响。例如，自然灾害导致的资产损失，会使企业的发展受到一定影响。

【帮你学】

资产负债表日后事项是指资产负债表日至财务报表批准报出日之间发生的有利或不利事项。财务报表批准报出日，是指董事会或类似机构批准财务报表报出的日期。资产负债表日后事项包括资产负债表日后调整事项和资产负债表日后非调整事项两种类型：(1)资产负债表日后调整事项，是指对资产负债表日已经存在的情况提供了新的或进一步证据的事项。(2)资产负债表日后非调整事项，是指表明资产负债表日后发生的情况的事项。

资产负债表日后事项的会计处理：

1. 调整事项的会计处理。

企业发生的资产负债表日后调整事项，应当调整资产负债表日的财务报表。具体有以下几种情况：

(1)资产负债表日后诉讼案件结案，法院判决证实了企业在资产负债表日已经存在现时义务，需要调整原先确认的与该诉讼案件相关的预计负债，或确认一项新负债。

(2)资产负债表日后取得确凿证据，表明某项资产在资产负债表日发生了减值或者需要调整该项资产原先确认的减值金额。

(3)资产负债表日后进一步确定了资产负债表目前购入资产的成本或售出资产的收入。

(4)资产负债表日后发现了财务报表舞弊或差错。

2. 非调整事项的会计处理。

企业发生的资产负债表日后非调整事项，不应当调整资产负债表日的财务报表。通常包括下列事项：

(1)资产负债表日后发生重大诉讼、仲裁、承诺。

(2)资产负债表日后资产价格、税收政策、外汇汇率发生重大变化。

(3)资产负债表日后因自然灾害导致资产发生重大损失。

(4)资产负债表日后发行股票和债券以及其他巨额举债。

(5)资产负债表日后资本公积转增资本。

(6)资产负债表日后发生巨额亏损。

(7)资产负债表日后发生重大会计政策变更。

(8)资产负债表日后发生企业合并或处置子公司。

(三)关联方及其交易的分析

企业关联方之间由于存在着密切的关联关系,完全可以在不依赖正常市场交易的条件下,通过内部操纵而完成关联交易,以达到某种目的。例如,利用购买商品或销售商品进行利润操纵是个别公司粉饰业绩的一个手段。对于该类交易,应分析关联方交易价格的合理性,关注对财务状况和经营成果影响产生重大影响的关联方交易的价格,是否与交易对象的账面价值或其市场价格存在较大的差异,从而判断关联交易到底是正常的购销行为还是利润操纵的手段。

关联方及交易的分析应从以下几个方面进行:

1. 关注关联方及其交易的完整性。

关联方交易尤其是大量非正常关联方交易,其信息披露的不完整不仅会造成公司的透明度低,而且会造成投资者不能正确地评价关联方交易的合理性,公司的财务状况和经营成果无法得到真实的反映,最终会导致社会资源配置的低效率,侵害广大投资者的利益。在完整性方面存在以下问题:

(1)对关联方关系披露不完整。隐瞒某些存在关联关系的关联方,或是没有披露存在控制关系的关联方的注册资金及其变化、权益资本及其变化和持股比例等;或是没有披露主要投资者个人、高层管理人员及其家属与相关企业的关系。

(2)对关联方交易披露不完整。企业没有按照企业会计准则的要求进行披露,个别上市公司出于种种目的,隐瞒关联方交易的事项。其主要原因是这些关联交易缺乏公允性和真实性,如果完整地对外披露,势必会对公司的当年利润或者社会形象产生影响。

2. 关注关联方及其交易的真实性。

关联交易是否真实,是否有实际的资金流动,在分析时应特别关注。目前,我国上市公司关联方交易大部分通过非现金方式进行,关联方之间的交易因无须付现,对关联方的经营现金流量压力不大。因此,关联方交易可能纯粹是一种报表重组。

3. 关注关联方及其交易的可比性。

关联方交易披露在可比性方面透明度较低,主要表现在定价政策的披露上。上市公司披露关联方交易的定价原则和有关费用收支标准差异较大,缺乏可比性。大多数上市公司往往只列示"按协议定价""按市场价格",没有进一步加以明确,使投资者难以分清真实的交易价格,不排除个别上市公司以此达到粉饰报表的目的。

【帮你学】

关联方及其交易

关联方是指一方控制、共同控制另一方或对另一方施加重大影响,以及两方或两方以上同受一方控制、共同控制或重大影响。关联方交易是指关联方之间转移资源、劳务或义务的行为,而不论是否收取价款。

关联方交易的类型有购买或销售商品、购买或销售商品以外的其他资产、提供或接受劳务、担保和抵押、提供资金(贷款或权益性投资)、租赁、代理、研究与开发项目的转移、许可协议、代表企业或由企业代表另一方进行债务结算、关键管理人员报酬。

企业无论是否发生关联方交易，均应当在附注中披露母公司和子公司的名称，母公司和子公司的业务性质、注册地、注册资本（或实收资本、股本）及其变化，母公司对该企业或者该企业对子公司的持股比例和表决权比例等。企业与关联方发生关联方交易的，应当在附注中披露该关联方关系的性质、交易类型及其交易要素。披露的交易要素至少包括：交易的金额；未结算项目的金额、条款和条件，以及有关提供或取得担保的信息；未结算应收项目的坏账准备金额；定价政策。

子情境二　注册会计师审计报告的分析技能

在阅读上市公司年度财务报告时，一定会发现报告资料中附有会计师事务所的审计报告。虽然审计报告只有短短的一两页，但它却是整个年报的重点。

一、审计报告概述

审计报告是注册会计师根据审计结果，对上市公司财务报告是否符合国家颁布的《企业会计准则》和相关会计制度的规定，在所有重大方面是否公允地反映了上市公司的财务状况、经营成果、现金流量及所有者权益变动情况发表审计意见。注册会计师的审计意见可以证实管理者提供的财务报表的可信性，为报表的使用者对未来投资和信贷的决策起到指导作用。

注册会计师审计报告是进行财务分析的重要信息。有人将审阅注册会计师审计报告作为财务分析的首要步骤，足以说明审计报告的重要性。审计报告可向财务分析师提供有关财务报告是否公正表述的独立性、权威性意见。

注册会计师的审计意见包括四种类型：(1)不附条件的意见，又称无保留意见。(2)附条件的意见，又称有保留意见。(3)否定意见。(4)无法发表意见。注册会计师在审计报告中对所审计的财务报告可提出以上四种意见中的一种。

在上述四种意见中，第一种属于有利意见或肯定意见，后三种属于不利意见。注册会计师在审计报告中如果提出后三种意见，必须做出必要的说明。

二、审计报告的分析

(一)无保留意见审计报告的分析

注册会计师对上市公司财务报告出具“无保留意见审计报告”，意味着其审计结果证明公司会计报表公允地反映其财务状况、经营成果和现金流量情况。这是最好的审计意见。

注册会计师应该代表投资人利益，对上市公司财务报告的真实性进行审计。可是有些注册会计师为了拉拢客户，获得审计费，出具严重失实的审计报告，误导投资者。为了避免这方面的风险，对于注册会计师出具无保留意见审计报告的财务报告，我们仍然需要运用其他分析方法，进一步证实公司会计报表反映其财务状况及经营成果和现金流量情况的真实程度。

判断一份财务报告的审计报告是否是“无保留意见审计报告”，主要看审计报告的段式和最后一段“审计意见段”的内容。

“无保留意见审计报告”只有两个段式：第一段是“范围段”，列示注册会计师的审计范围；第二段是“意见段”，阐述注册会计师的审计意见。

上市公司“无保留意见审计报告”的“范围段”内容如下：

"我们接受委托，审计了××公司××××年××月××日的资产负债表(及合并资产负债表)、××××年度的利润及利润分配表(和合并利润及利润分配表)、××××年度的现金流量表(及合并现金流量表)。这些会计报表由贵公司负责，我们的责任是对这些会计报表发表审计意见。我们的审计是依据《中国注册会计师独立审计准则》进行的。在审计过程中，我们结合贵公司实际情况，实施了包括抽查会计记录等我们认为必要的审计程序。"

上市公司"无保留意见审计报告"的"意见段"内容如下：

"我们认为，上述会计报表符合《企业会计准则》和《股份有限公司会计制度》的有关规定，在所有重大方面公允地反映了贵公司××××年××月××日的财务状况及××××年度的经营成果和××××年度的现金流量情况，会计处理方法的选用遵循了可比性原则。"

其中，判断审计报告是"无保留意见审计报告"，关键词是"……在所有重大方面公允地反映了……"。

(二)保留意见审计报告的分析

注册会计师对上市公司财务报告出具"保留意见审计报告"，意味着公司的经营活动和财务报表在整体上是公允的，但其不能确定公司财务报告某些部分的真实程度，即在个别方面存在重要错误或问题而给予的一种大部分肯定、局部否定或不表态的评价。

"保留意见审计报告"有三个段式：范围段、说明段和意见段。

"保留意见审计报告"的第一段是"范围段"，列示注册会计师的审计范围；第二段是"说明段"，说明注册会计师的保留意见；第三段是"意见段"，阐述注册会计师的审计意见。

判断审计报告是否是"保留意见审计报告"，主要看其是否有"说明段"，以及"意见段"是否有关键词"除上述情况有待确定之外……"或"除上述问题造成的影响以外……"等。

"保留意见审计报告"的第二段"说明段"，阐述注册会计师的保留意见。保留的内容主要涉及减值准备计提的恰当性，资产的安全性，资产的质量，收入确认的恰当性，信息披露的完整性等方面。这些内容与企业的利润质量有直接或间接的关系。一般来说，保留意见部分越长，企业的利润质量越差。因此，如果投资者看到年报里面的审计意见是"保留意见"的话，就千万要小心。

(三)否定意见审计报告的分析

注册会计师对上市公司的财务报告出具"否定意见审计报告"意味着根据审计结果，注册会计师确认公司会计报表不符合国家颁布的《企业会计准则》和相关会计制度的规定，未能从整体上公允地反映公司的财务状况、经营成果和现金流量情况。在实际工作中，否定意见审计报告是极为少见的。

"否定意见审计报告"有三个段式：范围段、说明段和意见段。

"否定意见审计报告"的第一段是"范围段"，列示注册会计师的审计范围；第二段是"说明段"，说明注册会计师否认会计报表真实性的理由；第三段是"意见段"，阐述注册会计师的审计意见。

判断审计报告是否是"否定意见审计报告"，主要看其是否有"说明段"，以及"意见段"是否有关键词"由于……未能公允地反映……"。

对于注册会计师出具"否定意见审计报告"的财务报告，我们可以认为其会计报表未能公允地反映公司的财务状况、经营成果和资金变动情况。

(四)无法表示意见审计报告的分析

如果审计范围受到限制可能产生的影响非常重大和广泛，不能获取充分、适当的审计证据，以致无法对财务报表发表意见时，注册会计师应当出具无法表示意见审计报告。“不发表意见”是最严重的结果，表明该企业的财务报表不可靠或者可信度极低。

（五）审计报告中关键术语的分析

另外，在审计报告的意见中，有几个重要的处于意见段的术语，如“我们认为”“在所有重大方面”及“公允”等。

1.“我们认为”

“我们认为”，在意见段签署具体的审计意见，是签字者的主观认为或主观判断。注册会计师的“认为”存在较强的主观判断性，投资者在阅读时不应该因为注册会计师“认为”了，就对审计后的企业财务报告深信不疑。

2.“在所有重大方面”

“在所有重大方面”，在阅读时需要注意两个方面：一是“在所有非重大方面”存在的问题，并不影响注册会计师的审计意见的基本态度；二是是否重大，仍完全取决于有关注册会计师的主观判断，至于对重大的认识，不同的注册会计师之间存在重大的差异也属正常。

3.“公允”

尽管有《会计法》《企业会计准则》以及证监会发布的针对上市公司会计处理与信息披露的各种规定，但是，什么是“公允”，还是由注册会计师来判断。

审计质量对于企业财务信息质量具有非常重要的意义，而注册会计师的业务素质，道德素质的高低将直接影响到审计质量，通常知名的、规模大的会计师事务所的审计质量普遍高于不知名的、规模小的会计师事务所的审计质量。目前综合评价排名前几位的会计师事务所有普华永道中天会计师事务所、安永华明会计师事务所、德勤华永会计师事务所、毕马威华振会计师事务所、立信会计师事务所、岳华会计师事务所等。

总之，投资者在投资之前，必须要查阅被投资单位的财务报表，认真解读注册会计师为其出具的审计报告，了解其经营情况和财务状况，并根据注册会计师的审计报告意见，结合其他相关因素做出投资决策，以降低投资风险，减少投资损失。

情境小结

财务报表附注是财务报表的补充，是对资产负债表、利润表、现金流量表和所有者权益变动表等报表中列示项目的文字描述或明细资料，以及对未能在这些报表中列示项目的补充注释。报表附注是财务报表的重要组成部分，是企业报表使用者全面、客观、准确地解读企业信息必须参照的重要内容。财务报表附注的内容包括企业的基本情况、财务报表的编制基础、遵循《企业会计准则》的声明、重要会计政策和会计估计、会计政策和会计估计变更以及差错更正的说明、报表重要项目的说明等。财务报表附注的分析主要注重对一些重要事项的分析，如会计政策和会计估计变更以及差错更正、关联方关系及其交易、资产负债表日后事项等。

审计报告是注册会计师根据审计结果，对上市公司财务报告是否符合国家颁布的《企业会计准则》和相关会计制度的规定，在所有重大方面是否公允反映了上市公司的财务状况、经营成果和现金流量及所有者权益变动情况发表审计意见。注册会计师的审计意见可以证实管理者提供的财务报表的可信性，为报表的使用者对未来投资和信贷的决策起到指导作用。

做中学

一、单项选择题

1. 下列对会计报表的详细解释和补充说明的是(　　)。

A. 资产负债表　　B. 利润表

C. 现金流量表　　D. 会计报表附注

2. 一般情况下，正常经营的企业编制财务报表的基础是(　　)。

A. 清算基础　　B. 持续经营

C．破产基础　　D. 清算破产基础

3. 企业在会计核算过程中所采用的原则、基础和会计处理方法，是企业的(　　)。

A. 会计政策　　B. 会计估计

C．会计差错更正　　D. 会计报表

4. 会计估计变更通常采用的会计处理方法是(　　)。

A. 追溯调整法　　B. 未来适用法

C．追溯重述法　　D. 比率分析法

5. 由于企业会计准则的执行，企业按准则规定对企业会计政策进行变更，此会计政策属于(　　)。

A. 企业自愿变更　　B. 会计差错更正

C. 会计估计变更　　D. 会计政策变更

6. 按“欠账时间越长，发生坏账的可能性越大”的原理计提坏账准备的方法是(　　)。

A. 直接转销法　　B. 备抵法

C. 账龄分析法　　D. 销货百分法

7. 商业承兑汇票有可能形成企业的(　　)。

A. 现实负债　　B. 预计负债　　C. 或有负债　　D. 现实义务

8. 资产负债表日至财务报表批准报出日之间发生的有利或不利事项是(　　)。

A. 资产负债表日后事项　　B. 会计报表日后事项

C. 现金流量表日后事项　　D. 利润表日后事项

9. 企业发生的资产负债表日后事项属于调整事项的是(　　)。

A. 资产负债表日后发现了财务报表舞弊或差错

B. 资产负债表日后发生重大诉讼、仲裁、承诺

C．资产负债表日后资产价格、税收政策、外汇汇率发生重大变化

D. 资产负债表日后因自然灾害导致资产发生重大损失

10. 关联方交易在会计报表附注中披露的交易要素不包括(　　)。

A. 交易的金额　　B. 交易的地点

C. 未结算应收项目的坏账准备金额　　D. 定价政策

二、多项选择题

1. 企业对外提供的财务报表主要包括(　　)。

A. 资产负债表　　B. 利润表

C．现金流量表　　D. 财务报表附注

2. 企业应当在附注中披露会计政策变更的内容包括(　　)。

A. 变更的性质　　B. 变更的目的

C. 变更的原因　　D. 变更的内容

3. 会计政策变更的会计处理方法有(　　)。

A. 追溯调整法　　B. 未来适用法

C. 追溯重述法　　D. 比率分析法

4. 企业在财务报表附注中应披露的或有事项是(　　)。

A. 或有资产　　B. 或有负债　　C. 预计负债　　D. 预计资产

5. 会计估计变更是指由于资产和负债的当前状况及预期未来经济利益和义务发生了变化,下列属于会计估计变更的是(　　)。

A. 固定资产折旧方法的变更　　B. 存货发出计价方法的变更

C. 坏账准备计提比率的变更　　D. 会计法规要求变更

6. 以下属于会计差错的是(　　)。

A. 计算错误　　B. 应用会计政策错误

C. 疏忽或曲解事实　　D. 存货、固定资产盘盈

7. 下列属于关联方的是(　　)。

A. 一方控制另一方　　B. 两方共同控制另一方

C. 一方对另一方有重大影响　　D. 两方共同影响另一方

8. 企业发生的资产负债表日后非调整事项通常包括(　　)。

A. 资产负债表日后发行股票和债券以及其他巨额举债

B. 资产负债表日后资本公积转增资本

C. 资产负债表日后发生巨额亏损

D. 资产负债表日后发生重大会计政策变更

9. 下列属于关联方交易披露交易要素的是(　　)。

A. 交易的金额　　B. 定价政策

C. 交易的性质　　D. 交易的方式

10. 按注册会计师的审计意见可以将审计报告分为以下类型:(　　)。

A. 无保留意见审计报告　　B. 保留意见审计报告

C. 否定意见审计报告　　D. 无法发表意见审计报告

三、判断题

1. 财务报表附注是财务报表的重要组成部分,会计报表附注是对会计报表的详细解释和补充说明。　(　　)

2. 企业采用的会计政策,在每一会计期间和前后各期应当保持一致,不得随意变更。　(　　)

3. 或有事项是企业过去的交易或者事项形成的,其结果须由某些未来事项的发生或不发生才能决定的确定事项。　(　　)

4. 企业通常应当披露或有资产。　(　　)

5. 企业发生的资产负债表日后非调整事项,不应当调整资产负债表日的财务报表。　(　　)

6. 账户分类及计算错误、会计估计错误、漏计已经完成的交易,属于故意产生的差错。　(　　)

7. 资产负债表日后调整事项，是指对资产负债表日已经存在的情况提供了新的或进一步证据的事项。（ ）

8. 企业其他应收款期末余额越大越好。（ ）

9. 企业关联方之间正常交易的，可不必进行披露。（ ）

10. 关联方交易是指关联方之间转移资源、劳务或义务的行为，而不论是否收取价款。（ ）

情境八

财务报表综合分析报告

情境引例

王阳是一名即将毕业的大学生，在某上市公司财务部实习，2019年一季度，在例行的工作会议中，公司财务总监强调要做好本公司2018年度的财务报表综合分析报告，要求是报告内容鲜活，有深度、有使用价值，避免读来枯燥无味、没有分析结论、价值偏低……王阳很想知道财务报表综合分析报告如何写，如何能写好！通过本情境的学习，同学们一定会在这方面有很大的收获！

职业能力目标

通过本情境的学习，明确财务报表综合分析报告的基本内容及其结构，掌握财务报表综合分析报告的写作技巧。

典型学习任务

本情境的典型学习任务主要有熟悉财务报表综合分析报告的基本内容及其结构，能对不同背景企业财务报表做出切实的综合分析，能撰写财务报表综合分析报告。

子情境一　认识财务报表综合分析报告

一、财务报表综合分析报告的定义与作用

(一)财务报表综合分析报告的定义

财务报表综合分析报告是企业依据会计报表、财务分析表及经营活动和财务活动所提供的丰富、重要的信息及其内在联系，运用一定的科学分析方法，对企业的经营特征，利润实现及其分配情况，资金增减变动和周转利用情况，税金缴纳情况，存货、固定资产等主要财产物资的盘盈、盘亏、毁损等变动情况及对本期或下期财务状况将发生重大影响的事项做出客观、全面、系统的分析和评价，并进行必要的科学预测而形成的书面报告。

(二)财务报表综合分析报告的作用

(1)为企业的重大财务决策提供科学依据。由于综合分析报告几乎涵盖了对企业财务计划各项指标的对比分析和评价,能使企业经营活动的成果和财务状况一目了然,及时反映出存在的问题,这就给企业的经营管理者做出当前和今后的财务决策提供了科学依据。

(2)全面、系统的综合分析报告,可以作为今后企业财务管理进行动态分析的重要历史参考资料。

(3)内容丰富、涉及面广,对财务报告使用者做出各项决策具有深远影响的作用。

二、财务报表综合分析报告的类型

(一)按其内容和范围分类

财务报表综合分析报告按其内容、范围不同分为综合分析报告,专题分析报告和简要分析报告。

1. 综合分析报告

综合分析报告又称全面分析报告,是企业依据财务报表所提供的丰富、重要的信息及其内在联系,运用一定的科学分析方法,对企业的经营特征,利润实现及其分配情况,资金增减变动和周转利用情况,税金缴纳情况,存货、固定资产等主要财产物资的盘盈、盘亏、毁损等变动情况及对本期或下期财务状况将发生重大影响的事项做出客观、全面、系统的分析和评价,并进行必要的科学预测而形成的书面报告。它具有内容丰富、涉及面广,对财务报告使用者做出各项决策有深远影响的特点。综合分析报告主要于半年度、年度进行财务分析时撰写。

2. 专题分析报告

专题分析报告又称单项分析报告,是指针对某一时期企业经营管理中的某些关键问题、重大经济措施或薄弱环节等进行专门分析后形成的书面报告。专题分析的内容很多,比如关于企业清理积压库存,处理逾期应收账款的经验,对资金、成本、费用、利润等方面的预测分析等。它具有不受时间限制、一事一议、易被经营管理者接受、收效快的特点。

3. 简要分析报告

简要分析报告是对主要经济指标在一定时期内存在的问题或比较突出的问题,进行概要的分析而形成的书面报告。具有简明扼要、切中要害的特点。主要适用于定期分析,可按月、按季进行编制。

(二)按其分析的时间分类

财务报表综合分析报告按其分析的时间,可分为定期分析报告与不定期分析报告两种。

1. 定期分析报告

定期分析报告一般是由上级主管部门或企业内部规定的每隔一段相等的时间应予编制和上报的财务报表综合分析报告。如每半年、年末编制的综合财务报表综合分析报告就属定期分析报告。

2. 不定期分析报告

不定期分析报告,是从企业财务管理和业务经营的实际需要出发,不做时间规定而编制的财务报表综合分析报告。如上述的专题分析报告就属于不定期分析报告。

(三)按报表的使用者分类

财务报表综合分析报告按报表的使用者来划分,可以分为两种:

(1)为企业外部阅读者服务的财务报表综合分析报告。

(2)为企业管理者进行经营决策服务的财务报表综合分析报告。

三、财务报表综合分析报告的主要内容

出于不同目的撰写的财务报表综合分析报告,其包括的内容各有侧重。如果财务报表综合分析报告是为企业管理者服务的,应从该部门管理者需要了解的信息出发,可以对企业的全面财务状况、经营成果和现金流量的质量进行分析,也可以只对有关的成本、费用的变化情况或存货的管理情况、应收账款的管理情况等进行专业分析;如果报表是为外部的投资人、债权人服务的,一般包括的内容就比较全面。

通常,对企业的全面财务状况、经营成果和现金流量的质量进行分析时,财务报表综合分析报告中要包括偿债能力的分析、获利能力的分析、营运能力的分析、本企业的财务变动趋势分析和本企业与所在行业的其他企业的比较分析等内容。

子情境二　财务报表综合分析报告撰写方法

一、财务报表综合分析报告的撰写程序

(一)收集与整理信息资料

收集资料是一个调查过程,深入全面的调查是进行科学分析的前提。但调查要有目的地进行。分析人员可以在日常工作中,根据财务分析内容要点,经常收集积累有关资料。这些资料既包括间接的书面资料,又包括从直属企业取得的第一手资料。具体包括以下内容:

(1)各类政策、法规性文件。

(2)历年财务报表综合分析报告。

(3)各类报纸、杂志公布的有关资料。

(4)统计资料或年度财务计划。

各种资料收集齐全后,要加以整理核实,保证其合法性、正确性和真实性,同时根据所构想的分析内容进行分类。整理核实资料是财务分析工作中的中间环节,起着承上启下的作用。在这一阶段,分析人员应根据分析的内容要点做些摘记,合理分类,以便查找和使用。

(二)拟定财务报表综合分析报告的标题

标题是对财务报表综合分析报告的最精练的概括,它不仅要确切地体现分析报告的主题思想,而且要用语简洁、醒目。由于财务报表综合分析报告的内容不同,其标题也就没有统一标准和固定模式,应根据具体的分析内容而定。如“某月份简要会计报表分析报告”“某年度综合财务报表综合分析报告”“资产使用效率分析报告”等都是较合适的标题。财务报表综合分析报告一旦拟定了标题,就应围绕它利用所收集的资料进行分析并撰写报告。

(三)企业环境与经营概况分析

对收集的企业的各资料要求进行系统整理,予以客观分析。从繁杂的材料、数据中把握企业环境与经营的客观状况,为财务报表综合分析提供依据。环境与经营概况分析要求“明了”“准确”。

(四)对企业财务报表进行分析

根据财务报表分析原理与方法对企业财务状况与经营效果进行全面分析,做到既有定量的数据分析,又有定性的结论性分析,并从多维角度分析企业的盈利能力、偿债能力、营运能

力、发展能力、现金流等。

(五)提出财务报表综合分析结论

财务报表综合分析的主要内容是在对企业环境与经营概况的分析基础上,对企业财务状况和经营成果进行客观、全面的分析,目的在于评价企业的财务状况,为投资者提供依据。这一步骤是财务报表综合分析报告所做的结论部分。它也是报告的最后一个部分,分析者要对企业的财务状况和经营成果表明自己的态度,是整个财务报表综合分析内容的总结。

二、财务报表综合分析报告的结构

财务报表综合分析报告的结构是指分析报告如何分段而又构成一个整体的问题。一般报告所反映的内容可以多种多样。财务报表综合分析报告的结构大致如下:

(一)标题

标题应简明扼要,准确反映报告的主题思想。

(二)基本情况

首先,应注明财务报表综合分析报告的分析期,即报告的范围段。其次,应对企业分析期内经营状况做简要说明,对企业计划执行情况和各项经济指标完成情况做大致介绍,概括地反映分析期企业经营的基本面貌。

(三)财务报表综合分析报告"具体分析"部分

这是报告分析的核心内容。这部分内容在表达方式上可以采取多种手法,如可采用文字处理与图表表达相结合的方法,使其易懂、生动、形象。分析报告的行文要尽可能流畅、通顺、简明、精练,避免口语化、冗长化。

"具体分析"部分的写作如何,关键性地决定了本报告的分析质量。财务报表综合分析报告一定要与公司经营业务紧密结合,深刻领会财务数据背后的业务背景,切实揭示业务过程中存在的问题。各种财务数据并不仅仅是通常意义上数字的简单运算。每一个财务数据背后都预示着非常生动的收入的增减、费用的发生、负债的偿还等。财务分析人员通过对业务的了解和明察,并凭借对财务数据敏感性的职业判断,即可判断经济业务发生的合理性、合规性,由此写出来的分析报告也就能真正为业务部门提供有用的决策信息。

财务报表综合分析报告一般要对企业的盈亏额、营业收入额、成本费用水平、资产营运情况及偿债能力等项目的实际指标与其各项计划指标进行对比分析,与上年同期各项指标进行对比分析,与历史同期最好水平进行对比分析,也可与同行业其他企业进行简要的对比分析。要采用绝对数与相对数指标相结合的方法,分析各项经济指标已完成情况、未完成的原因,采取的措施及取得的成绩、成功的经验,存在问题。有时为使财务报表综合分析报告清晰明了,应编制财务分析表,即根据分析的目的,将会计报表及有关经济资料,经过科学再分类、再组合,适当补充资料,配以分析计算项目,采用表格,简明扼要地表达资料各项目间的内在联系。它能清晰地显示出各指标之间的差异及变动趋势,使财务分析更形象、具体,如编制盈亏情况分析表、费用明细表、流动资金分析表等。总之,要做到有数据、有比较、有分析。

(四)评价部分

评价部分是指对企业财务报表分析完成后,对于其经营情况、财务状况、盈利业绩给予公正、客观的评价和预测。财务评价不能运用似是而非、可进可退、左右摇摆等不负责任的语言,评价要从正面和负面两方面进行。评价既可以单独分段进行,也可以将评价内容穿插在说明部分和分析部分。

(五)建议部分

建议部分是指分析人员在对经营运作、投资决策进行分析后形成的意见和看法,特别是对运作过程中存在的问题所提出的改进建议。值得注意的是,财务分析报告中提出的建议不能太抽象,要针对上述各项分析中存在的问题综合考虑,站在财务角度,给出一套切实可行的方案。

三、财务报表综合分析报告的修改和审定

财务报表综合分析报告起草后形成的初稿可交主管领导审阅,并征求主管领导的意见和建议,再反复推敲,不断进行修改,充实新的内容,使之更加完善,更能反映出所编制财务报表综合分析报告的特点直至最后由主管领导审定。审定后的财务报表综合分析报告应填写编制单位和编制日期,并加盖单位公章。

【帮你学】

财务报表综合分析报告应注意的问题

一、财务报表综合分析报告中常见的弊病

(1)不收集资料或不认真整理、核实所收集的资料。

(2)报喜不报忧。

(3)不分主次,重点不突出。

(4)内容空洞,数字罗列。

(5)字句冗长,论据不充分,说服力不强。

二、财务报表综合分析报告中的数字运用

(1)要注意分析所依据的会计核算口径和会计报表资料编制方法有无变化。

(2)在进行比较分析时,对各项指标的绝对数与相对数比较必须同时进行。

(3)对金额较大的项目应重点分析。

(4)要注意分析数字的反常现象。

(5)利用数字进行分析时,要注意对各项指标的计算应准确无误,以保证分析报告的真实可靠。

子情境三　财务报表综合分析报告案例分析

由于企业外部的财务人员没有亲自参与企业的财务管理工作,对企业的真实情况不甚了解,因此在撰写财务报表综合分析报告时,除了要认真研读企业的财务报表外,更要仔细阅读报表附注和有关对外披露的信息,从各个方面了解企业的有关信息资料,力争为报表的阅读者提供一份有价值的财务报表综合分析报告。

【学中做8—1】

根据宜家公司的相关信息资料,做出如下财务报表综合分析报告:

宜家公司财务报表的分析报告

一、公司简介

公司名称:宜家股份有限公司

宜家股份有限公司是一家在某证券交易所挂牌上市的公司,是全国最大的××生产基地之一,主要生产……

二、综合分析

(一)资产负债表分析

1. 资产负债表纵向比较分析

资产负债表纵向比较分析如表 8—1 所示。

表 8—1　　2016～2018 年资产负债表　　单位:万元

项　目	2016 年	2017 年	2018 年
流动资产:			
货币资金	24 737	19 006	17 164
应收票据及应收账款	5 089	8 282	11 281
其他应收款	3 974	7 869	8 733
预付账款	1 475	3 214	117
存货	38 520	54 997	15 157
流动资产合计	73 795	93 368	52 452
非流动资产:			
长期股权投资	500	500	500
固定资产	116 755	114 319	116 833
在建工程	0	0	25
无形资产	6 701	5 384	4 865
非流动资产合计	123 956	120 203	122 223
资产总计	197 751	213 571	174 675
流动负债:			
短期借款	51 404	51 580	50 631
应付票据及应付账款	42 700	46 193	3 599
预收账款	1 656	7 307	1 423
应付职工薪酬	606	569	559
应付股利	151	151	143
应付利息	1 853	849	99
应交税费	—3 442	—6 440	3 951
其他应付款	360	339	766
预计负债	450	450	0
一年内到期的长期负债	3 500	2 000	0
流动负债合计	99 238	102 998	61 171
非流动负债:			
长期借款	0	3 500	9 500

续表

项　目	2016 年	2017 年	2018 年
非流动负债合计		3 500	9 500
负债合计	99 238	106 498	70 671
所有者权益：			
股本	42 115	42 115	42 115
资本公积	52 897	52 897	52 897
盈余公积	7 903	7 903	7 622
未分配利润	−4 402	4 158	1 370
所有者权益合计	98 513	107 073	104 004
负债及所有者权益总计	197 751	213 571	174 675

通过表 8—1 可以看出该公司的财务状况呈波动状态，具体如下：

(1)资产变动趋势分析

2016～2018 年总资产分别为 174 675 万元、213 571 万元和 197 751 万元，2017 年的总资产规模最大，2018 年比 2017 年有所下降。总资产中固定资产所占比重最大，2016～2018 年分别为 66.89%、53.53%和 59.04%，但其金额基本保持稳定。

无形资产虽然略有上升，但其所占比重较小，其变化对总资产的影响可以忽略；长期股权投资在最近三年没有变化，均为 500 万元；流动资产 2016～2018 年分别为 52 452 万元、93 368 万元和 73 795 万元，呈现波动状态，所以，总资产的波动在很大程度上是由于流动资产的波动造成的。

在流动资产中，货币资金呈现逐年上升的趋势，应收票据及应收账款呈现逐年上升的趋势，可能是该公司改变了销售政策造成的，为此应进一步检查报表附注，从中了解应收账款的具体情况；存货 2016～2018 年分别为 15 157 万元、54 997 万元、38 520 万元，呈现出波动状态，这是造成流动资产波动的主要原因。

从 2016～2018 这三年的数据可以看出，2016 年，存货所占金额及比例最少，应收款项最多，货币资金较少，这表明该公司当年的销货中赊销比例较大；2017 年，该公司存货增多，应收款项减少，这说明该公司调整了销售政策，减少了销售中的赊销比例；2018 年，存货比 2017 年有所下降，应收款项继续下降，货币资金无论从金额上还是比重上都增长了很多，这表明该公司在继续减少赊销比例，但同时对存货的管理也加大了力度，减少了存货的库存。不过存货在资产中所占比重较大(2018 年占总资产的 19.479%)，这一点还是应该引起高度重视。

(2)负债变动趋势分析

2018 年比 2017 年负债规模略有下降，呈现出波动的状态，但从 2016～2018 年连续三年的资料来看，尽管 2018 年负债金额比 2016 年有所下降，但总体来看负债规模呈现上升趋势。

在负债中，非流动负债于 2018 年均已到期或即将到期转入流动负债；2018 年流动负债比 2016 年有所下降，从这两年的数据来看，增加的幅度非常大。在流动负债中，借款虽呈现上升趋势，但增加金额不大。

应付票据及应付账款和其他应付款总金额至 2018 年呈减少趋势；应交税费是负值，这可能是由于该公司销售不好，存货较多，增值税的进项税额太大引起的，应引起高度重视。

同时，在该公司负债中，流动负债的增加已经大大超出流动资产的增加，到2018年，该公司的流动资产为73 795万元，流动负债为99 238万元，流动资产远远低于流动负债，公司短期偿债能力将会受到一定影响。

(3)所有者权益变动趋势分析

在所有者权益方面，2016～2018年连续三年的数据显示，一直呈下降的趋势。未分配利润显示出2016年公司处于盈利状态，2018年则出现亏损，未分配利润出现负值。

2. 资产负债表结构比较

资产负债表结构比较如表8—2所示。

表8—2　**2016～2018年资产负债表结构比较**　单位：%

项　目	2018年	2017年	2016年
流动资产：			
货币资金	12.51	8.90	9.83
应收票据及应收账款	2.57	3.88	6.46
其他应收款	2.13	2.25	4.20
预付账款	0.75	1.50	0.07
存货	19.48	25.75	8.68
流动资产合计	37.32	43.72	30.03
非流动资产：			
长期股权投资	0.25	0.23	0.29
固定资产	59.04	53.53	66.89
在建工程			0.01
无形资产	3.39	2.52	2.79
非流动资产合计	62.68	56.28	69.97
资产总计	100.00	100.00	100.00
流动负债：			
短期借款	25.99	24.15	28.99
应付票据及应付账款	21.59	21.63	2.06
预收账款	0.84	3.42	0.81
应付职工薪酬	0.31	0.27	0.32
应付股利	0.08	0.07	0.08
应付利息	0.94	0.40	0.06
应交税费	−1.74	−3.02	2.26
其他应付款	0.18	0.16	0.44
预计负债	0.23	0.21	
一年内到期的长期负债	1.77	0.94	

续表

项　目	2018 年	2017 年	2016 年
流动负债合计	50.18	48.23	35.02
非流动负债：			
长期借款		1.64	5.44
非流动负债合计		1.64	5.44
负债合计	50.18	49.87	40.46
所有者权益：			
股本	21.30	19.72	24.11
资本公积	26.75	24.77	30.28
盈余公积	4.00	3.70	4.36
未分配利润	−2.23	1.95	0.79
所有者权益合计	49.82	50.13	59.54
负债及所有者权益总计	100.00	100.00	100.00

从表 8—2 中可见，2018 年，负债所占比重为 50.18%，所有者权益比重为 49.82%。该公司流动资产与流动负债的比重在 2016 年与 2017 年相比悬殊不太大，但是 2018 年流动负债比流动资产的比重多了 12.86%，这多少会影响到偿债能力。

在流动负债中，应付票据及应付账款从 2016 年到 2018 年的比重分别为 2.06%、21.63% 和 21.59%，上升的幅度很大，应交税费从 2016 年到 2018 年比重分别为 2.26%、−3.02%和 −1.74%，说明增值税的进项税额增长幅度很大，这很可能是原材料的成本增加了，如果是这样，将会影响到该公司的盈利水平。

（二）利润表分析

1. 利润表纵向对比分析

利润表纵向对比分析如表 8—3 所示。

表 8—3　　**2016～2018 年利润表**　　单位：万元

项　目	2018 年	2017 年	2016 年
一、营业收入	245 550	219 654	150 807
减：营业成本	246 015	208 481	135 064
税金及附加	0	505	534
销售费用	1 565	504	584
管理费用	2 750	2 297	2 775
财务费用	3 771	3 067	3 585
加：其他收益	13	−2	−1 049
二、营业利润	−8 538	4 798	7 216
加：营业外收入	3	2	8

续表

项　目	2018年	2017年	2016年
减:营业外支出	25	450	0
四、利润总额	−8 560	4 350	7 224
减:所得税费用	0	1 070	2 744
五、净利润	−8 560	3 280	4 480

从表8—3中可见,该公司2016年和2017年的经营情况处于盈利状态,2016年净利润为4 480万元,2017年净利润为3 280万元,2018年净利润为负值,处于亏损状态。

从2016~2018年的发展趋势看,营业收入一直处于增长的趋势,2017年比2016年增加了68 847万元,增幅为45.65%,2018年比2017年增加了25 896万元,增幅为11.79%。营业成本也处于增长的趋势,2017年比2016年增加了73 417万元,增幅为54.36%,2018年比2017年增加了37 534万元,增幅为18%。

由于营业成本的增长较多,造成毛利下降,以至于2018年的营业利润亏损。销售费用、管理费用和财务费用的支出也在增加,尤其是销售费用2018年比2017年增加1 061万元,增长了211%,这似乎表明2018年营业利润亏损是由于销售费用增长过快造成的。

投资收益从负数转为正数,虽然收益很少,但已经开始盈利。2017年的营业外支出较大,应特别注意相关事项。

总体来说,从2017年开始,成本费用增长过快,该公司的净利润一直在下降,最终导致2018年度发生亏损。成本费用的过快增长应引起高度重视。

2. 利润表结构对比分析

利润表结构对比分析如表8—4所示。

表8—4　　2016~2018年利润表结构比较　　单位:%

项　目	2018年	2017年	2016年
一、营业收入	100.00	100.00	100.00
减:营业成本	100.19	94.91	89.56
税金及附加	0.00	0.23	0.35
销售费用	0.64	0.23	0.39
管理费用	1.12	1.05	1.84
财务费用	1.54	1.40	2.38
加:其他收益	0.01	0.00	−0.70
二、营业利润	−3.48	2.18	4.78
加:营业外收入	0.00	0.00	0.01
减:营业外支出	0.01	0.20	0.00
四、利润总额	−3.49	1.98	4.79
减:所得税费用	0.00	0.49	1.82
五、净利润	−3.49	1.49	2.97

从表 8—4 可以进一步看出，销售费用、管理费用和财务费用尽管金额增长较多，但所占比重并不大，所以对利润的影响不是关键原因。而营业成本率 2016 年是 89.56%，2017 年增加到 94.91%，2018 年竟达到 100.19%，直接造成毛利率为负值。综上分析营业成本的增长率（2017 年比 2016 年增长 54.36%，2018 年比 2017 年增长 18%）超过营业收入的增长率（2017 年比 2016 年增长 45.71%，2018 年比 2017 年增长 11.81%），这是造成该公司 2018 年亏损的最主要原因。

在对资产负债表的分析中显示出存货所占比重过大，材料的进货成本在增加，这都是可能造成营业成本增加的原因，要引起重视。

（三）现金流量表分析

1. 现金流量表纵向对比分析

现金流量表纵向对比分析如表 8—5 所示。

表 8—5　　2016～2018 年汇总现金流量表　　单位：万元

项　目	2018 年	2017 年	2016 年
现金收入	366 177	318 687	256 275
其中：经营活动的现金收入	294 240	266 646	184 144
投资活动的现金收入	17	61	0
筹资活动的现金收入	71 920	51 980	72 131
现金支出	360 564	316 872	254 979
其中：经营活动的现金支出	268 124	248 639	1 50 727
投资活动的现金支出	14 246	9 821	5 888
筹资活动的现金支出	78 194	58 412	98 364
现金流量净额	5 613	1 815	1 296

从表 8—5 可以看出，2016～2018 年连续三年的现金收入、现金支出、现金流量净额都呈上升的趋势。

2. 现金流量结构对比分析

现金流量结构对比分析如表 8—6、表 8—7 所示。

表 8—6　　2016～2018 年现金收入结构表　　单位：%

项　目	2018 年	2017 年	2016 年
经营活动的现金收入	80.35	83.67	71.85
投资活动的现金收入	0.00	0.02	0.00
筹资活动的现金收入	19.65	16.31	28.15
现金收入合计	100	100	100

表 8—7 2016～2018 年现金支出结构表 单位：%

项　目	2018 年	2017 年	2016 年
经营活动的现金支出	74.36	78.47	59.11
投资活动的现金支出	3.95	3.10	2.31
筹资活动的现金支出	21.69	18.43	38.58
现金支出合计	100	100	100

从表 8—6 中可以看出，在该公司的现金收入中，经营活动取得的现金收入占主要比重，且该项收入在 2016～2017 年上升幅度较大，达 11.82%，2017～2018 年只下降 3.32%。投资活动现金收入占的比重非常小，说明投资回报非常低。筹资活动的现金收入 2016 年最多，占 28.15%，2017 年下降到 16.31%，2018 年有所上升，达到 19.64%。

从表 8—7 中可以看出，该公司的全部现金支出中，经营活动的现金支出占主要比重，该项支出与现金收入相对应，2016～2017 年大幅上升，达 19.36%，2017～2018 年下降 4.11%。投资活动的支出逐年上升，但比重很小。筹资活动的现金支出 2016 年最多，占 38.58%，2017 年下降到 18.43%，2018 年有所上升，为 21.69%。

3. 现金流量定比与环比分析

现金流量定比与环比分析如表 8—8、表 8—9 所示。

表 8—8 2016～2018 年现金流量定比分析表 单位：%

项　目	2018 年	2017 年	2016 年
现金收入	142.88	124.35	100
其中：经营活动的现金收入	159.79	144.80	100
投资活动的现金收入			
筹资活动的现金收入	99.71	72.06	100
现金支出	141.41	124.27	100
其中：经营活动的现金支出	177.89	164.96	100
投资活动的现金支出	241.95	166.80	100
筹资活动的现金支出	79.49	59.38	100
现金流量净额	433.10	140.05	100

从表 8—8 中可以看出，该公司的现金收入在不断增加，2018 年与 2016 年相比增长了 42.88%，其中经营活动现金收入增长要快于总的现金收入增长，增长了 59.79%；投资活动现金收入太少，可以不计；筹资活动现金收入减少了，2017 年最少，2018 年又恢复到 2016 年的水平。现金支出也在不断增加，2018 年比 2016 年增长了 41.41%。其中，经营活动现金支出增长了 77.89%，超过了经营活动现金收入的增长速度；投资活动现金支出增长了 141.95%，说明该公司逐年加大了投资力度；筹资活动现金支出下降了 20.51%，说明用于还款的现金支出减少了。现金流量净额也在逐年上升，2018 年比 2016 年增长了三倍多。

表 8—9　　2016～2018 年现金流量环比分析表　　单位:%

项　目	2018 年	2017 年	2016 年
现金收入	114.90	124.35	100
其中:经营活动的现金收入	110.35	144.80	100
投资活动的现金收入			
筹资活动的现金收入	138.36	72.06	100
现金支出	113.79	124.27	100
其中:经营活动的现金支出	107.84	164.96	100
投资活动的现金支出	145.06	166.80	100
筹资活动的现金支出	133.87	59.38	100
现金流量净额	309.26	140.05	100

从表 8—9 可以看出,该公司的现金收入在逐年递增,2018 年比 2017 年增长 14.9%,2017 年比 2016 年增长 24.35%。其中,经营活动的现金收入的增幅 2018 年比 2017 年下降了很多,增幅呈现起伏状态;筹资活动现金收入 2017 年呈现负增长,2018 年比 2017 年增长了很多,起伏比较大。

该公司的现金支出也在不断增长,2018 年比 2017 年增长了 13.79%,2017 年比 2016 年增长了 24.27%。其中,经营活动现金支出 2017 年增幅很大,达到 64.96%,2018 年比 2017 年增加 7.84%;投资活动现金支出增幅较大,且稳定增长;筹资活动支出也是波动起伏,2017 年比 2016 年下降 40.62%,2018 年又比 2017 年上涨了 33.87%。

现金流量净额 2017 年比 2016 年增长了 40.05%,而 2018 年比 2017 年猛增了三倍多。

三、经营能力分析

经营能力分析如表 8—10 所示。

表 8—10　　营运能力指标

指　标	2018 年	2017 年	2016 年
总资产周转率	1.19	1.12	0.80
流动资产周转率	2.92	2.99	2.70
应收账款周转率	36.51	22.32	10.21
存货周转率	5.26	5.94	7.14
固定资产周转率	1.05	0.98	0.70

注:①总资产周转率＝主营业务收入÷总资产平均余额;

②流动资产周转率＝主营业务收入÷流动资产平均余额;

③应收账款周转率＝主营业务收入÷应收账款平均余额;

④存货周转率＝主营业务收入÷存货平均净额;

⑤固定资产周转率＝主营业务收入÷固定资产平均余额。

从表 8—10 中可以看出:

(1)总资产周转率和固定资产周转率虽然不高,但从 2016 年到 2018 年一直呈上升趋势,说明该公司整体资产的营运能力提高了。

(2)流动资产周转率从2016年到2018年整体来说呈上升趋势，但2018年比2017年略有下降。

(3)应收账款周转率这几年一直是上升的，说明该公司的确加强了对应收账款控制和催收，收回的速度较快，这能增强资产的流动性，从而有利于增强短期偿债能力。但同时，应收账款周转率指标值相当高，且连续三年快速增长，因而应警惕该公司的信用政策是否过于严格，如果赊销条件过于严格，从长期来看将会影响销售水平，从而影响获利水平。

(4)存货周转率从2016年到2018年一直呈下降趋势，是营运能力指标中唯一连续三年在下降的指标。存货周转率越低，表明其变现速度越慢，周转额越小，资产占用水平越高，成本费用也就越高。

在前面的分析中我们已经注意到该公司的存货问题，由于存货在流动资产中所占比例最大，所以存货周转率直接影响了流动资产周转率，进而影响到总资产周转率的提高。建议该公司要继续注意存货管理中存在的问题，尽量降低存货水平，以减少资金的占用水平，提高存货投资的变现能力和获利能力。

四、偿债能力分析

偿债能力分析如表8—11、表8—12所示。

表8—11　　短期偿债能力指标

指　标	2018年	2017年	2016年
流动比率	0.74	0.91	0.86
速动比率	0.36	0.37	0.61
保守的速动比率	0.29	0.23	0.40
现金比率	0.25	0.18	0.28

注：①流动比率＝流动资产÷流动负债；

②速动比率＝(流动资产－存货)÷流动负债；

③保守的速动比率＝(货币资金＋短期证券投资＋应收账款净额)÷流动负债现金比率

＝(货币资金＋短期投资净额)÷流动负债。

从表8—11中可以看出：

(1)该公司的流动比率从2016年到2018年分别为0.86、0.91和0.74，2017年比2016年略有上升，2018年下降为最低，远远低于2(在会计实务工作中，一般认为企业合理的最低流动比率是2，速动比率为1)。

(2)该公司的速动比率从2016年到2018年分别为0.61、0.37和0.36，一直在下降，远远低于1，联系到前面对资产负债表的分析，这几年的营运资金(流动资产－流动负债)一直是负值，因而有理由相信，该公司的短期偿债能力不佳。

表 8—12 长期偿债能力指标

指　标	2018 年	2017 年	2016 年
资产负债率	50%	50%	38%
产权比率	101%	99%	62%
有形净值债务率	108%	105%	65%
利息偿付倍数	−1.27	2.42	3.02

注:①资产负债率=负债总额÷资产总额;

②产权比率=负债÷所有者权益总额;

③有形净值债务率=负债总额÷(所在者权益—无形资产净值);

④利息偿付倍数=息税前利润÷利息费用。

从表 8—12 中可以看出:

从 2016 年到 2018 年,资产负债率、产权比率和有形净值债务率逐年上升,到 2018 年资产负债率为 50%,产权比率为 101%,有形净值债务率为 108%,比率合适。利息偿付倍数逐年下降,2018 年为负值。这说明到 2016 年为止,虽然该公司负债水平尚可,但长期偿债能力开始出现问题,2018 年利息偿付倍数已经出现负数,这是由于企业 2018 年经营出现亏损所致,因此公司不宜再举债。

五、获利能力分析

获利能力分析如表 8—13 所示。

表 8—13 获利能力指标 单位:%

指　标	2018 年	2017 年	2016 年
销售利润率	−3.51	1.50	2.99
销售毛利率	−0.80	4.50	9.85
营业利润率	−3.50	2.20	5.52
总资产收益率	−2.33	3.82	5.79
净资产收益率	−8.33	3.05	4.04

注:①销售利润率=利润÷销售收入×100%;

②销售毛利率=销售毛利额÷主营业务收入×100%;

③营业利润率=营业利润÷主营业务收入×100%;

④总资产收益率=收益总额÷平均资产总额×100%;

⑤净资产收益率=净利润÷平均所有者权益×100%。

从表 8—13 中可以看出:

从 2016 年到 2018 年,该公司销售利润率、销售毛利率、营业利润率、总资产收益率和净资产收益率呈逐年下降的趋势,到 2018 年已经形成了亏损的局面。该公司的销售毛利率在 2016 年到 2018 年分别为 9.85%、4.5%和−0.8%,表明其获利能力在逐年下降,到 2018 年已转为亏损。结合前面对资产负债表、利润表的分析可以看出,该公司的主营业务收入水平一直呈上升态势,这说明在销售方面应该不存在太大问题,因此导致获利能力下降的最主要因素可能是营业成本增长过快。

六、问题与评价

通过对资产负债表、利润表以及现金流量表的分析看出，该公司主要存在如下问题：

(1)存货所占比重过大，存货周转率逐年下降。

(2)营运资金为负值，流动比率、速动比率相对较低，短期偿债能力较低。

(3)营业成本增长过快，其增长速度超过了销售收入的增长速度，营业利润期末为负数，发生经营性亏损。

虽然存在上述问题，但是也应看到，该公司的现金流量保持高速增长状态，除存货以外的其他资产营运能力表现尚好，销售方面也不存在什么问题，这说明只要致力于成本控制，该公司还是可以转亏为盈的。

情境小结

财务报表综合分析报告是指对企业财务状况和经营成果进行比较、分析、评价并加以整理后撰写而成的书面报告。对企业的全面财务状况、经营成果和现金流量的质量进行分析时，财务报表综合分析报告中要包括偿债能力的分析、获利能力的分析、营运能力的分析、本企业的财务变动趋势分析和本企业与所在行业的其他企业的比较分析等内容。

在撰写财务报表综合分析报告前，首先收集资料，再整理核实资料，拟定财务报表综合分析报告的标题后，确定财务报表综合分析报告的结构，进行具体全面的分析，最后还需要对财务报表综合分析报告进行修改和审定。这就是财务报表综合分析报告的撰写程序。

做中学

一、实训题

请你从相关网站上下载某上市公司连续三年的财务报表，从企业外部信息使用者的角度，撰写一份财务报表综合分析报告。

附录

中华工商上市公司财务指标指数(2013年度)

中华全国工商业联合会经济部　中华财务咨询有限公司

一、23个行业(不含创业板上市公司)财务指标指数

行业 / 指数 / 指标	综合(本期所有2 030家A股非ST非创业板上市公司的整体情况)				1. 农林牧渔(包括:林业、农产品加工、农业综合、饲料、渔业、种植业,共计67家)				2. 采掘(包括:煤炭开采、其他采掘、石油开采,共计53家)			
	阈值下限(15%)	阈值上限(85%)	均值(70%阈值范围)	中位数	阈值下限(15%)	阈值上限(85%)	均值(70%阈值范围)	中位数	阈值下限(15%)	阈值上限(85%)	均值(70%阈值范围)	中位数
1.流动比率	0.83	3.54	1.68	1.52	0.85	2.93	1.49	1.38	0.56	2.50	1.16	1.11
2.速动比率	0.46	2.77	1.16	1.01	0.40	2.29	0.88	0.70	0.46	1.76	0.97	0.99
3.经营现金流比率	−0.05	0.49	0.15	0.13	−0.10	0.45	0.12	0.13	0.02	0.59	0.18	0.16
4.存货周转率	1.25	11.66	4.58	3.99	0.93	12.56	4.73	4.41	3.94	25.15	12.06	10.68
5.应收账款周转率	3.17	53.41	13.22	8.92	6.46	87.25	25.24	22.47	5.92	44.79	18.81	16.09
6.总资产周转率	0.27	1.16	0.63	0.61	0.32	1.87	0.80	0.67	0.39	1.18	0.68	0.64
7.资产负债率(%)	20.75	70.99	46.65	47.09	26.73	67.36	45.80	47.69	25.91	62.92	47.05	48.20
8.已获利息倍数	1.26	21.26	5.72	3.92	0.83	9.94	3.78	2.86	1.23	19.79	6.87	5.11
9.毛利率(%)	9.91	43.04	23.39	21.88	5.85	31.79	16.47	14.86	9.26	38.24	26.15	28.02
10.净利率(%)	0.78	18.72	7.04	6.06	0.25	14.75	4.29	2.97	0.62	18.67	7.93	7.70
11.总资产报酬率(%)	1.96	11.20	5.82	5.58	1.45	10.85	5.55	4.77	3.27	14.65	8.02	8.02
12.净资产收益率(%)	1.36	16.07	7.60	7.33	0.33	16.26	6.72	6.48	1.48	19.25	9.59	10.47
13.投入资本回报率(%)	0.67	11.88	5.08	4.60	0.23	10.87	4.34	3.18	0.58	14.59	6.55	7.42
14.营业收入现金含量比	−4.16	22.95	7.87	6.92	−5.39	17.58	5.77	4.49	0.63	22.16	10.58	10.90
15.营业收入增长率(%)	−14.28	27.58	5.98	5.59	−11.40	34.16	10.99	10.05	−19.69	21.36	1.27	−0.10
16.净资产收益率增长率(%)	−73.47	28.36	−19.90	−17.80	−94.85	40.36	−27.85	−24.31	−75.19	4.41	−32.68	−36.90

续表

行业 / 指标 / 指数	3. 化工（包括：化工新材料、化学纤维、化学原料、化学制品、石油化工、塑料、橡胶，共计191家）				4. 黑色金属（包括：钢铁、金属制品，共计32家）				5. 有色金属（包括：金属新材料、有色金属冶炼，共计77家）			
	阈值下限（15%）	阈值上限（85%）	均值（70%阈值范围）	中位数	阈值下限（15%）	阈值上限（85%）	均值（70%阈值范围）	中位数	阈值下限（15%）	阈值上限（85%）	均值（70%阈值范围）	中位数
1.流动比率	0.67	2.88	1.39	1.20	0.50	1.34	0.85	0.81	0.65	3.38	1.55	1.34
2.速动比率	0.42	2.31	1.02	0.80	0.28	0.81	0.49	0.45	0.38	2.54	1.04	0.87
3.经营现金流比率	−0.03	0.49	0.16	0.13	−0.01	0.28	0.11	0.08	−0.08	0.40	0.13	0.10
4.存货周转率	2.91	11.65	6.26	5.58	2.81	9.39	6.02	5.83	1.67	9.53	4.67	4.17
5.应收账款周转率	5.46	83.57	21.82	15.04	12.66	326.98	77.36	52.03	5.07	74.92	22.71	14.12
6.总资产周转率	0.46	1.22	0.79	0.77	0.63	1.82	1.16	1.11	0.36	1.62	0.82	0.69
7.资产负债率(%)	20.78	69.96	46.46	47.42	44.97	77.36	66.71	67.68	20.83	71.85	48.76	49.60
8.已获利息倍数	0.58	12.01	3.66	2.61	−1.36	5.37	1.42	1.28	0.72	15.57	4.03	2.39
9.毛利率(%)	5.53	27.65	15.15	14.85	1.16	12.67	5.65	5.77	5.11	28.91	14.18	12.20
10.净利率(%)	−0.32	11.13	4.07	3.31	−5.11	4.09	0.34	0.37	0.10	14.40	4.42	3.44
11.总资产报酬率(%)	1.08	9.85	5.11	4.98	−2.04	6.23	2.64	2.87	1.25	13.21	5.43	4.59
12.净资产收益率(%)	0.38	12.28	5.68	5.45	−13.07	10.04	1.18	1.60	0.26	14.27	5.75	4.51
13.投入资本回报率(%)	0.15	8.72	3.72	3.23	−5.37	5.80	0.57	0.51	0.10	10.80	3.63	3.11
14.营业收入现金含量比	−1.05	17.55	7.05	6.53	−0.34	13.06	4.57	4.13	−3.32	23.01	6.45	4.99
15.营业收入增长率(%)	−13.56	26.71	4.29	3.48	−19.54	7.59	−10.12	−11.82	−19.86	40.69	4.12	0.35
16.净资产收益率增长率(%)	−92.92	69.38	−24.22	−27.71	#####	−13.52	−150.85	−69.92	−95.44	8.83	−42.82	−40.54

续表

行业 / 指标 / 指数	6. 建筑材料(包括:建筑材料、建筑装饰,共计110家)				7. 机械设备(包括:电器设备、普通机械、仪器仪表、专用设备,共计254家)				8. 电子元器件(包括:半导体、其他电子器件、元件、显示器件,共计91家)			
	阈值下限(15%)	阈值上限(85%)	均值(70%阈值范围)	中位数	阈值下限(15%)	阈值上限(85%)	均值(70%阈值范围)	中位数	阈值下限(15%)	阈值上限(85%)	均值(70%阈值范围)	中位数
1.流动比率	0.76	2.21	1.34	1.24	1.14	4.20	1.99	1.82	1.07	4.98	2.26	1.90
2.速动比率	0.47	1.90	0.94	0.86	0.73	3.38	1.48	1.29	0.76	4.41	1.79	1.44
3.经营现金流比率	−0.09	0.26	0.05	0.03	−0.09	0.31	0.08	0.08	−0.05	0.52	0.19	0.18
4.存货周转率	1.85	8.21	4.15	3.98	1.38	4.68	2.71	2.57	2.35	8.69	4.50	4.13
5.应收账款周转率	2.37	20.49	7.08	5.37	1.73	6.89	3.56	3.34	2.72	6.10	4.08	3.95
6.总资产周转率	0.37	1.09	0.68	0.67	0.33	0.89	0.56	0.55	0.32	0.94	0.60	0.61
7.资产负债率(%)	31.39	78.83	58.22	59.45	19.05	63.29	42.65	42.83	13.63	58.88	35.74	36.46
8.已获利息倍数	1.41	8.37	3.68	3.05	0.91	18.70	4.99	3.30	−0.84	27.68	6.90	4.99
9.毛利率(%)	10.24	28.05	17.80	16.95	12.67	35.27	22.86	22.80	11.44	38.44	21.24	20.39
10.净利率(%)	1.05	10.89	4.88	5.22	0.76	14.38	6.11	5.50	0.46	18.18	7.18	5.78
11.总资产报酬率(%)	2.16	10.44	5.51	5.01	1.32	9.83	4.97	4.72	0.36	9.60	5.10	5.36
12.净资产收益率(%)	1.87	16.36	8.70	8.24	0.92	12.56	6.26	6.01	1.01	13.64	6.12	5.98
13.投入资本回报率(%)	0.77	12.38	5.15	4.57	0.55	10.36	4.69	4.20	0.54	10.57	4.81	5.09
14.营业收入现金含量比	−7.28	12.61	2.66	2.37	−6.81	16.52	4.77	4.57	−3.11	19.46	8.38	7.69
15.营业收入增长率(%)	−11.04	31.36	7.84	6.93	−22.94	22.65	0.30	0.50	−13.32	31.90	4.33	1.97
16.净资产收益率增长率(%)	−77.19	18.68	−25.19	−21.12	−84.62	20.87	−29.00	−30.42	−75.74	14.75	−31.00	−29.71

续表

行业 / 指标 / 指数	9. 交运设备(包括:非汽车交运设备、汽车服务、汽车零部件、汽车整车,共计115家)				10. 信息设备(包括:计算机设备、通信设备,共计63家)				11. 家用电器(包括:白色家电 、视听器材,共计44家)			
	阈值下限(15%)	阈值上限(85%)	均值(70%阈值范围)	中位数	阈值下限(15%)	阈值上限(85%)	均值(70%阈值范围)	中位数	阈值下限(15%)	阈值上限(85%)	均值(70%阈值范围)	中位数
1.流动比率	1.01	3.04	1.56	1.44	1.24	4.65	2.30	2.03	1.06	3.28	1.85	1.63
2.速动比率	0.67	2.54	1.16	1.03	0.82	3.97	1.73	1.42	0.80	2.76	1.36	1.19
3.经营现金流比率	−0.06	0.35	0.13	0.13	−0.21	0.32	0.02	0.01	−0.03	0.55	0.15	0.13
4.存货周转率	2.03	9.10	4.73	4.44	1.40	8.40	3.39	3.20	3.66	7.38	5.15	4.74
5.应收账款周转率	3.02	22.56	6.79	5.82	2.18	9.25	4.24	3.71	4.67	22.36	9.15	7.55
6.总资产周转率	0.45	1.30	0.75	0.70	0.38	1.14	0.70	0.70	0.67	1.47	1.00	0.96
7.资产负债率(%)	26.52	66.81	48.32	49.14	15.12	58.32	38.55	39.71	24.54	73.57	44.98	46.88
8.已获利息倍数	1.94	17.80	5.34	3.85	1.87	35.07	9.76	7.30	2.29	22.76	7.38	4.95
9.毛利率(%)	10.79	27.99	18.60	18.25	11.11	47.00	26.21	23.90	14.00	33.29	21.60	20.89
10.净利率(%)	0.74	12.37	5.07	4.64	0.50	15.26	5.48	4.58	1.68	9.31	5.05	4.94
11.总资产报酬率(%)	1.64	10.46	5.26	5.43	0.89	9.03	4.83	4.82	2.03	11.81	6.64	6.93
12.净资产收益率(%)	1.38	15.71	7.40	7.23	1.00	13.94	6.29	6.14	2.40	20.34	10.29	9.62
13.投入资本回报率(%)	0.64	11.72	4.82	4.21	0.86	9.62	4.60	4.49	1.63	16.96	7.36	6.37
14.营业收入现金含量比	−4.71	16.10	6.46	6.84	−11.83	12.85	1.32	0.47	−1.92	16.82	5.97	5.72
15.营业收入增长率(%)	−15.88	21.75	3.41	3.25	−13.37	40.59	8.28	5.83	−17.54	17.87	−0.01	0.87
16.净资产收益率增长率(%)	−68.75	12.25	−24.14	−23.39	−77.33	20.77	−23.51	−18.20	−54.94	42.55	−19.45	−21.64

续表

指标 \ 行业 \ 指数	12. 食品饮料（包括：食品加工、食品制造、饮料制造，共计 60 家）				13. 纺织服装（包括：纺织、服装，共计 75 家）				14. 轻工制造（包括：包装印刷、其他轻工制造、造纸，共计 74 家）			
	阈值下限（15%）	阈值上限（85%）	均值（70%阈值范围）	中位数	阈值下限（15%）	阈值上限（85%）	均值（70%阈值范围）	中位数	阈值下限（15%）	阈值上限（85%）	均值（70%阈值范围）	中位数
1.流动比率	0.83	4.80	2.20	1.90	0.95	4.57	2.21	2.12	0.96	3.86	1.96	1.79
2.速动比率	0.43	3.63	1.47	1.30	0.57	3.79	1.50	1.32	0.54	3.25	1.33	1.11
3.经营现金流比率	0.02	0.88	0.36	0.31	−0.06	0.58	0.20	0.13	0.03	0.57	0.23	0.19
4.存货周转率	0.62	8.06	2.76	2.48	1.23	5.71	3.23	2.86	1.69	5.90	3.55	3.37
5.应收账款周转率	6.99	357.08	73.67	29.39	4.66	24.39	10.75	10.37	4.57	18.50	8.64	7.83
6.总资产周转率	0.33	1.17	0.72	0.70	0.45	1.09	0.70	0.69	0.42	0.97	0.65	0.58
7.资产负债率(%)	14.29	59.93	34.85	34.45	14.71	62.18	36.74	33.18	16.53	61.96	38.55	36.10
8.已获利息倍数	2.01	31.33	10.50	6.74	1.19	46.81	10.63	4.22	1.02	20.01	4.29	2.93
9.毛利率(%)	23.47	67.93	41.99	38.80	7.67	45.09	22.90	21.22	9.49	32.91	21.17	21.17
10.净利率(%)	2.29	24.38	10.70	10.06	0.36	15.86	6.73	5.88	0.56	14.14	5.78	5.85
11.总资产报酬率(%)	3.84	26.15	9.53	8.16	1.76	14.12	6.40	5.86	2.35	12.38	5.91	5.61
12.净资产收益率(%)	3.38	27.91	11.40	10.53	0.69	16.54	7.29	6.72	0.92	13.73	6.12	6.10
13.投入资本回报率(%)	1.96	28.59	9.49	7.93	0.44	13.36	5.39	4.54	0.44	11.03	4.42	4.34
14.营业收入现金含量比	1.23	25.75	12.59	11.76	−2.08	21.66	8.20	7.92	1.72	19.00	10.00	10.37
15.营业收入增长率(%)	−2.45	35.27	11.00	10.50	−11.09	17.93	1.61	0.74	−9.91	25.21	6.28	5.75
16.净资产收益率增长率(%)	−47.69	67.36	0.44	0.29	−83.01	13.97	−31.11	−27.98	−73.42	97.75	−12.30	−17.66

续表

指数　　行业 指标	15. 医药生物（包括：化学制药、生物制品、医疗器械、医药商业、中药、医疗服务，共计 133 家）				16. 公用事业（包括：电力、环保、燃气、水务，共计 75 家）				17. 交通运输（包括：港口、公路运输、航空运输、机场、路桥、水路运输、铁路运输、物流，共计 83 家）			
	阈值下限（15%）	阈值上限（85%）	均值（70%阈值范围）	中位数	阈值下限（15%）	阈值上限（85%）	均值（70%阈值范围）	中位数	阈值下限（15%）	阈值上限（85%）	均值（70%阈值范围）	中位数
1.流动比率	1.03	6.77	2.52	1.92	0.33	1.60	0.78	0.62	0.45	2.41	1.22	1.11
2.速动比率	0.70	5.80	1.92	1.53	0.28	1.47	0.64	0.53	0.38	1.91	0.98	0.96
3.经营现金流比率	0.01	1.01	0.26	0.17	0.06	0.60	0.32	0.32	0.04	0.82	0.32	0.26
4.存货周转率	1.54	6.84	3.55	3.39	3.65	32.66	15.18	13.30	2.39	157.14	33.32	22.08
5.应收账款周转率	3.68	15.36	7.82	7.52	3.80	29.13	11.61	9.59	6.73	59.27	22.70	16.03
6.总资产周转率	0.34	1.27	0.70	0.67	0.18	0.61	0.37	0.38	0.14	0.83	0.38	0.33
7.资产负债率(%)	9.75	63.54	35.53	36.41	36.36	78.22	59.11	60.30	23.06	72.20	47.52	45.98
8.已获利息倍数	1.77	38.46	11.14	7.49	1.31	6.98	2.83	2.22	2.25	20.50	7.19	6.25
9.毛利率(%)	15.53	65.32	39.76	38.11	11.20	41.40	23.35	23.22	7.72	59.30	30.23	26.00
10.净利率(%)	2.00	23.37	9.99	8.69	1.51	23.38	9.49	8.27	2.18	35.65	15.42	14.38
11.总资产报酬率(%)	3.37	15.72	8.19	7.37	3.55	9.81	6.09	5.96	3.94	10.85	7.19	6.98
12.净资产收益率(%)	3.19	21.51	10.30	8.79	2.60	13.74	8.23	8.07	3.96	13.40	9.07	9.31
13.投入资本回报率(%)	1.80	16.32	7.98	7.56	0.86	8.04	3.47	3.39	1.85	8.93	5.49	5.20
14.营业收入现金含量比	0.43	23.15	8.73	7.09	7.40	43.64	23.93	21.97	3.24	58.40	25.12	23.73
15.营业收入增长率(%)	−1.52	30.63	14.67	15.80	−6.51	21.63	7.97	7.21	−10.39	26.39	6.11	6.00
16.净资产收益率增长率(%)	−57.23	36.15	−5.12	−0.68	−52.50	158.59	15.23	5.20	−49.26	7.02	−15.84	−12.66

续表

指标 ＼ 指数 ＼ 行业	18. 房地产（包括：房地产开发、园区开发，共计 146 家）				19. 金融服务（包括：信托、银行、证券、保险，共计 52 家）				20. 商业贸易（包括：零售、贸易，共计 90 家）			
	阈值下限（15%）	阈值上限（85%）	均值（70%阈值范围）	中位数	阈值下限（15%）	阈值上限（85%）	均值（70%阈值范围）	中位数	阈值下限（15%）	阈值上限（85%）	均值（70%阈值范围）	中位数
1.流动比率	1.30	2.66	1.76	1.65	—	—	—	—	0.60	1.84	1.16	1.12
2.速动比率	0.24	0.91	0.51	0.48	—	—	—	—	0.34	1.39	0.76	0.74
3.经营现金流比率	−0.19	0.19	0.02	0.01	—	—	—	—	−0.03	0.29	0.15	0.14
4.存货周转率	0.12	0.63	0.28	0.24	—	—	—	—	2.13	30.64	10.40	8.25
5.应收账款周转率	5.18	361.80	60.24	25.61	—	—	—	—	16.63	559.42	157.03	107.04
6.总资产周转率	0.09	0.39	0.24	0.24	—	—	—	—	0.39	2.10	1.24	1.22
7.资产负债率（%）	42.34	79.33	63.77	65.26	33.55	94.13	67.45	61.00	39.30	75.04	57.72	56.78
8.已获利息倍数	1.96	44.49	9.31	5.39	—	—	—	—	1.59	43.35	9.58	5.53
9.毛利率（%）	20.40	49.69	35.83	35.66	—	—	—	—	8.08	28.49	19.26	19.73
10.净利率（%）	3.84	22.13	12.55	12.12	10.55	44.38	29.16	30.65	1.25	9.73	3.86	3.43
11.总资产报酬率（%）	1.77	8.54	4.88	4.87	—	—	—	—	3.09	10.26	6.14	5.96
12.净资产收益率（%）	2.31	20.52	9.31	8.36	3.37	20.75	10.06	7.42	2.91	17.85	9.77	9.83
13.投入资本回报率（%）	1.13	9.84	4.49	4.04	—	—	—	—	1.23	13.95	6.47	5.68
14.营业收入现金含量比	−43.65	39.69	3.43	2.02	—	—	—	—	−1.33	14.17	6.24	6.65
15.营业收入增长率（%）	−28.57	65.29	10.05	6.34	—	—	—	—	−8.34	23.68	7.15	6.18
16.净资产收益率增长率（%）	−58.98	38.71	−7.95	−6.72	—	—	—	—	−49.44	26.64	−10.90	−8.98

续表

行业 / 指标 / 指数	21. 餐饮旅游（包括：餐饮、景点、酒店、旅游综合，共计23家）				22. 信息服务（包括：传媒、计算机应用、通信运营、网络服务，共计82家）				23. 其他类（上述分类以外的行业，共计40家）			
	阈值下限（15%）	阈值上限（85%）	均值（70%阈值范围）	中位数	阈值下限（15%）	阈值上限（85%）	均值（70%阈值范围）	中位数	阈值下限（15%）	阈值上限（85%）	均值（70%阈值范围）	中位数
1.流动比率	0.71	2.82	1.45	1.33	1.21	6.89	2.86	2.41	0.66	2.18	1.24	1.18
2.速动比率	0.53	2.68	1.27	1.08	1.03	6.55	2.48	1.92	0.42	1.56	0.79	0.76
3.经营现金流比率	0.15	0.91	0.44	0.42	0.03	0.75	0.32	0.31	−0.10	0.39	0.08	0.05
4.存货周转率	1.28	51.74	12.37	9.71	2.04	31.69	8.58	5.47	0.48	24.39	6.07	4.83
5.应收账款周转率	8.65	113.73	43.03	35.68	2.94	19.19	7.78	6.36	4.95	48.05	18.84	13.27
6.总资产周转率	0.20	1.39	0.64	0.58	0.29	0.94	0.59	0.58	0.19	0.93	0.48	0.49
7.资产负债率（%）	18.15	49.87	33.01	32.23	11.72	51.30	30.48	31.00	28.60	81.01	54.81	54.53
8.已获利息倍数	2.59	59.92	20.06	9.99	2.39	25.50	10.09	9.45	1.24	7.59	2.94	2.58
9.毛利率（%）	22.76	64.17	46.90	50.67	18.80	61.53	37.73	37.84	5.89	43.10	20.93	16.79
10.净利率（%）	3.32	17.82	10.01	8.52	4.28	22.49	11.61	11.54	0.33	14.39	5.54	3.89
11.总资产报酬率（%）	3.59	17.62	8.37	7.67	2.90	12.31	7.30	7.10	−0.65	8.37	4.60	4.76
12.净资产收益率（%）	3.23	18.77	8.82	8.59	3.41	16.89	9.72	9.77	−3.94	11.04	4.20	3.73
13.投入资本回报率（%）	2.43	16.99	6.89	6.83	3.04	15.47	8.74	8.84	−2.33	9.79	2.84	2.13
14.营业收入现金含量比	5.62	30.90	17.95	19.59	1.41	36.71	14.12	13.61	−7.18	28.10	7.75	3.54
15.营业收入增长率（%）	−6.49	22.25	6.62	6.18	−4.40	31.28	14.17	15.85	−26.91	33.12	5.38	4.90
16.净资产收益率增长率（%）	−28.36	32.39	2.42	3.10	−51.69	23.50	−3.70	1.60	−244.30	27.92	−32.23	−23.60

备注：1. 金融服务行业（包括信托、银行、证券、保险）计算了资产负债率、净利率、净资产收益率这3个指数。原因在于，金融行业的经营过程与一般的生产、制造行业存在较大差异。因此，该行业部分上市公司不适用于流动比率、速动比率、存货周转率等指标。

2.综合指标指数的计算过程中，资产负债率、净利率、净资产收益率的计算基础是23个行业的所有上市公司基础数据；其余指标的计算基础是除金融行业之外22个行业的所有上市公司基础数据。

二、民营、国有及其他类上市公司(不含创业板上市公司)及创业板财务指标指数

行业 指数 指标	民营上市公司(共计 1 053 家)				国有及其他类上市公司 (共计 977 家)				创业板(共计 355 家)			
	阈值下限(15%)	阈值上限(85%)	均值(70%阈值范围)	中位数	阈值下限(15%)	阈值上限(85%)	均值(70%阈值范围)	中位数	阈值下限(15%)	阈值上限(85%)	均值(70%阈值范围)	中位数
1.流动比率	1.01	4.82	2.13	1.87	0.66	2.31	1.33	1.26	2.15	13.21	5.55	4.76
2.速动比率	0.57	3.92	1.54	1.30	0.39	1.72	0.88	0.82	1.63	12.16	4.85	4.17
3.经营现金流比率	−0.06	0.59	0.17	0.14	−0.05	0.40	0.14	0.12	−0.23	0.85	0.23	0.20
4.存货周转率	1.17	8.49	3.82	3.47	1.33	16.34	5.75	4.72	1.48	6.54	3.26	2.99
5.应收账款周转率	2.74	36.20	9.33	6.62	4.16	72.64	18.72	11.59	1.72	8.17	4.00	3.82
6.总资产周转率	0.29	1.08	0.62	0.59	0.26	1.25	0.66	0.63	0.27	0.69	0.46	0.44
7.资产负债率(%)	15.37	63.77	39.01	38.46	29.85	74.54	53.72	54.32	7.15	34.11	18.20	17.32
8.已获利息倍数	1.46	24.12	6.54	4.60	1.19	18.81	5.09	3.36	2.95	60.37	16.92	11.43
9.毛利率(%)	11.99	44.32	25.56	24.27	7.98	40.77	20.93	19.72	22.34	58.47	37.05	35.71
10.净利率(%)	1.46	18.25	7.87	7.20	0.40	18.20	5.99	4.85	5.05	27.36	14.50	14.01
11.总资产报酬率(%)	2.11	12.03	6.18	5.83	1.73	10.32	5.47	5.40	2.49	12.83	7.16	7.08
12.净资产收益率(%)	1.72	16.23	7.71	7.35	0.91	15.50	7.42	7.33	3.19	13.79	8.20	8.10
13.投入资本回报率(%)	1.09	12.35	5.63	5.16	0.44	11.10	4.51	4.10	2.68	13.54	7.51	7.37
14.营业收入现金含量比	−4.41	21.13	7.89	7.40	−3.50	24.55	7.76	6.29	−9.48	21.36	6.84	7.72
15.营业收入增长率(%)	−14.60	30.62	6.47	5.76	−13.78	25.90	5.54	5.46	−9.91	46.80	16.80	15.81
16.净资产收益率增长率(%)	−70.42	27.78	−19.51	−18.18	−79.42	33.28	−20.65	−17.61	−72.11	22.27	−23.59	−23.80

参考文献

1. 甘娅丽:《财务报表编制与分析》,北京理工大学出版社 2011 年版。
2. 张先治、陈友邦:《财务分析》,东北财经大学出版社 2007 年版。
3. 庄小欧:《财务报表分析》,北京理工大学出版社 2010 年版。